일본어 구어역 요한복음의 언어학적 분석 V

A Linguistic Anlaysis of the Colloquial Japanese Version of the Gospel of John V

이성규

『이 저서는 인하대학교의 지원에 의하여 연구되었음』
『This work was supported by INHA UNIVERSITY Research Grant』

일본어 구어역 요한복음의 언어학적 분석 V
A Linguistic Anlaysis of the Colloquial Japanese Version of the Gospel of John V

이성규

머리말

　본 저서는 일본어 구어역(口語訳) 신약성서(新約聖書)의 요한복음(ヨハネによる福音書) 제17장에서 제21장까지를 언어자료로 삼아, 성서학적인 입장에서가 아니라 일본어학적 관점에서 그곳에 사용된 다양한 언어 소재를 분석함으로써 통상 일본어학이나 일본어 교육에서 주제로 삼지 않거나 지면이 제약되어 있는 어휘, 문형, 문법, 경어법까지 연구 대상에 포함하여 검토하는 것을 목적으로 한다.

　일본어 성서에는 (1)日本聖書協会(1954)『聖書』日本聖書協会. (2)日本聖書協会(1978)『新約聖書』共同訳 日本聖書協会. (3)新改訳聖書刊行会(1970)『新改訳聖書』日本聖書刊行会. (4)日本聖書協会(1987)『聖書』(新共同訳) 日本聖書協会. (5)新約聖書翻訳委員会(1995)『岩波翻訳委員会訳』岩波書店. (6)回復訳編集部(2009)『オンライン聖書 回復訳』http://www.recoveryversion.jp/ 등의 소위 협회본(協会本) 및 (7)前田護郎(1983)『新約聖書』中央公論社. (8)柳生直行(1985)『新約聖書』新教出版社. (9)尾山令仁(2001)『現代訳聖書』現代訳聖書刊行会. (10)高橋照男・私家版(2003)『塚本虎二訳 新約聖書・電子版03版』. (11)高橋照男編(2004)『BbB - BIBLE by Bible 聖書で聖書を読む』http://bbbible.com/ 등의 개인번역본이 있다.

　『구어역성서(口語訳聖書)』는 제2차 세계대전 이후 개신교 신자들이 결성한 일본성서협회(日本聖書協会)가 히브리어의 구약성서와 그리스어의 신약성서를 처음으로 일본어 구어체(口語体)로 발행한 성서이다.

　메이지(明治) 이후 일본에서는 선교사 등의 기독교 신자 등이 성서를 문어체(文語体) 일본어로 번역한「문어역성서(文語訳聖書)」를 발행했지만, 제2차 세계대전 이후에는 구어체 즉 현대어에 의한 일본어 번역이 뒤를 이었다. 그 중에서도「구어성서(口語聖書)」「구어역성서(口語訳聖書)」혹은 성서에 관해 단순히「구어역(口語訳)」이라고 하면, 제일 먼저 가리키는 것이「구어역성서(口語訳聖書)」이다. 신약성서는 1954년에, 구약성서는 1955년에 완성되는데, 제이외전(第二外典)은 포함되어 있지 않다.[1]

　구어역 성서는 문어역 성서보다 이해하기 쉬워졌다고 하는 호평도 있지만, 한편으로 독자에 대한 호소력이나 논리적 명쾌성, 나아가 문장으로서의 기품 그리고 특히 문체(文体)에 관해서는 악평도 존재한다. 그밖에 인칭대명사를 부자연스럽게 통일시킨 점, 대우표현에 있어서의 일관성도 지적되고 있다. 그러나 다른 한편으로 영어 성서 [Revised Standard Version]에 기초하여 번역했다는 점에서 성서 번역의 질적 향상에 크게 기여했다고 긍정적인 평가를 내리는 주장도 있다.

　구어역 신약성서에서는 일본어의 고유어와 한어가 다양하게 사용되고 있는데, 그 의미·용법에 있어서는 현대어와 일치하는 것도 있지만 그 중에는 고전어적인 어감을 살린 예도 존재한다.

　구어역은 현대어역이기 때문에 그곳에 사용된 문형이나 문법 사항은 대체적으로 현대어와 일치하지만, 구어역에서만 사용되고 있는 예도 산견된다. 특히 조사, 부사, 지시사, 접속사, 조동사, 추론을 나타내는 형식, 연어, 접사어류에 관해서는 졸자가 기 집필한 도서나 관련 서적 그리고 인터넷 검색 등을 통해 다양한 용례를 인용하여 향후 이를 일본어교육에도 원용할 수 있게끔 하였다.

---

1) 出典: フリー百科事典『ウィキペディア(Wikipedia)』https://ja.wikipedia.org/wiki/%E5%8F%A3%E8%AA%9E%E8%A8%B3%E8%81%96%E6%9B%B8에서 인용하여 일부 번역함.

특히 성서에서는 구어역(口語訳)에 국한되지 않고 높여야 할 대상 즉 경의 주체[하나님·예수]가 존재하고 있기 때문에 복수의 존경어 형식이 사용되고 있다. 또한 구어역 성서에서는 동작이나 작용을 분석적으로 표현하기 위해 일반 사전에 탑재되지 않는 복합동사를 포함하여 다양한 유형의 복합동사가 등장하고 있다. 일본어 성서를 적확히 이해하기 위해서는 이들 일본어 복합동사의 의미·용법을 상세히 검토할 필요가 있다.

연구의 최종 결과물은 한국어 번역이란 모습으로 제시되겠지만, 일본어 성서의 한국어 번역이란 점에서 기존의 한국어 성서와는 입장과 서술 내용이 다르기 때문에 색다른 언어 경관이 전개될 것으로 예상된다. 일본어 자료에 기초한 언어학적 관점에서의 결과이기에 접속사나 부사 등에 있어서 동어 반복이나 용장감 등으로 인하여 다소 어색하거나 부자연스러운 면이 있더라도 가능한 한 의역을 피하고 축어역(逐語訳)하는 방식으로 진행했다.

일본과 한국에서는 여러 유형의 성서가 발간되어 있는데, 이들 성서를 대조언어학적 관점에서 조감하여 양자 간의 유사성과 차이점을 살펴보고 의미 있는 내용에 관해서는 번역 단계에서 적극 반영했다.

그리고 본서에 앞서 출판된 『일본어 구어역 마가복음의 언어학적 분석Ⅰ』(2018.10)·『일본어 구어역 마가복음의 언어학적 분석Ⅱ』(2019.04)·『일본어 구어역 마가복음의 언어학적 분석Ⅲ』(2019.10)·『일본어 구어역 마가복음의 언어학적 분석Ⅳ』(2020.04)·『일본어 구어역 요한복음의 언어학적 분석Ⅰ』(2021.03)·『일본어 구어역 요한복음의 언어학적 분석Ⅱ』(2021.05)·『일본어 구어역 요한복음의 언어학적 분석Ⅲ』(2021.10)·『일본어 구어역 요한복음의 언어학적 분석Ⅳ』(2022.05)에서 다룬 내용과 반복이 되지 않도록 노력했지만, 본문 해석을 위해 필요한 경우에는 예외로 한다.

2022년 10월

李成圭

[범례(凡例)]

1. 본 저서는 日本聖書協会(1954)에서 간행한『聖書』(口語訳)[pp. (新)1-(新)409]을 저본(底本)을 하되, 표기에 있어서는 일본어학 및 일본어교육의 편익을 도모하고자 본문 비판을 행하고「平仮名」로 되어 있는 부분을 다수「漢字」로 바꾸었다.

2. 저본에서 장절(章節)로 구성되어 있는 본문을 フランシスコ会聖書研究所(1984)에서 간행한『新約聖書』에 따라 단락 구분을 해 두었다.

3. 인명과 지명 등의 고유명사의 한글 표기에 관해서는 대한성서공회(2001)에서 간행한『표준새번역 성경』에 따른다.

Cotents

ヨハネによる福音書(ふくいんしょ)
第17章

((77)) [ヨハネによる福音書 17:1 – 17:5] ········ 10
((78)) [ヨハネによる福音書 17:6 – 17:19] ······· 22
((79)) [ヨハネによる福音書 17:20 – 17:26] ······ 48

ヨハネによる福音書(ふくいんしょ)
第18章

((80)) [ヨハネによる福音書 18:1 – 18:11] ········ 65
((81)) [ヨハネによる福音書 18:12 – 18:14] ······ 82
((82)) [ヨハネによる福音書 18:15 – 18:18] ······ 87
((83)) [ヨハネによる福音書 18:19 – 18:27] ····· 94
((84)) [ヨハネによる福音書 18:28 – 18:38a] ···· 110
((85)) [ヨハネによる福音書 18:38b – 18:40] ···· 125

ヨハネによる福音書(ふくいんしょ)
第19章

((86)) [ヨハネによる福音書 19:1 – 19:16a] ····· 130
((87)) [ヨハネによる福音書 19:16b– 19:27] ···· 158
((88)) [ヨハネによる福音書 19:28– 19:30] ····· 184
((89)) [ヨハネによる福音書 19:31– 19:37] ······ 192
((90)) [ヨハネによる福音書 19:38– 19:42] ····· 206

ヨハネによる福音書(ふくいんしょ) 第20章

- 《91》 [ヨハネによる福音書 20:1– 20:10] ········ 217
- 《92》 [ヨハネによる福音書 20:11– 20:18] ······· 233
- 《93》 [ヨハネによる福音書 20:19– 20:23] ······· 248
- 《94》 [ヨハネによる福音書 20:24– 20:29] ······· 255
- 《95》 [ヨハネによる福音書 20:30– 20:31] ······· 265

ヨハネによる福音書(ふくいんしょ) 第21章

- 《96》 [ヨハネによる福音書 21:1– 21:14] ········ 268
- 《97》 [ヨハネによる福音書 21:15– 21:19] ······· 292
- 《98》 [ヨハネによる福音書 21:20– 21:25] ······· 304

색인 ··· 328
참고문헌 일람 ·· 334

ヨハネによる福音書
-第17章-

⟨77⟩ [ヨハネによる福音書 17:1 - 17:5]

> [1]これらのことを語(かた)り終(お)えると、イエスは[2]天(てん)を見上(みあ)げて言(い)われた、「父(ちち)よ、時(とき)が来(き)ました。[3]あなたの子(こ)があなたの栄光(えいこう)を現(あら)わすように、子(こ)の栄光(えいこう)を[4]現(あら)わして下(くだ)さい²⁾。[ヨハネによる福音書 17:1]
>
> (이런 것들을 다 이야기하자, 예수께서는 하늘을 우러러보고 말씀하셨다. "아버지여, 때가 왔습니다. 아버님의 아들이 아버님의 영광을 나타내도록 아들의 영광을 나타내 주십시오.[17:1])

[1]これらのことを語(かた)り終(お)えると、: 이런 것들을 다 이야기하자. 「語(かた)り終(お)える」는 「語(かた)る」의 연용형에 종료상을 나타내는 후항동사 「終(お)える」가 접속된 것으로 「〜終(お)わる・終(お)える」의 복합동사는 「다 〜하다」의 뜻을 나타낸다.

---

2) フランシスコ会訳(1984)에서는 「본 절은 예수의 죽음과 부활을 가리키고 있다. 십자가상의 예수의 죽음은 이 세상 사람의 눈에는 패배로 보이지만, 전 인류의 구원의 원천이 되고 아버지에게 영광을 돌리게 된다.」고 설명하고 있다. 이상은 フランシスコ会聖書研究所(1984)『新約聖書』サンパウロ. p. 377 주(1)에 의함

☐ 「映画(えいが)を見終(みお)わる」와 「映画(えいが)見終(みお)える」의 의미적 차이

1. 일반적으로 「終(お)える ; 끝내다」는 타동사이고, 「終(お)わる ; 끝나다」는 자동사라는 설명이 이루어지고 있다. 그런데 실제로는 「終(お)わる」에는 자동사 용법과 타동사 용법이 있다.

   [例] 仕事(しごと)が終(お)わる[일이 끝나다 ; 자동사]
   　　 仕事(しごと)を終(お)える[일을 끝내다 ; 타동사1]
   　　 → [자기의 의지로 일을 종료시키는 것]
   　　 仕事(しごと)を終(お)わる[일을 끝내다 ; 타동사2]
   　　 → [종료 시간이 와서 종료되는 것]

   따라서 「急用(きゅうよう)ができたので、途中(とちゅう)で仕事(しごと)を終(お)えて家(いえ)に帰(かえ)った ; 급한 일이 생겨서 도중에서 일을 끝내고 집에 돌아왔다」는 「仕事(しごと)を終(お)わって家(いえ)に帰(かえ)った」보다 적절한 문이고, 「ベルが鳴(な)ったので、授業(じゅぎょう)を終(お)わって家(いえ)に帰(かえ)った ; 벨이 울려서 수업을 마치고 집에 돌아왔다」는 「授業を終えて家に帰った」보다 자연스럽다.

   「これで会議(かいぎ)を終(お)えます」라고 하면, 도중에서 끝내는 느낌이 들고, 「これで会議(かいぎ)を終(お)わります」라고 하면, 시간이 되어서 끝났다는 느낌을 준다.

   「見終(みお)わる」「見終(みお)える」나 「読(よ)み終(お)わる」「読(よ)み終(お)える」도 마찬가지로 「～終(お)わる」쪽은 마지막까지 보거나 읽거나 해서 종료한 느낌을 주는 것에 대해, 「～終(お)える」쪽은 도중이든 마지막이든 어느 시점에서 자기 의지로 종료한 느낌을 준다.

「食(た)べ終(お)える」는 자기 의지로 노력해서 무리해서 전부 먹었다는 느낌을 주고, 「食(た)べ終(お)わる」는 전부 먹어 없어져서 식사를 종료하는 느낌을 준다.[3]

그리고 자동사 「～終(お)わる」는 「현상 면」을, 타동사 「～終(お)える」는 종료시킨다고 하는 사람의 「의지동작」을 강조한 표현이 된다.

[例] 宿題(しゅくだい)を{し終(お)える / × し終(お)わる}のに、二時間(にじかん)もかかった。
(숙제를 다 끝내는 데에 2시간이나 걸렸다.)[동작 면을 강조]

宿題(しゅくだい)を{し終(お)えた / ○ し終(お)わった}ので、遊(あそ)びに出(で)かけた。
(숙제를 다 끝내서 놀러 나갔다.)[어느 쪽 해석도 가능]

[2] 天(てん)を見上(みあ)げて言(い)われた、: 하늘을 우러러보고 말씀하셨다. 「見上(みあ)げる」는 「見(み)る」의 연용형에 공간적 이동을 나타내는 후항동사 「上(あ)げる」가 결합된 복합동사로 「우러러 보다 / 올려다 보다 / 쳐다보다」의 뜻을 나타낸다.

[例] つぎに、天使(てんし)がすぐそばにいて、そのふっくらとした顔(かお)をのぞきこむと、天(てん)を見上(みあ)げた天使(てんし)の姿(すがた)が石(いし)になってしまう。
(다음에 천사가 바로 옆에 있고 그 포동포동한 얼굴을 들여다보니, 하늘을 쳐다본 천사의 모습이 돌이 되고 말았다.)

ますます無口(むくち)になり、自分(じぶん)の世界(せかい)に閉(と)じ籠(こも)るようになったわたしは、いつも空(そら)を見上(みあ)げて、ボーッと空想(くうそう)の世界(せかい)で遊(あそ)んでいた。
(점점 말수가 적어지고 자기 세계에 틀어박히게 된 나는 항상 하늘을 쳐다

---

3) https://detail.chiebukuro.yahoo.co.jp/qa/question_detail/q1413636904에서 인용해서 적의 번역함.

보고 멍하니 공상의 세계에서 놀고 있었다.)

[3]あなたの子(こ)があなたの栄光(えいこう)を現(あら)わすように、: 아버님의 아들이 아버님의 영광을 나타내도록. 「栄光(えいこう)を現(あら)わすように」는 「栄光(えいこう)を現(あら)わす」에 동작의 목적을 나타내는 「～ように」가 접속된 것으로 「栄光(えいこう)を現(あら)わすため」도 같은 뜻을 나타낸다. 타 번역본의 기술 상황을 살펴보면 다음과 같다.

[例]子(こ)があなたの栄光(えいこう)をあらわすために、[塚本訳1963]
(아들이 아버님의 영광을 나타내도록,)
あなたの子(こ)があなたの栄光(えいこう)を現(あら)わすために、[新改訳1970]
(아버님의 아들이 아버님의 영광을 나타내도록,)
子(こ)があなたを栄化(えいか)するために。[前田訳1978]
(아들이 아버지를 영화하도록,)
あなたの子(こ)があなたの栄光(えいこう)を現(あらわ)すようになるために、[新共同訳1987]
(아버님의 아들이 아버님의 영광을 나타내게 되기 위해,)
子(こ)があなたの栄光(えいこう)を現(あら)わすため、[岩波翻訳委員会訳1995]
(아들이 아버님의 영광을 나타내기 위해,)

[4]現(あら)わして下(くだ)さい : 나타내 주십시오. 「現(あら)わして下(くだ)さい」는 「現(あら)わす」에 의뢰표현을 나타내는 「～て下(くだ)さい」가 접속된 것이다.

[例]どうか(子(こ)を十字架(じゅうじか)につけて、)子(こ)に栄光(えいこう)を与(あた)えてください。
(부디 (아들을 십자가에 매달아,) 아들에게 영광을 주십시오.)[塚本訳1963]
あなたの子(こ)を栄化(えいか)してください、[前田訳1978]
(아버님의 아들을 영화해 주십시오.)

> あなたは、[1]子(こ)に賜(たま)わったすべての者(もの)に、[2]永遠(えいえん)の命(いのち)を授(さず)けさせるため、[3]万民(ばんみん)を支配(しはい)する権威(けんい)を子(こ)にお与(あた)えになったのですから。[ヨハネによる福音書 17:2]
> (아버지께서는 아들에게 주신 모든 사람들에게 영원한 생명을 주게 하기 위해 만민을 지배하는 권위를 아들에게 주셨으니까.[17:2])

[1]子(こ)に賜(たま)わったすべての者(もの)に、: 아들에게 주신 모든 사람들에게. 「賜(たま)わる」는 「くれる」의 특정형 경어로 구어역 신약성서에서는 〈神(かみ)〉의 수수행위에 관해 사용된다. [요한복음 3:16] 설명을 참조할 것.

[2]永遠(えいえん)の命(いのち)を授(さず)けさせるため、: 영원한 생명을 주게 하기 위해. 「授(さず)ける」「(경어적 상위자가 하위자에게) 주다 / 하사하다 / 내려 주다」의 뜻을 나타내는데, 본 절에서는 「授(さず)けさせる」와 같이 사역의 형태로 쓰여, [〈父(ちち)〉가 〈子(こ)〉로 하여금 주게 하다]의 의미로 사용되고 있다.

[3]万民(ばんみん)を支配(しはい)する権威(けんい)を子(こ)にお与(あた)えになったのですから: 만민을 지배하는 권위를 아들에게 주셨으니까. 「父(ちち)가 子(こ)에 権威(けんい)를 与(あた)える」라는 행위를 〈父(ちち)〉를 높이는 데에 ナル형 경어「お与(あた)えになる」로 표현하고 있다.

타 번역본에서는 당해 부분을 어떻게 다루고 있는지 살펴보자.

[例]全人類(ぜんじんるい)を支配(しはい)する全権(ぜんけん)を子(こ)に与(あた)えられたのですから。[塚本訳1963]

(전 인류를 지배하는 전권을 아들에 주셨기 때문에.)

すべての人(ひと)を支配(しはい)する権威(けんい)を子(こ)にお与(あた)えになったからです。[新改訳1970]

(모든 사람을 지배하는 권위를 아들에게 주셨기 때문입니다.)
あなたは全人類(ぜんじんるい)への権威(けんい)を子(こ)にお与(あた)えでした、[前田訳1978]
(아버님께서는 전 인류에 대한 권위를 아들에게 주셨습니다.)
あなたは子(こ)にすべての人(ひと)を支配(しはい)する権能(けんのう)をお与(あた)えになりました。[新共同訳1987]
(아버님께서는 아들에게 모든 사람을 지배하는 권능을 주셨습니다.)
肉(にく)〔なるもの〕すべてに対(たい)する権能(けんのう)を子(こ)に与(あた)えて下(くだ)さったと同(おな)じように。[岩波翻訳委員会訳1995]
(육〔인 것〕 모든 것에 대한 권능을 아들에게 주신 것과 마찬가지로.)

[1]永遠(えいえん)の命(いのち)とは、[2]唯一(ゆいいつ)の、[3]真(まこと)の神(かみ)でいますあなたと、また、あなたが遣(つか)わされたイエス・キリストとを知(し)ることであります。[ヨハネによる福音書 17:3]
(영생이란, 유일하고 참된 하나님이신 아버지와 또 아버지께서 보내신 예수 그리스도를 아는 것입니다.[17:3])

[1]永遠(えいえん)の命(いのち)とは、: 영생이란.「永遠(えいえん)の命(いのち)とは」의「～とは」는 격조사「と」에 계조사(係助詞)「は」가 접속된 연어(連語)로 한국어의「～라고 하는 것은(～というのは)」「～란」의 뜻으로 정의나 명제 등의 주제를 나타낼 때 쓰이는데, 회화체에서는 별로 안 쓰인다.

[例]世界(せかい)の平和(へいわ)とは、いったい実現(じつげん)可能(かのう)であろうか。
(세계 평화라는 것은 도대체 실현 가능할까?)
六三制(ろくさんせい)とは、小学校(しょうがっこう)六年(ろくねん)、中学校(ちゅうがっこう)三年(さんねん)の義務教育(ぎむきょういく)の制度(せいど)のことである。
(「육삼제」라고 하는 것은 초등학교 6년, 중학교 3년의 의무교육 제도를 말

한다.)

<u>人間(にんげん)</u>とは、ことばを持(も)った動物(どうぶつ)であるということができる。
(인간이란, 말을 가진 동물이라고 할 수 있다.)

<u>東京(とうきょう)</u>とは、こんな汚(きたな)い町(まち)だと思(おも)わなかった。
(도쿄라는 데가 이렇게 더러운 도시라고는 생각하지 않았다.)[4]

[2] 唯一(ゆいいつ)の、: 유일한 / 유일하고.「唯一(ゆいいつ)の」는「唯一(ゆいいつ)の神(かみ) ; 유일신」의 의미를 나타내는데,「[唯一(ゆいいつ)の神(かみ)] + [真(まこと)の神(かみ)]」와 같은 구조에서「唯一(ゆいいつ)の、真(まこと)の神(かみ)」로 표현된 것이다.

그리고「唯一(ゆいいつ・ゆいいち・ゆいつ)」는 일본어에서는 명사로만 기능하는데, 한국어에서는 명사성과 형용성을 겸비하고 있어,「唯一神(ゆいいつしん)=唯一(ゆいいつ)の神(かみ) ; 유일신」「唯一(ゆいいつ)の手段(しゅだん) ; 유일한 수단」「唯一(ゆいいつ)の趣味(しゅみ) ; 유일한 취미」「世界(せかい)で唯一(ゆいいつ)の逸品(いっぴん) ; 세계에서 유일한 절품」과 같이 대응한다.

[3] 真(まこと)の神(かみ)でいますあなたと、: 참된 하나님이신 아버지와.「います」는「いる」의 특정형 경어로서〈神(かみ)=父(ちち)〉또는〈イエス=신적 예수〉의 존재에 관해 쓰이는데, 특정형 경어「おいでなる」나 レル형 경어인「おられる」에 비해 경의도가 높다.

[예] また父祖(ふそ)たちも彼(かれ)らのものであり、肉(にく)によればキリストもまた彼(かれ)らから出(で)られたのである。万物(ばんぶつ)の上(うえ)にいます神(かみ)は、永遠(えいえん)にほむべきかな、アァメン。[口語訳 / ローマ人への手紙 9:5]
(그리고 조상들도 그들의 것이고 육에 의하면 그리스도도 또한 그들에게서 나오신 것이다. 만물 위에 계시는 하나님께서는 영원토록 칭송을 받으실

---

4) 李成圭(2018c)『일본어 구어역 마가복음의 언어학적 분석 I』시간의물레. p. 164에서 인용.

것이다. 아멘.)[로마서 9:5]

どうか、平和(へいわ)の神(かみ)があなたがた一同(いちどう)と共(とも)にいますように、アァメン。[口語訳/ローマ人への手紙 15:33]
(부디 평화의 하나님께서 너희 모두와 함께 계시기를 빕니다. 아멘.)[로마서15:33]

わたしたちには、父(ちち)なる唯一(ゆいいつ)の神(かみ)のみがいますのである。万物(ばんぶつ)はこの神(かみ)から出(で)て、わたしたちもこの神(かみ)に帰(き)する。また、唯一(ゆいいつ)の主(しゅ)イエス・キリストのみがいますのである。万物(ばんぶつ)はこの主(しゅ)により、わたしたちもこの主(しゅ)によっている。[口語訳/コリント人への第一の手紙 8:6]
(우리에게는 아버지인 유일한 하나님께서만 계십니다. 만물은 바로 이 하나님에게서 나와 우리도 이 하나님에게 귀의한다. 그리고 유일한 주 예수 그리스도만이 계십니다. 만물은 이 주에 의해 있고, 우리도 이 주에 의해 있다.)[고린도전서 8:6]

그리고「真(まこと)の神(かみ)でいます」의「〜でいます」[←にています]는「〜である」의 특정형 경어인데, 구어역 신약성서에서는 본 절에서만 사용되고 있다.

[1]わたしは、わたしにさせるためにお授(さず)けになったわざ[2]を成(な)し遂(と)げて、地上(ちじょう)であなたの栄光(えいこう)を現(あら)わしました。[ヨハネによる福音書 17:4]
(나는 내게 시키기 위해 주신 일을 완수하여 지상에서 아버님의 영광을 나타냈습니다.[17:4])

17

[1] わたしは、わたしにさせるためにお授(さず)けになったわざ : 나는 내게 시키기 위해 주신 일. 「わたしにさせる」는 「父(ちち)=神(かみ)がわたしにさせる ; 아버지=하나님이 나에게 시키다」에 상당하는 뜻을 나타내며, 「お授(さず)けになった」는 「授(さず)ける」의 ナル형 경어인 「お授(さず)けになる」의 과거형으로 〈父(ちち)=神(かみ)〉에 관해 쓰이고 있다.

[2] 成(な)し遂(と)げて、 : 완수하여. 「成(な)し遂(と)げる」는 「成(な)す」의 연용형에 「遂(と)げる」가 결합한 복합동사로 「끝까지 해내다 / 완수하다 / 이룩하다」의 뜻을 나타낸다.

[例] では、人(ひと)は、ほかにどのような奇跡(きせき)を成(な)し遂(と)げることができるのだろう?

(그럼, 사람은 그밖에 어떤 기적을 이룩할 수 있을까?)

六日目(むいかめ)の終(お)わりには、神(かみ)はつくろうとした世界(せかい)の創造(そうぞう)を終(お)え、七日目(なのかめ)に休息(きゅうそく)をとったのです。ところが、六日目(むいかめ)の午後(ごご)の終業(しゅうぎょう)時点(じてん)で、神(かみ)がまだ完全(かんぜん)にことを成(な)し遂(と)げていなかったとしたらどうでしょう?

(육일 째의 마지막에는 하나님께서 만들려고 한 세계의 창조를 끝내고, 칠일 째에 휴식을 취한 것입니다. 그런데, 육일 째 오후 종업 시점에서 하나님께서 아직 완전히 일을 끝까지 해내지 않았다고 하면 어떻게 될까요?)

何事(なにごと)かを志(こころざ)し、必(かなら)ず成(な)し遂(と)げてみせるという強(つよ)い信念(しんねん)があり、自分(じぶん)に少(すこ)しでも自信(じしん)があれば、やってできないことは何(なに)もない。

(어떤 일에 뜻을 두고, 반드시 끝까지 해내겠다는 강한 신념이 있고, 자기에게 조금이라도 자신이 있으면, 해서 못할 일은 아무 것도 없다.)

> 父(ちち)よ、[1]世(よ)が造(つく)られる前(まえ)に、わたしが[2]みそばで持(も)っていた栄光(えいこう)で、今(いま)[3]み前(まえ)に[4]わたしを輝(かがや)かせて下(くだ)さい。[ヨハネによる福音書 17:5]
> (아버지여, 세상이 만들어지기 전에 내가 아버지 곁에서 가지고 있던 영광으로 지금 아버지 앞에서 저를 빛나게 해 주십시오.[17:5])

[1]世(よ)が造(つく)られる前(まえ)に、: 세상이 만들어지기 전에. 「世(よ)が造(つく)られる」의 「造(つく)られる」는 「造(つく)る」의 수동이다.

[例]御子(みこ)は、見(み)えない神(かみ)の姿(すがた)であり、すべてのものが造(つく)られる前(まえ)に生(う)まれた方(かた)方です。
(아들은 보이지 않는 하나님의 모습이며, 모든 것이 만들어지기 전에 태어난 분입니다.)

出窓(でまど)として造(つく)られるものもあるが全(まった)くの飾(かざ)りとして造(つく)られることも多(おお)い。
(퇴창으로 만들어지는 것도 있지만 전적으로 장식으로 만들어지는 경우도 많다.)

推進(すいしん)装置(そうち)を付(つ)けないX 23は、回収(かいしゅう)テストに成功(せいこう)し、有人(ゆうじん)飛行(ひこう)のモデルが造(つく)られることになった。
(추진 장치를 달지 않은 X 23은 회수 테스트에 성공해서 유인 비행 모델이 만들어지게 되었다.)

[2]みそばで持(も)っていた栄光(えいこう)で、: 아버지 곁에서 가지고 있던 영광으로. 「みそば」는 「そば」에 존경의 접두사 「み」가 접속된 것으로 〈父(ちち)〉를 높이기 위해 쓰이고 있다.

[例]そこで、みそばに寄(よ)って来(き)てイエスを起(お)こし、「先生(せんせい)、先生(せんせい)、わたしたちは死(し)にそうです」と言(い)った。イエスは起(お)き上

(あ)がって、風(かぜ)と荒浪(あらなみ)とをおしかりになると、止(や)んで凪(な)ぎになった。[口語訳 / ルカによる福音書 8:24]

(그래서 곁에 다가와서 예수를 깨우고 "선생님, 선생님, 우리가 죽을 것 같습니다."라고 말했다. 예수가 일어나서, 바람과 거센 파도를 꾸짖으시자, 그치고 잔잔해졌다.)[누가복음 8:24]

[3] み前(まえ)に : 아버지 앞에서. 「み前(まえ)」는 「前(まえ)」에 존경의 접두사 「み」가 접속된 것으로 〈父(ちち)〉를 높이기 위해 쓰이고 있다.

[例] その女(おんな)は自分(じぶん)の身(み)に起(お)ったことを知(し)って、恐(おそ)れおののきながら進(すす)み出(で)て、みまえにひれ伏(ふ)して、すべてありのままを申(もう)し上(あ)げた。[口語訳 / マルコによる福音書 5:33]

(그 여자는 자기 몸에 일어난 것을 알고 무서워 벌벌 떨면서 앞으로 나아가 예수님 앞에 넙죽 엎드리고 모든 것을 사실대로 말씀드렸다.)[마가복음 5:33][5]

[4] わたしを輝(かがや)かせて下(くだ)さい : 저를 빛나게 해 주십시오. 「輝(かがや)かせて下(くだ)さい」는 「輝(かがや)かせる」에 의뢰표현 「〜て下(くだ)さい」가 접속된 것이다.

[例] ダルマの七(なな)つの面(めん)を磨(みが)き、自分(じぶん)の中(なか)でそのひとつひとつを輝(かがや)かせてください。そのひとつひとつが、みなさんの天性(てんせい)です。

(달마의 7개 면을 닦아 자기 속에서 그 하나하나를 빛나게 해 주십시오. 그 하나하나가 여러분의 천성입니다.)

---

5) 李成圭(2018c)『일본어 구어역 마가복음의 언어학적 분석Ⅰ』시간의물레. p.222에서 인용.

□ 「輝(かがや)かす」와 「輝(かがや)かせる」의 문법적인 차이

1. 「輝(かがや)かす ; 빛내다」는 본래 자동사 「輝(かがや)く ; 빛나다」에서 파생된 타동사로 「鐘(かね)を鳴(な)らす ; 종을 울리다」「湯(ゆ)を沸(わ)かす ; 물을 끓이다」 등과 같은 부류이다. 다만 원래의 「輝(かがや)く ; 빛나다」가 5단동사이기 때문에 사역형의 「輝(かがや)かせる」와 구별하기가 어렵다.

2. 서부 일본 방언 등에서 「生徒(せいと)に教科書(きょうかしょ)を読(よ)ました ; 학생에게 교과서를 읽혔다」, 「部下(ぶか)に責任(せきにん)を取(と)らした ; 부하에게 책임을 지웠다」와 같이 말하는 경우가 있다. 이것은 단축형이고 「読(よ)ませた」, 「取(と)らせた」가 정형이다.

3. 「食事(しょくじ)を済(す)ました ; 식사를 마쳤다」, 「耳(みみ)を澄(す)まして ; 귀를 기울여 듣고」 등은 파생 타동사로 올바른 형태이지만, 한편, 사역형의 「済(す)ませる」, 「澄(す)ませる」와 같은 올바른 형태가 있다.

4. 도쿄 방언의 사람은 「ア列+して」「ア列+した」를 들으면 방언이나 흐트러진 형태의 「読(よ)ました」, 「取(と)らした」와 동류와 같이 느끼기 때문에 「食事(しょくじ)を済(す)ませた」나 「耳(みみ)を澄(す)ませて」로 교정하고 싶어지는 경향이 있다. 「目(め)を輝(かがや)かせて」도 같은 부류에 속한다.

5. 원래의 자동사가 5단동사가 아닌 경우에는, 자동사 「起(お)きる」의 파생 타동사 「起(お)こす」는 사역형의 「起(お)きさせる」와는 형태가 분명히 다르기 때문에 「起(お)こした」가 「起(お)きさせた」의 방언이라고 느껴지는 일은 없다.

6. 「輝(かがや)かして」와 「輝(かがや)かせて」는 「し」와 「せ」의 차이밖에 없고, 사역표현으로서의 「輝(かがや)かせて」는 올바른 형태로서 존재하기 때문에

「し」를 「せ」라고 말하는 경우가 많아진 것이다.

　결론으로서, 「× 肩(かた)を聳(そび)やかせて」는 허용되지 않고, 그 대신 「肩(かた)を聳(そび)やかして ; 어깨를 으쓱거리다」가 정형이고, 「目(め)を輝(かがや)かせて ; 눈을 반짝이며」는 일반적으로 오용으로 할 필요가 없다.
　「子(こ)どもを甘(あま)やかせる母親(ははおや) ; 아이의 응석을 받아주는 어머니」도, 현시점에서는 틀리지 않다.[6]

⑺8) [ヨハネによる福音書 17:6 - 17:19]

> わたしは、あなたが世(よ)から選(えら)んでわたしに賜(たま)わった人々(ひとびと)に、[1]み名(な)を現(あら)わしました。[2]彼(かれ)らはあなたのものでありましたが、[3]わたしに下(くだ)さいました。そして、彼(かれ)らはあなたの言葉(ことば)を守(まも)りました。[ヨハネによる福音書 17:6]
> (나는 아버지께서 세상에서 선택해서 제게 주신 사람들에게 아버지의 이름을 나타냈습니다. 그들은 아버지의 사람들이었습니다만, 내게 주셨습니다. 그리고 그들은 아버지의 말씀을 지켰습니다.[17:6])

[1]み名(な)を現(あら)わしました : 아버지의 이름을 나타냈습니다. 「み名(な)」의 「名(な)」에 존경의 접두사 「み」가 접속된 것으로 〈父(ちち)〉에 관해 쓰이고 있다.
　[例]そこで今(いま)、何(なん)のためらうことがあろうか。すぐ立(た)って、み名(な)を唱(とな)えてバプテスマを受(う)け、あなたの罪(つみ)を洗(あら)い落(お)としなさい』。[口語訳 / 使徒行伝 22:16]
　(그러니 이제 무슨 망설일 필요가 있을까? 당장 일어서서 그 분의 이름을

---

6) https://oshiete.goo.ne.jp/qa/8260818.html에서 인용해서 적의 번역함.

소리 내서 외고 세례를 받고, 네 죄를 씻어내라.')[사도행전 22:16]

[2] 彼(かれ)らはあなたのものでありましたが, : 그들은 아버지의 사람들이었습니다만. 「あなたのものでありました」의 「～でありました」는 「～です」의 문장체 말씨인 「～であります」의 과거이다.

[例] 修理(しゅうり)するには費用(ひよう)がかかるし、その費用(ひよう)の捻出(ねんしゅつ)が難(むずか)しい時(とき)でありました。
(수리하는 데에는 비용이 들고, 그 비용 염출이 어려울 때였습니다.)

これがわたくしの第三(だいさん)の願(ねが)いでありました。今(いま)わたくしはそれを成就(じょうじゅ)しています。
(이것이 저의, 제3의 부탁이었습니다. 지금 저는 그것을 이루어내고 있습니다.)

やがて円盤(えんばん)は、球形(きゅうけい)の白(しろ)い建物(たてもの)の近(ちか)くに着陸(ちゃくりく)しました。球形(きゅうけい)の白(しろ)い建物(たてもの)は、研究所(けんきゅうじょ)でありました。
(드디어 원반은 구형의 흰 건물의 근처에 착륙했습니다. 구형의 흰 건물은 연구소이었습니다.)

[3] わたしに下(くだ)さいました : 제게 주셨습니다. 「下(くだ)さいました」는 수수동사 「～くれる」의 특정형 경어인 「下(くだ)さる」의 정녕체 과거로 〈父(ちち)〉를 높이기 위해 쓰이고 있는데 본동사로서 쓰인 것은 본 절의 예가 유일하다. 그리고 구어역 신약성서에서는 「賜(たま)わる」가 「下(くだ)さる」에 비해 경의도가 높다.

[例] それで、早速(さっそく)あなたをお呼(よ)びしたのです。ようこそおいで下(くだ)さいました。今(いま)わたしたちは、主(しゅ)があなたにお告(つ)げになったことを残(のこ)らず伺(うかが)おうとして、みな神(かみ)のみ前(まえ)にまかり出(で)ているのです」。[口語訳 / 使徒行伝 10:33]

(그래서 즉시 선생님을 부르러 사람을 보냈던 것입니다. 잘 오셨습니다. 지금 우리는 주께서 선생님께 알리신 것을 남김없이 들으려고, 모두 하나님 앞에 찾아뵌 것입니다.")[사도행전 10:33]

以前(いぜん)要望(ようぼう)のメールを出(だ)したら担当者(たんとうしゃ)が実名(じつめい)で丁寧(ていねい)な回答(かいとう)を下(くだ)さいました。
(전에 요망하는 메일을 보냈더니 담당자가 실명으로 정중한 회답을 주셨습니다.)

いま彼(かれ)らは、わたしに賜(たま)わったものはすべて、[1]あなたから出(で)たものであることを知(し)りました。[ヨハネによる福音書 17:7]
(지금 그들은 내게 주신 것은 모두 아버지로부터 나온 것이라는 것을 알았습니다.[17:7])

[1]あなたから出(で)たものであることを知(し)りました : 아버지로부터 나온 것이라는 것을 알았습니다.「知(し)りました」는「知(し)る」의 정녕체 과거이다.
　[例]テンプレートというものを最近(さいきん)知(し)りました。
　　　(템플릿이라는 것을 최근에 알았습니다.)
　　　また、わたしの承認(しょうにん)なしに各自(かくじ)が電文(でんぶん)を送(おく)っていることも知(し)りました。
　　　(그리고 내 승인 없이 각자가 전보문을 보내고 있는 것도 알았습니다.)
　　　誰(だれ)でもがそれほど人(ひと)の食(た)べる量(りょう)を気(き)にするものではないということを、私(わたし)は知(し)りました。
　　　(아무도 그 정도로 남이 먹는 양을 신경 쓰는 것이 아니라는 사실을 나는 알았습니다.)

> [1]なぜなら、[2]わたしはあなたからいただいた言葉(ことば)を彼(かれ)らに与(あた)え、そして彼(かれ)らはそれを受(う)け、わたしがあなたから出(で)たものであることを[3]ほんとうに知(し)り、また、あなたがわたしを遣(つか)わされたことを[4]信(しん)じるに至(いた)ったからです。[ヨハネによる福音書 17:8]
> (왜냐하면 나는 아버지께서 주신 말씀을 그들에게 주고, 그리고 그들은 그것을 받아, 내가 아버지께로부터 나온 것이라는 것을 정말 알고, 또 아버지께서 나를 보내신 것을 믿게 되었기 때문입니다.[17:8])

[1]なぜなら、: 왜냐하면.「なぜなら」는「何故(なぜ)」와 가정의「なら」가 결합한 접속사로 앞에 서술한 것의 원인・이유를 설명할 때 쓰인다. 유의어로서는「なぜかというと」「そのわけは」「なんとなれば」「なぜならば」등이 있다.

[例]なぜなら、ヨハネが来(き)て、食(た)べることも、飲(の)むこともしないと、あれは悪霊(あくれい)につかれているのだ、と言(い)い、[口語訳 / マタイによる福音書 11:18]
(왜냐하면, 요한이 와서, 먹지도 마시지도 않으면, 그는 악령이 들렸다고 하고,)[마태복음 11:18]

なぜなら、バプテスマのヨハネが来(き)て、パンを食(た)べることも、ぶどう酒(しゅ)を飲(の)むこともしないと、あなたがたは、あれは悪霊(あくれい)につかれているのだ、と言(い)い、[口語訳 / ルカによる福音書 7:33]
(왜냐하면, 세례 요한이 와서, 빵을 먹지도 포도주도 마시지 않으면, 너희는 그는 악령이 들었다고 하고,)[누가복음 7:33]

今(いま)は公表(こうひょう)できない。なぜなら、まだ討議(とうぎ)の段階(だんかい)だから。
(지금은 공포할 수 없다. 왜냐하면 아직 토의의 단계이니까.)
もうがまんできない。何故(なぜ)なら、彼(かれ)の態度(たいど)はあまりにもひどい。

(더 이상 참을 수 없다. 왜냐하면 그의 태도는 너무 심하다.)

我々(われわれ)はある事物(じぶつ)についてさまざまな視点(してん)から語(かた)ることはできない。<u>なぜなら</u>、事物(じぶつ)を作(つく)るのが視点(してん)だからである。

(우리는 어떤 사물에 관해 다양한 시점에서 이야기할 수는 없다. 왜냐하면 사물을 만드는 것이 시점이기 때문이다.)

[2] わたしはあなたから<u>いただいた</u>言葉(ことば) : 나는 아버지께서 주신 말씀. 「いただいた」는 수수동사 「もらう ; 받다」의 특정형 겸양어I 「いただく」의 과거형이다.

 [例] 私(わたし)はこれをフランスでハリ治療(ちりょう)を教(おし)えておられる鍼灸師(しんきゅうし)の関野英夫(せきのひでお)氏(し)から<u>いただいた</u>。
 (나는 이것을 프랑스에서 침 치료를 가르치고 계신 침구사인 세키노 히데오 씨에게서 받았습니다.)
 入院用(にゅういんよう)パジャマは四枚(よんまい)用意(ようい)。「義母(ぎぼ)、義妹(ぎまい)、友達(ともだち)から<u>いただきました</u>。
 (입원용 파자마 넉 장을 준비했습니다. "시어머니, 동서, 친구로부터 받았습니다.)
 温室(おんしつ)栽培(さいばい)の大(おお)きなイチゴをたくさん<u>いただきました</u>。柏崎市(かしわざきし)の農家(のうか)から<u>いただきました</u>。
 (온실 재배의 커다란 딸기를 많이 받았습니다. 가시와자키시의 농가로부터 받았습니다.)

[3] ほんとうに知(し)<u>り</u>、: 정말 알고. 「知(し)り」는 「知(し)る」의 연용중지법으로 전후 문장을 단순 연결하는 데에 쓰이고 있다.

 [例] そして職人(しょくにん)たちは、互(たが)いにその個性(こせい)を<u>知(し)り</u>、認(みと)め合(あ)っていた。

(그리고 장인들은 서로 그 개성을 알고, 서로 인정하고 있었다.)

だが、ここで学(まな)ばれなければならないのは、部分(ぶぶん)が全体(ぜんたい)の状況(じょうきょう)を知(し)り、全体(ぜんたい)も部分(ぶぶん)の状況(じょうきょう)を知(し)っていて、互(たが)いに相(あい)補(おぎな)っている不思議(ふしぎ)な働(はたら)きについてである。

(하지만, 여기에서 배워야 하는 것은 부분이 전체 상황을 알고, 전체도 부분의 상황을 알면서 서로 보완하고 있는 이상한 기능에 관해서이다.)

患者(かんじゃ)の実態調査(じったいちょうさ)で、みなさまが幅広(はばひろ)い楽(たの)しみをもっておられることを知(し)り、私(わたし)は心(こころ)あたたまる思(おも)いで感動(かんどう)いたしました。

(환자의 실태조사에서 여러분이 폭넓은 즐거움을 가지고 계신 것을 알고, 나는 마음이 훈훈해지는 생각으로 감동했습니다.)

[4] 信(しん)じるに至(いた)ったからです : 믿게 되었기 때문입니다. 「信(しん)じるに至(いた)る」는 「信(しん)じる」에 「~に至(いた)る ; ~에 이르다」가 접속된 것인데, 여기에서는 「동사+に至(いた)る」를 「~하게 되다」와 같이 번역해 둔다.

[例] このように「アメリカ」は、戦後(せんご)日本(にほん)にとって特別(とくべつ)な位置(いち)と意義(いぎ)を占(し)めるに至(いた)った。

(이와 같이 「미국」은 전후 일본으로서 특별한 위치와 의의를 점하게 되었다.)

これによって、行政機関(ぎょうせいきかん)による公害(こうがい)論争(ろんそう)処理(しょり)制度(せいど)が確立(かくりつ)されるに至(いた)った。

(이것에 의해 행정기관에 의한 공해 논쟁 처리 제도가 확립되게 되었다.)

このように「戦後(せんご)」において「アメリカ」は、「日本(にほん)」にとって「同一化(どういつか)すべき他者(たしゃ)」としての位置(いち)を占(し)めるに至(いた)った。

(이와 같이 「전후」에 있어서 「미국」은 「일본」으로서 「동일화해야 할 타자」로서의 위치를 점하게 되었다.)

> [1]わたしは彼(かれ)らのためにお願(ねが)いします。[2]わたしがお願(ねが)いするのは、[3]この世(よ)のためにではなく、あなたがわたしに賜(たま)わった者(もの)たちのためです。彼(かれ)らはあなたのものなのです。[ヨハネによる福音書 17:9]
>
> (나는 그들을 위해 부탁드립니다. 내가 부탁드리는 것은 이 세상을 위해서가 아니라, 아버지께서 내게 주신 사람들을 위해서입니다. 그들은 아버지의 사람들입니다.[17:9])

[1]わたしは彼(かれ)らのためにお願(ねが)いします : 나는 그들을 위해 부탁드립니다.「お願(ねが)いします」는「願(ねが)う」에 겸양어I인「お~する」가 접속한「お願(ねが)いする」의 정녕체로 [표준새번역]에서는「빕니다」라고 나와 있으나, 여기에서는 축어역의 입장을 취해「부탁드립니다」로 해 둔다.

[例]きれいで安全(あんぜん)な海岸(かいがん)にするため一人(ひとり)一人(ひとり)が「ごみは持(も)ち帰(かえ)る」「歩(ある)きたばこはしない」「吸(す)い殻(がら)は灰皿(はいざら)に」を守(まも)るようにお願(ねが)いします。

(깨끗하고 안전한 해안으로 만들기 위해 한 사람, 한 사람이「쓰레기는 가지고 돌아간다」「걸으면서 담배는 피우지 않는다」「꽁초는 재떨이에」를 지키도록 부탁드립니다.)

たくさんの人(ひと)がここを利用(りよう)しているということを、忘(わす)れないようにお願(ねが)いします。

(많은 사람들이 여기를 이용하고 있다는 것을 잊지 않도록 부탁드립니다.)

もしそうなら、私(わたくし)は、できるだけもっと丁寧(ていねい)にあなたがお話(はな)しになるようにお願(ねが)いします。

(만일 그렇다면 나는 가능한 한 더 정중하게 귀하께서 말씀하시도록 부탁드립니다.)

[2]わたしがお願(ねが)いするのは、: 내가 부탁드리는 것은.「お願(ねが)いする」는「願(ねが)う」의 겸양어I로 본 절에서는 형식명사「~の」를 수식·한정하고 있다.
  [例]われわれがみなさまにお願(ねが)いするのは、慈善(じぜん)の行為(こうい)ではありません、連帯(れんたい)の行為(こうい)です。
  (우리가 여러분께 부탁드리는 것은 자선 행위가 아닙니다. 연대 행위입니다.)
  先(さき)にお振(ふ)り込(こ)み予定日(よていび)を聞(き)いている場合(ばあい)、ご入金(にゅうきん)後(ご)のご連絡(れんらく)をお願(ねが)いするのは、失禮(しつれい)なのでしょうか?
  (먼저 이체 예정일을 들었을 경우, 입금하신 연후 연락을 부탁드리는 것은 실례일까요?)
  集荷(しゅうか)をお願(ねが)いするのに「専用(せんよう)封筒(ふうとう)を持(も)ってきてほしい」とお願(ねが)いするのはずうずうしいでしょうか?
  (집하를 부탁드리는 데에 "전용 봉투를 가지고 왔으면 한다."고 부탁드리는 것은 뻔뻔할까요?)

[3]この世(よ)のためにではなく、: 이 세상을 위해서가 아니라.「この世(よ)のためにではなく、」는「この世(よ)のために」에 단정의 조동사「~だ=~である」의 부정인「~ではない」의 テ형「~ではなく、」가 접속된 것이다.
  [例]キリストは万人(ばんじん)のためにではなく、特別(とくべつ)に選(えら)んだ者(もの)たちのためにのみ死(し)んだのであった。
  (그리스도는 만민을 위해서가 아니라, 특별히 고른 사람들을 위해서만 죽은 것이었다.)
  「お父(とう)さんやお母(かあ)さんのためにではなく、自分(じぶん)のために!」誰(だれ)のためにではなく、彼(かれ)のために万国博(ばんこくはく)のオペレッタを書(か)いたのである。
  ("아버지나 어머니를 위해서가 아니라, 자신을 위해!" 누구를 위해서가 아

니라 그를 위해 만국박람회의 오페레타(operetta)를 쓴 것이다.)

> わたしのものは皆(みな)あなたのもの、あなたのものはわたしのものです。[1]
> そして、わたしは彼(かれ)らによって栄光(えいこう)を受(う)けました。[ヨハネによる福音書 17:10]
> (내 것은 모두 아버지의 것이고, 아버지의 것은 내 것입니다. 그리고 나는 그들에 의해 영광을 받았습니다.[17:10])

[1]そして、わたしは彼(かれ)らによって栄光(えいこう)を受(う)けました : 그리고 나는 그들에 의해 영광을 받았습니다. 타 번역본에서는 당해 부분을 어떻게 다루고 있는지 살펴보자.

[例]また、わたしは彼(かれ)らによって(あなたの子(こ)と信(しん)じられ)栄光(えいこう)を受(う)けたからであります。[塚本訳1963]
(그리고 나는 그들에 의해 (아버지의 아들로 믿어지고) 영광을 받았기 때문입니다.)

そして、わたしは彼(かれ)らによって栄光(えいこう)を受(う)けました。[新改訳1970]
(그리고 나는 그들에 의해 영광을 받았습니다.)

彼(かれ)らによってわたしは栄化(えいか)されました。[前田訳1978]
(그들에 의해 나는 영화를 받았습니다.)

わたしは彼(かれ)らによって栄光(えいこう)を受(う)けました。[新共同訳1987]
(나는 그들에 의해 영광을 받았습니다.)

そして、彼(かれ)らにおいて私(わたし)は栄光(えいこう)を受(う)けています。[岩波翻訳委員会訳1995]
(그리고 그들 안에서 나는 영광을 받고 있습니다.)

> [1]わたしはもうこの世(よ)にはいなくなりますが、彼(かれ)らはこの世(よ)に残(のこ)っており、[2]わたしはみもとに参(まい)ります。[3]聖(せい)なる父(ちち)よ、わたしに賜(たま)わった御名(みな)によって彼(かれ)らを守(まも)って下(くだ)さい。それはわたしたちが一(ひと)つであるように、彼(かれ)らも一(ひと)つになるためであります。[ヨハネによる福音書 17:11]
> (나는 이제 이 세상에는 없어지게 되지만, 그들은 이 세상에 남아 있고, 나는 아버지께로 갑니다. 성스러운 아버지여, 내게 주신 아버지의 이름으로 그들을 지켜 주십시오. 그것은 우리들이 하나인 것처럼, 그들도 하나가 되기 위해서입니다.[17:11])

[1]わたしはもうこの世(よ)にはいなくなりますが、: 나는 이제 이 세상에는 없어지게 되지만. 「いなくなります」는 「いる」의 부정 「いない」에 상태변화를 나타내는 「〜なる」가 접속된 「いなくなる」의 정녕체 말씨이다.

[例]もっと社会(しゃかい)に進出(しんしゅつ)して来(き)てもらわないと、女性(じょせい)としての見本(みほん)になる人(ひと)がいなくなりますね。
(더욱 사회에 진출해 나가지 않으면 여성으로서의 본보기가 되는 사람이 없어지게 됩니다.)

あなたは、そんな人(ひと)を真似(まね)しなければいいし、嫌(きら)いなら、無視(むし)したらいいと思(おも)います。そういう人(ひと)は、会社(かいしゃ)になじめなくて、そのうちいなくなりますよ。
(당신은 그런 사람을 흉내 내지 않으면 되고, 싫으면 무시하면 된다고 생각합니다. 그런 사람은 회사에 적응하지 못하고 얼마 후 없어지게 됩니다.)

国民(こくみん)には禁止(きんし)されている二重(にじゅう)年金(ねんきん)を、国会議員(こっかいぎいん)は特権(とっけん)として認(みと)められているのですから。優遇性(ゆうぐうせい)を指摘(してき)すると、国会議員(こっかいぎいん)は「国会議員(こっかいぎいん)には退職金(たいしょくきん)がない。それでは国会

議員になろうと思(おも)う人(ひと)がいなくなります。

(국민에게는 금지되어 있는 이중 연금은 국회의원은 특권으로서 인정받고 있으니까요. 우대성을 지적하면 국회의원은 "국회의원에게는 퇴직금이 없다. 그러면 국회의원이 되려고 하는 사람이 없어집니다.)

[2] わたしはみもとに参(まい)ります : 나는 아버지께로 갑니다. 「参(まい)ります」는 「行(い)く・来(く)る」의 겸양어Ⅱ(정중어) 「まいる」의 정녕체 말씨로 청자(독자)에 대해 경의를 나타내는데, 본 절에서는 「行(い)く」의 겸양어Ⅱ로 쓰이고 있다.

[例] 愛(あい)する主(しゅ)よ、私(わたし)はあなたの遣(つか)わされる所(ところ)にまいります。

(사랑하는 주여, 저는 주께서 보내시는 곳에 갑니다.)

兄(あに)が来訪(らいほう)の目的(もくてき)を問(と)おうとしないので、妹(いもうと)が口(くち)をきった。「お兄様(にいさま)、わたくし、今度(こんど)また戦(たたか)いにまいります。そのことを報告(ほうこく)しにまいりました」

(형이 집에 온 목적을 물으려고 하지 않아서 여동생이 말을 꺼냈다. "오빠, 저는 이번에 다시 싸우러 갑니다. 그 일을 보고하러 왔습니다.")

[3] 聖(せい)なる父(ちち)よ、: 성스러운 아버지여. 「聖(せい)なる」는 문어 형용동사 「聖(なり)」의 연체형에서 전성된 연체사로 한국어의 「거룩한 / 성스러운 / 신성한」에 상당하는 뜻을 나타낸다.[7]

[例] 聖書(せいしょ)の中(なか)で神(かみ)は、「聖(せい)なる、聖(せい)なる、聖(せい)なる、万軍(ばんぐん)の主(しゅ)」(イザ六・三)と賛美(さんび)されています。

(성서 속에서 하나님께서는 "성스러운, 성스러운, 성스러운 만군의 주"(이사야 6:3)이라고 찬미되고 있습니다.)

さらに進(すす)んで、聖(せい)なる生涯(しょうがい)への第三(だいさん)のステッ

---

7) 李成圭(2019a) 『일본어 구어역 마가복음의 언어학적 분석Ⅱ』 시간의물레. p. 29에서 인용.

プは何(なん)であろうか。それは"聖(せい)なるものへの明白(めいはく)な認識(にんしき)"ではないだろうか。彼(かれ)は説教(せっきょう)を聞(き)き、聖(せい)なる洗禮(せんれい)を授(さず)かった。
(더 나아가 성스러운 생애로의 제3의 스텝은 무엇일까요? 그것은 "성스러운 것에 대한 명확한 인식"이 아닐까? 그는 설교를 듣고, 성스러운 세례를 받았다.)

12月(じゅうにがつ)24日(にじゅうよっか)の聖(せい)なる夜(よ)には、あなたの大事(だいじ)なサンタクロースと一緒(いっしょ)に、大空(おおぞら)をかけるトナカイを探(さが)してみることにしませんか。
(12월 24의 거룩한 밤에는 당신의 소중한 산타클로스와 함께 넓은 하늘에 걸쳐 있는 토나카이를 찾아보기로 하지 않겠습니까?)

それはヘロデが、ヨハネは正(ただ)しくて聖(せい)なる人(ひと)であることを知(し)って、彼(かれ)を恐(おそ)れ、彼(かれ)に保護(ほご)を加(くわ)え、またその教(おしえ)を聞(き)いて非常(ひじょう)に悩(なや)みながらも、なお喜(よろこ)んで聞(き)いていたからである。[口語訳 / マルコによる福音書 6:20]
(그것은 헤롯이 요한은 올바르고 성스러운 사람인 것을 알고, 그를 두려워하며 그를 보호해 주고, 또 가르침을 듣고 몹시 괴로워하면서도 오히려 달갑게 받아들이며 듣고 있었기 때문이다.)[마가복음 6:20][8]

邪悪(じゃあく)で罪深(つみふか)いこの時代(じだい)にあって、わたしとわたしの言葉(ことば)とを恥(は)じる者(もの)に対(たい)しては、人(ひと)の子(こ)もまた、父(ちち)の栄光(えいこう)のうちに聖(せい)なる御使(みつかい)たちと共(とも)に来(く)るときに、その者(もの)を恥(は)じるであろう」。[口語訳 / マルコによる福音書 8:38]

---

[8] 李成圭(2019a) 『일본어 구어역 마가복음의 언어학적 분석Ⅱ』시간의물레. pp. 28-29에서 인용.

(사악하고 죄 많은 이 시대에서 나와 내 말을 부끄러이 여기는 사람에 대해서는 인자도 그리고 아버지의 영광 속에서 성스러운 천사들과 함께 올 때, 그 사람을 부끄러이 여길 것이다.")[마가복음 8:38][9]

> わたしが彼(かれ)らと一緒(いっしょ)にいた間(あいだ)は、あなたからいただいた御名(みな)によって彼(かれ)らを守(まも)り、[1]また保護(ほご)してまいりました。彼(かれ)らのうち、[2]だれも滅(ほろ)びず、[3]ただ滅(ほろ)びの子(こ)だけが滅(ほろ)びました。[4]それは聖書(せいしょ)が成就(じょうじゅ)するためでした。[ヨハネによる福音書 17:12]
> (내가 그들과 함께 있었던 동안은 아버지께서 주신 아버지의 이름으로 그들을 지키고 또 보호해왔습니다. 그들 중에서 아무도 멸망하지 않고 오직 멸망의 자식만이 멸망했습니다. 그것은 성서[성서의 말씀]이 이루어지기 위해서이었습니다.[17:12])

[1] また保護(ほご)してまいりました : 또 보호해왔습니다. 「保護(ほご)してまいりました」는 「保護(ほご)してきました」보다 정중한 표현으로, 「まいる」는 「行(い)く・来(く)る」의 겸양어Ⅱ(정중어)인데, 여기에서는 보조동사로 쓰이고 있다.

[예] 群衆(ぐんしゅう)の一人(ひとり)が答(こた)えた、「先生(せんせい)、唖(おし)の霊(れい)につかれているわたしの息子(むすこ)を、こちらに連(つ)れて参(まい)りました。[口語訳 / マルコによる福音書 9:17]
(군중 중의 한 사람이 대답했다. "선생님, 벙어리 악령이 들려 있는 제 자식을 여기에 데리고 왔습니다.")[마가복음 9:17][10]

世間(せけん)がデフレ、デフレと騒(さわ)いでいるのに、保田(やすだ)は売上(う

---

9) 李成圭(2019a)『일본어 구어역 마가복음의 언어학적 분석Ⅱ』시간의물레. p. 171에서 인용.
10) 李成圭(2019a)『일본어 구어역 마가복음의 언어학적 분석Ⅱ』시간의물레. p. 194에서 인용.

りあげ)を伸(の)ばしてまいりました。

(세상이 디플레, 디플레라고 소란을 피우고 있지만, 야스다는 매상을 늘려 왔습니다.)

創造法(そうぞうほう)は、一昨年(いっさくねん)四月(しがつ)に施行(しこう)されておりまして、私(わたくし)どもと都道府県(とどうふけん)とが密接(みっせつ)に連携(れんけい)をして、この施行(しこう)に努力(どりょく)をしてまいりました。

(창조법은 재작년 4월에 시행되고 있어, 저희들과 도도부현이 밀접하게 연계를 하여, 이 시행에 노력을 해왔습니다.)

[2] だれも滅(ほろ)びず、: 아무도 멸망하지 않고.「滅(ほろ)びる」는「멸망하다 / 없어지다 / 사라지다」의 뜻의 자동사인데, 본 절에서는「滅(ほろ)びる」에 부정의「〜ず」가 접속된 형태로 쓰이고 있다.

[例] それは『彼(かれ)らは見(み)るには見(み)るが、認(みと)めず、聞(き)くには聞(き)くが、悟(さと)らず、悔(く)い改(あらた)めて赦(ゆる)されることがない』ためである」。[口語訳 / マルコによる福音書 4:12]

(그것은 '그들은 보기는 보아도 인정하지 않고, 듣기는 들어도 깨닫지 않아, 회개해도 용서받지 못하게' 하기 위함이다.")[마가복음 4:12][11]

また旅(たび)のために、杖(つえ)一本(いっぽん)のほかには何(なに)も持(も)たないように、パンも、袋(ふくろ)も、帯(おび)の中(なか)に銭(ぜに)も持(も)たず、[口語訳 / マルコによる福音書 6:8]

(또 길을 떠나기 위해 지팡이 한 개 이외에는 아무 것도 가지지 말고, 빵도 자루도, 전대 속에 돈도 지니지 말고,)[마가복음 6:8][12]

---

11) 李成圭(2018c)『일본어 구어역 마가복음의 언어학적 분석 I』시간의물레. 162에서 인용.
12) 李成圭(2019a)『일본어 구어역 마가복음의 언어학적 분석 II』시간의물레. p. 17에서 인용.

過去(かこ)、ＥＣ(イーシー)加盟国(かめいこく)の間(あいだ)でも戦争(せんそう)で何百万人(なんびゃくまんにん)という多(おお)くの人々(ひとびと)の血(ち)が流(なが)されていますね。その祖父(そふ)の予測(よそく)は、先生(せんせい)のお話(はなし)のように、人類(じんるい)は滅(ほろ)びず、必(かなら)ず調和(ちょうわ)のある世界(せかい)を現実(げんじつ)の世界(せかい)に生(う)み出(だ)すのだといっているのだと思(おも)うのです。

(과거 유럽 공동체 가맹국 사이에서도 전쟁으로 몇 백만 명이라는 많은 사람들의 피를 흘렸습니다. 그 조부의 예측은 선생님의 말씀처럼, 인류는 멸망하지 않고 반드시 조화 있는 세계를 현실 세계에 만들어내는 것이라고 말하고 있는 것이라고 생각합니다.)

[3]ただ滅(ほろ)びの子(こ)だけが滅(ほろ)びました : 오직 멸망의 자식만이 멸망했습니다. 「滅(ほろ)びの子(こ)」에 관해서는 다음과 같이 [塚本訳1963]에서는 「유다=이스가리옷 유다」라고 설명하고 있다. 당해 부분에 관해 타 번역본에서는 어떻게 설명하고 있는지 살펴보면 다음과 같다.

[例]あの滅(ほろ)びの子(こ)(ユダ)が滅(ほろ)びただけです。[塚本訳1963]

　　(그 멸망의 자식(유다)이 멸망했을 뿐입니다.)

　　ただ滅(ほろ)びの子(こ)が滅(ほろ)びました。[新改訳1970]

　　(단지 멸망의 자식이 멸망했습니다.)

　　滅(ほろ)びの子(こ)は別(べつ)ですが、[前田訳1978]

　　(멸망의 자식은 별도입니다만,)

　　滅(ほろ)びの子(こ)のほかは、だれも滅(ほろ)びませんでした。[新共同訳1987]

　　(멸망의 자식 이외에는 아무도 멸망하지 않았습니다.)

　　ただ滅(ほろ)びの子(こ)を別(べつ)にしてでしたが、[岩波翻訳委員会訳1995]

　　(단지 멸망의 자식을 별도로 해서였습니다만,)

[4]それは聖書(せいしょ)が成就(じょうじゅ)するためでした : 그것은 성서[성서의 말씀]이 이루어지기 위해서이었습니다. 본 절에서는「それは～ためでした ; 그것은 ～위해서이었습니다」와 같이 결과를 제시하고 문말을 목적을 나타내는 내용으로 맺고 있다. 그리고「聖書(せいしょ)が成就(じょうじゅ)する」의「成就(じょうじゅ)する」는 자동사로 쓰이고 있다.

참고로 타 번역본에서는 어떻게 쓰이고 있는지 살펴보자.

[例]ただ聖書(せいしょ)が成就(じょうじゅ)するために、[塚本訳1963]
　　(단지 성서가 이루어지기 위해,)
　　それは、聖書(せいしょ)が成就(じょうじゅ)するためです。[新改訳1970]
　　(그것은 성서가 이루어지기 위해서입니다.)
　　それは聖書(せいしょ)が成就(じょうじゅ)するためです。[前田訳1978]
　　(그것은 성서가 이루어지기 위해서입니다.)
　　聖書(せいしょ)が実現(じつげん)するためです。[新共同訳1987]
　　(성서가 실현되기 위해서입니다.)
　　それは聖書(せいしょ)が満(み)たされるためでした。[岩波翻訳委員会訳1995]
　　(그것은 성서가 충족되기 위해서였습니다.)

[1]今(いま)わたしはみもとに参(まい)ります。[2]そして世(よ)にいる間(あいだ)にこれらのことを語(かた)るのは、[3]わたしの喜(よろこ)びが彼(かれ)らのうちに満(み)ち溢(あふ)れるためであります。[ヨハネによる福音書 17:13]
(지금 나는 아버지께서 계신 곳으로 갑니다. 그리고 세상에 있는 동안에 이런 것들을 이야기하는 것은 내 기쁨이 그들 안에 가득 차서 넘쳐 흐르기 위해서입니다.[17:13])

[1]今(いま)わたしはみもとに参(まい)ります : 지금 나는 아버지께서 계신 곳으로 갑니다. [요한복음 17:11] 설명 참조.

[2]そして世(よ)にいる間(あいだ)に : 그리고 세상에 있는 동안에. 「いる間(あいだ)に」의 「〜間(あいだ)に」는 「동안」 또는 「사이」를 나타내는 형식명사 「〜間(あいだ)」에 시점을 나타내는 「〜に」가 접속된 것으로 한국어의 「〜하는 동안에」 「〜하는 사이에」에 해당한다.[13]

[例]夜昼(よるひる)、寝起(ねお)きしている間(あいだ)に、種(たね)は芽(め)を出(だ)して育(そだ)っていくが、どうしてそうなるのか、その人(ひと)は知(し)らない。[口語訳 / マルコによる福音書 4:27]

(늘 자고 일어나는 동안에 씨는 싹을 내고 자라지만, 어째서 그렇게 되는지 그 사람은 모른다.)[마가복음 4:27][14]

それからすぐ、イエスは自分(じぶん)で群衆(ぐんしゅう)を解散(かいさん)させておられる間(あいだ)に、強(し)いて弟子(でし)たちを舟(ふね)に乗(の)り込(こ)ませ、向(む)こう岸(ぎし)のベツサイダへ先(さき)におやりになった。[口語訳 / マルコによる福音書 6:45]

(그리고 나서 곧 바로 예수께서는 직접 군중을 해산시키시는 동안에, 굳이 제자들을 배에 올라타게 해서 자기보다 먼저 건너편 뱃새다에 보내셨다.)[마가복음 6:45][15]

[3]わたしの喜(よろこ)びが彼(かれ)らのうちに満(み)ち溢(あふ)れる : 내 기쁨이 그들 안에 가득 차서 넘쳐흐르다. 「満(み)ち溢(あふ)れる」는 「満(み)ちる」의 연용형에 「溢(あふ)れる」가 결합된 복합동사로 「가득 차서 넘쳐흐르다」의 뜻을 나타낸다. [요한복음 15:11, 16:24] 설명을 참조할 것.

---

13) 李成圭 (2019a) 『일본어 구어역 마가복음의 언어학적 분석 II』 시간의물레. p. 57에서 인용.
14) 李成圭 (2018c) 『일본어 구어역 마가복음의 언어학적 분석 I』 시간의물레. p. 175에서 인용.
15) 李成圭 (2019a) 『일본어 구어역 마가복음의 언어학적 분석 II』 시간의물레. p. 56에서 인용.

> わたしは彼(かれ)らに御言(みことば)を与(あた)えましたが、[1]世(よ)は彼(かれ)らを憎(にく)みました。[2]わたしが世(よ)のものでないように、彼(かれ)らも世(よ)のものではないからです。[ヨハネによる福音書 17:14]
> (나는 그들에게 말씀을 주었습니다만, 세상은 그들을 미워했습니다. 내가 세상의 것이 아닌 것처럼 그들도 세상의 것이 아니기 때문입니다.[17:14])

[1]世(よ)は彼(かれ)らを憎(にく)みました : 세상은 그들을 미워했습니다. 「憎(にく)む」는 「미워하다 / 증오하다」의 뜻으로 구어역 신약성서에서 「愛(あい)する」의 대응어로 쓰이고 있다.

[例]二人(ふたり)は当然(とうぜん)のごとく、事故(じこ)の加害者(かがいしゃ)を憎(にく)みました。すべての自由(じゆう)を一挙(いっきょ)に奪(うば)われる自分(じぶん)たちの命運(めいうん)を呪(のろ)いもしました。
(두 사람은 당연한 것처럼, 사고의 가해자를 미워했습니다. 모든 자유를 일거에 빼앗기는 자기들의 명운을 저주도 했습니다.)

この世(よ)を支配(しはい)しているのはアメリカインディアンの言(い)うように神(かみ)ではなく、悪魔(あくま)だと思(おも)いました。幸(しあわ)せな人々(ひとびと)を殺(ころ)したいほど憎(にく)みました。
(이 세상을 지배하고 있는 것은 미국 인디언이 말하는 것처럼 하나님이 아니라, 악마라고 생각했습니다. 행복한 사람들을 죽이기 싶을 정도로 미워했습니다.)

[2]わたしが世(よ)のものでないように、彼(かれ)らも世(よ)のものではないからです : 내가 세상의 것이 아닌 것처럼 그들도 세상의 것이 아니기 때문입니다. 「わたしが世(よ)のものでないように」는 불확실한 판단을 나타내는 「~ようだ」의 연용형 「~ように」가 접속되어 비유의 용법으로 쓰인 것이다.

타 번역본에서는 이 부분을 어떻게 기술하고 있는지 살펴보자.

[例]わたしがこの世(よ)のものでないように、彼(かれ)らも(もはや)この世(よ)のものでないからであります。(だから彼(かれ)らのことをお願(ねが)いします。)[塚本訳1963]

(내가 이 세상의 것이 아닌 것처럼, 그들도 (더 이상) 이 세상의 것이 아니기 때문입니다. (따라서 그들을 부탁드립니다.)

わたしがこの世(よ)のものでないように、彼(かれ)らもこの世(よ)のものでないからです。[新改訳1970]

(내가 이 세상의 것이 아닌 것처럼 그들도 이 세상의 것이 아니기 때문입니다.)

わたしが世(よ)の出(で)でないように、彼(かれ)らが世(よ)の出(で)でないからです。[前田訳1978]

(내가 세상에서 나온 것이 아닌 것처럼, 그들도 세상에서 나온 것이 아니기 때문입니다.)

わたしが世(よ)に属(ぞく)していないように、彼(かれ)らも世(よ)に属(ぞく)していないからです。[新共同訳1987]

(내가 세상에 속해 있는 것이 아닌 것처럼, 그들도 세상에 속해 있지 않기 때문입니다.)

私(わたし)が世(よ)からのものでないと同様(どうよう)、彼(かれ)らは世(よ)からのものでないからです。[岩波翻訳委員会訳1995]

(내가 세상에서 나온 것이 아닌 것과 마찬가지로, 그들은 세상에서 나온 것이 아니기 때문입니다.)

わたしがお願(ねが)いするのは、[1]彼(かれ)らを世(よ)から取(と)り去(さ)ることではなく、彼(かれ)らを[2]悪(あ)しき者(もの)から[3]守(まも)って下(くだ)さることであります。[ヨハネによる福音書 17:15]

> (내가 부탁드리는 것은 그들을 세상에서 데려가는 것이 아니라, 그들을 악한 사람으로부터 지켜 주시는 것입니다.[17:15])

[1]彼(かれ)らを世(よ)から取(と)り去(さ)ることではなく、: 내가 부탁드리는 것은 그들을 세상에서 데려가는 것이 아니라.「取(と)り去(さ)る」는「取(と)る」의 연용형에「去(さ)る」가 결합한 복합동사인데 여기에서는 전항동사와 후항동사의 각각의 의미가 보존되어 있다는 점을 감안하여「빼앗아 가다 / 데리고 가다 / 데려가다」로 번역한다. [요한복음 10:18, 16:22] 설명을 참조.

[2]悪(あ)しき者(もの) : 악한 사람.「悪(あ)しき」는「悪(わる)い」의 고전어「悪(あ)し ; 좋지 않다 / 못되다 / 악하다」의 연체형으로 현대어에서는 일부 용법이 제한적으로 쓰이고 있다.

[例]モノ・サービスの「良(よ)し悪(あ)し」をしめすのは、価格(かかく)の高(たか)い安(やす)いと、品質(ひんしつ)の良(よ)し悪(あ)しがあります。
(물건을 파는 것의「좋고 나쁜 것」을 보여주는 것은 가격이 비싸거나 싼 것과 품질의 좋고 나쁜 것이 있습니다.)
日本人(にほんじん)は良(よ)きにつけ悪(あ)しきにつけ過去(かこ)を忘(わす)れることを良(よ)しとし、「過去(かこ)を水(みず)に流(なが)す」ということを美徳(びとく)とするところがある。
(일본인은 좋은 일이건 나쁜 일이건 과거를 잊는 것을 좋다고 하고,「과거를 물에 흘려버리다 ; 지나간 일은 없었던 것으로 하고 탓하지 않다」라는 것을 미덕으로 하는 점이 있다.)
むしろ本章(ほんしょう)で強調(きょうちょう)したいのは、彼(かれ)らの関心(かんしん)の対象(たいしょう)となった子供(こども)たちが、結果的(けっかてき)には、良(よ)くも悪(あ)しくも、「近代的(きんだいてき)」な教育(きょういく)環境(かんきょう)の中(なか)に置(お)かれるようになったという点(てん)である。

(오히려 본장에서 강조하고 싶은 것은 그들의 관심 대상이 된 아이들이 결과적으로는 좋든 나쁘든「근대적」인 교육 환경 속에 놓이게 되었다는 점이다.)

こうしてあなたは、あなたの只今(ただいま)から悪(あ)しきことを除(のぞ)き去(さ)らなければならない。だが、キミらのその責任転嫁(せきにんてんか)の思想(しそう)は、程度(ていど)の違(ちが)いこそあれ、アメリカの悪(あ)しき社会(しゃかい)通念(つうねん)と何(なん)ら変(か)わりない。

(이렇게 너는 너의 지금부터 나쁜 것을 제거하지 않으면 안 된다. 하지만 자네들의 그 책임 전가 사상은 정도의 차는 있어도 미국의 나쁜 사회 통념과 별반 다르지 않다.)

[3] 守(まも)って下(くだ)さることであります : 지켜 주시는 것입니다.「守(まも)って下(くだ)さる」는「守(まも)る」에 수수표현「〜てくれる」의 특정형 경어「〜て下(くだ)さる」가 접속된 것이다.

[例] 全能(ぜんのう)にして聖(せい)なる神(かみ)が、常(つね)に共(とも)にいて守(まも)ってくださるとの約束(やくそく)にまさる保障(ほしょう)が、いったいどこにあるであろう。

(전능하고 성스러운 하나님께서 항상 함께 하고 지켜 주신다고 하는 약속보다 나은 보장이 도대체 어디에 있을까?)

「でも神(かみ)さまはきっと、わたしをみもとに召(め)してくださるでしょうし、この子(こ)を守(まも)ってくださるでしょうよ」話(はな)し終(お)わって母親(ははおや)は眠(ねむ)りました。

(「하지만 하나님께서는 틀림없이 나를 곁에 불러 주실 것이고, 이 아이를 지켜 주시겠지요.」 이야기를 마친 어머니는 잠들었습니다.)

> わたしが世(よ)のものでないように、[1]彼(かれ)らも世(よ)のものではありません。[ヨハネによる福音書 17:16]
> (내가 세상의 것이 아닌 것처럼 그들도 세상의 것이 아닙니다.[17:16])

[1]彼(かれ)らも世(よ)のものではありません : 그들도 세상의 것이 아닙니다. 「~ではありません」은 단정의 조동사 「~です」의 문장체적 표현 「~であります」의 부정이지만 구어체에서 상용된다.

> [1]真理(しんり)によって[2]彼(かれ)らを聖別(せいべつ)して下(くだ)さい。[3]あなたの御言(みことば)は真理(しんり)であります。[ヨハネによる福音書 17:17]
> (진리에 의해 그들을 성별해 주십시오. 아버지의 말씀은 진리입니다.[17:17])

[1]真理(しんり)によって : 진리에 의해. 「真理(しんり)によって」의 「~によって」는 수단·방법으로 쓰이고 있다.

[例]発酵(はっこう)の仕方(しかた)によって茶(ちゃ)の種類(しゅるい)を分(わ)ける方法(ほうほう)もある。
(발효 방식에 따라, 차의 종류를 나누는 방법도 있다.)

『法(ほう)=真理(しんり)によって制御(せいぎょ)されたところの私(わたし)自身(じしん)』であることを忘(わす)れてはいけません」との解説(かいせつ)が付随(ふずい)している。
(『법=진리에 의해 제어되는 것의 내 자신』인 것을 잊어서는 안 됩니다」라는 해설이 부수되어 있다.)

聖書(せいしょ)は神(かみ)の霊感(れいかん)によって書(か)かれ、人々(ひとびと)を正(ただ)しく導(みちび)き、神(かみ)の前(まえ)に正(ただ)しく立(た)たせ、良(よ)い働(はたら)きをする者(もの)として整(ととの)えるために有益(ゆうえき)な

道具(どうぐ)です。

(성서는 하나님의 영감에 의해 쓰이고, 사람들을 바르게 인도하고, 하나님 앞에 바르게 세워, 좋은 일을 하는 사람으로서 가지런히 하기 위해 유익한 도구입니다.)

[2]彼(かれ)らを聖別(せいべつ)して下(くだ)さい : 그들을 성별해 주십시오. 「聖別(せいべつ)して下(くだ)さい」는 「聖別[16](せいべつ)する」에 의뢰표현 「～て下(くだ)さい」가 접속된 것이다.

[例]しかもそこには、神(かみ)の栄光(えいこう)というものが、満(み)ち満(み)つ。栄光(えいこう)によって聖別(せいべつ)されるということであります。

(게다가 거기에는 하나님의 영광이라는 것이 차고 찬다. 영광에 의해 성별된다는 것입니다.)

神(かみ)に捧(ささ)げられるときに「聖(せい)とされる」、「聖別(せいべつ)される」のです。このようにキリスト教(きょう)の倫理(りんり)は献身(けんしん)から始(はじ)まります。

(하나님에게 바쳐질 때에 「성스럽게 된다.」, 「성별되는」 것입니다. 이와 같이 기독교의 윤리는 헌신에서 시작됩니다.)

そしてパンとぶどう酒(しゅ)によって象徴(しょうちょう)されるものはすべて、キリストが聖別(せいべつ)なさることを知(し)っています。

(그리고 빵과 포도주에 의해 상징되는 것은 모두, 그리스도가 성별하시는 것을 알고 있습니다.)

[3]あなたの御言(みことば)は真理(しんり)であります : 아버지의 말씀은 진리입니다. 「真理(しんり)であります」의 「～であります」는 단정의 조동사 「～です」의 문장체

---

16) 성별[聖別 ; consecration] : 하나님께 대한 예배나 봉사 등 거룩한 목적을 위해 사람이나 사물을 특별히 거룩하게 구별하는 것을 말한다. [요한복음 10:36] 설명을 참조.

적 표현이다.

[例]西洋(せいよう)で原子(げんし)と並(なら)んで実体(じったい)とされるものは、神(かみ)であります。神(かみ)は生(う)まれてきたのでもなく、死(し)にもしない、不変(ふへん)で、永遠(えいえん)の存在(そんざい)です。
(서양에서 원자와 더불어 실체라고 되어 있는 것은 하나님입니다. 하나님은 태어난 것도 아니고, 죽지도 않고 불변으로 영원한 존재입니다.)
キリスト教(きょう)に外(そと)への広(ひろ)がりと内面的(ないめんてき)な強(つよ)さとをあたえたのは、使徒(しと)の行(おこな)った奇跡(きせき)ではなく、教義(きょうぎ)そのものの内容(ないよう)と真理(しんり)であります。
(기독교에 외연으로의 팽창과 내면적인 강함을 준 것은 사도가 행한 기적이 아니고, 교의 그 자체의 내용과 진리입니다.)

あなたがわたしを世(よ)に遣(つか)わされたように、わたしも彼(かれ)らを世(よ)に遣(つか)わしました。[ヨハネによる福音書 17:18]
(아버지께서 나를 세상에 보내신 것과 같이 나도 그들을 세상에 보냈습니다.[17:18])

본 절의 내용에 관해 타 번역본에서는 어떤 식으로 설명하고 있는지 살펴보자.
[例]あなたがわたしをこの世(よ)に遣(つか)わされたように、わたしも彼(かれ)らをこの世(よ)に遣(つか)わしました。[塚本訳1963]
(아버지께서 나를 이 세상에 보내신 것과 같이 나도 그들을 이 세상에 보냈습니다.)
あなたがわたしを世(よ)に遣(つか)わされたように、わたしも彼(かれ)らを世(よ)に遣(つか)わしました。[新改訳1970]
(아버지께서 나를 세상에 보내신 것과 같이, 나도 그들을 세상에 보냈습니다.)

あなたがわたしを世(よ)におつかわしのように、わたしも彼(かれ)らを世(よ)につかわしました。[前田訳1978]
(아버지께서 나를 세상에 보내신 것과 같이 나도 그들을 세상에 보냈습니다.)
わたしを世(よ)にお遣(つか)わしになったように、わたしも彼(かれ)らを世(よ)に遣(つか)わしました。[新共同訳1987]
(나를 세상에 보내신 것과 같이 나도 그들을 세상에 보냈습니다.)
あなたが私(わたし)を世(よ)に遣(つか)わされたように、私(わたし)も彼(かれ)らを世(よ)に遣(つか)わしました。[岩波翻訳委員会訳1995]
(아버지께서 나를 세상에 보내신 것처럼 나도 그들을 세상에 보냈습니다.)

また彼(かれ)らが[1]真理(しんり)によって聖別(せいべつ)されるように、彼(かれ)らのため[2]わたし自身(じしん)を聖別(せいべつ)いたします。[ヨハネによる福音書17:19]
(그리고 그들이 진리에 의해 성별되는 것과 같이 그들을 위해 나 자신을 성별하겠습니다.[17:19])

[1]真理(しんり)によって聖別(せいべつ)されるように、: 진리에 의해 성별되는 것과 같이. 「聖別(せいべつ)される」는 「聖別(せいべつ)する」의 수동인데, 상태변화에 관여하고 있는 것은 원인을 나타내는 「真理(しんり)によって」이다.

[例]私(わたし)たちは、聖別(せいべつ)されて再(ふたた)び世(よ)に遣(つか)わされているのです。もちろん、キリストの承認(しょうにん)としてです。
(우리는 성별되어 다시 세상에 보내지고 있는 것입니다. 물론 그리스도의 증인으로서입니다.)

まず、どうして聖別(せいべつ)される必要(ひつよう)があるかです。＜わたしがこの世(よ)のものでないように、彼(かれ)らもこの世(よ)のものではありません。＞(17:16)と主(しゅ)は言(い)われました。

(우선 어째서 성별될 필요가 있는가 하는 것입니다. 〈내가 이 세상의 것이 아닌 것처럼 그들도 이 세상의 것이 아닙니다.〉(17:16)라고 주께서는 말씀하셨습니다.)

また、その所(ところ)でわたしはイスラエルの人々(ひとびと)に会(あ)うであろう。幕屋(まくや)はわたしの栄光(えいこう)によって<u>聖別(せいべつ)される</u>であろう」(二九・四三)。

(그리고 그 곳에서 나는 이스라엘 사람들을 만날 것이다. 장막은 내 영광에 의해 성별될 것이다.)

[2] わたし自身(じしん)を聖別(せいべつ)いたします : 나 자신을 성별하겠습니다. 「聖別(せいべつ)いたします」의 「いたします」는 「する」의 겸양어Ⅱ(정중어) 「いたす」의 정녕체 표현이다.

[例] 午前(ごぜん)の質疑(しつぎ)はこの程度(ていど)にとどめ、午後(ごご)一時(いちじ)まで<u>休憩(きゅうけい)</u>いたします。

(오전 질의는 이 정도로 마치고, 오후 1시까지 휴게하겠습니다.)

本案(ほんあん)に対(たい)する質疑(しつぎ)は、本日(ほんじつ)はこの程度(ていど)といたします。本日(ほんじつ)はこれにて<u>散会(さんかい)</u>いたします。

(본안에 대한 질의는 오늘은 이 정도로 하겠습니다. 금일은 이것으로 산회하겠습니다.)

質問(しつもん)が一(ひと)つ残(のこ)りましたけれども、時間(じかん)が来(き)ましたので、<u>終了(しゅうりょう)</u>いたします。

(질문이 하나 남았습니다만, 시간이 되었기에 종료하겠습니다.)

《79》[ヨハネによる福音書 17:20 - 17:26]

> わたしは彼(かれ)らのためばかりではなく、彼(かれ)らの言葉(ことば)を聞(き)いてわたしを信(しん)じている人々(ひとびと)のためにも、[1]お願(ねが)いいたします。[ヨハネによる福音書 17:20]
> (나는 그들을 위해서뿐만 아니라, 그들의 말을 듣고 나를 믿고 있는 사람들을 위해서도 부탁드립니다.[17:20])

[1]お願(ねが)いいたします :「お願(ねが)いいたします」는「願(ねが)う」의 겸양어1인 「お願(ねが)いする」에 겸양어Ⅱ인「いたす」가 결합된 [겸양어Ⅰ 겸 겸양어Ⅱ]의 형식으로 [동작이 향하는 상대(상대나 제3자)]와 [청자]를 동시에 높이는 경어이다.

[例]先月(せんげつ)まいりました。今日(きょう)、こちらに引(ひ)っ越(こ)してまいりました。
　　(지난달에 왔습니다. 오늘 이곳으로 이사 왔습니다.)
　　どうぞ、よろしくお願(ねが)いいたします。
　　(아무쪼록 잘 부탁드립니다.)

　A:「いえいえ、それでは、上(うえ)の者(もの)とも相談(そうだん)いたしまして、明日中(あしたちゅう)にご返事(へんじ)いたしますので。」
　　("아니에요. 그럼, 윗사람과도 의논해서 내일 중에 대답을 드릴 테니.")
　B:「どうぞよろしくお願(ねが)いいたします。」
　　("아무튼 잘 부탁드립니다.")

ㅁ「お~いたす」; 겸양어Ⅰ 겸 겸양어Ⅱ
「お・ご~いたす」[겸양어Ⅰ 겸 겸양어Ⅱ]의 예를 들면 다음과 같다.
[例][願(ねが)う → お願(ねが)いする → お願いいたす]

今後(こんご)ともよろしくお願(ねが)いいたします。
(앞으로도 잘 부탁드립니다.)

[聞(き)く → お聞(き)きする → お聞きいたす]
一番(いちばん)好(す)きな人(ひと)と結婚(けっこん)できなかった方(かた)にお聞(き)きいたします。その後(ご)、今(いま)の旦那(だんな)さん、奥(おく)んで満足(まんぞく)ですか?
(가장 좋아하는 사람과 결혼하지 못한 분에게 여쭤봅니다. 그 후 지금의 남편, 부인으로 만족합니까?)

[預(あず)かる → お預(あず)かりする → お預かりいたす]
「○○円(えん)、丁度(ちょうど)お預(あず)かりいたします。」
(○○엔 정확히 받았습니다.)

[伺(うかが)う → お伺(うかが)いする → お伺いいたす]
「ご注文(ちゅうもん)はお決(き)まりでしょうか? よろしければお伺(うかが)いいたします。」
(주문하실 것을 정하셨습니까? 그럼 여쭤보겠습니다.)

[返(かえ)す → お返(かえ)しする → お返しいたす]
「○○円(えん)お返(かえ)し致(いた)します。」
(○○엔 거스름돈입니다.)

[祈(いの)る → お祈(いの)りする → お祈りいたす]
日々(ひび)素直(すなお)に感(かん)ずるままに吸収(きゅうしゅう)、成長(せいちょう)していかれることをお祈(いの)りいたします。

(나날이 있는 대로 느끼는 대로 흡수, 성장해 가시기를 기원합니다.)

[送(おく)る → お送(おく)りする → お送りいたす]
承知(しょうち)いたしました。では、さっそく書面(しょめん)をお送(おく)りいたします。
(알겠습니다. 그럼 즉시 편지를 보내 드리겠습니다.)

[断(ことわ)る → お断(ことわ)りする → お断りいたす]
転載元(てんさいもと)・元記事(もときじ)をわからなくする形(かたち)での再配布(さいはいふ)はトラブルの元(もと)のため、お断(ことわ)りいたします。
(인용한 곳·원 기사를 알 수 없게 하는 형태로 재배포하는 것은 분쟁의 원인이 되기 때문에 거절합니다.)

[受(う)ける → お受(う)けする → お受けいたす]
社会福祉士(しゃかいふくし)の中(なか)で専門的(せんもんてき)に教育(きょういく)を受(う)けた者(もの)が相談(そうだん)をお受(う)けいたします。
(사회복지사 중에서 전문적으로 교육을 받은 사람이 상담을 받습니다.)

[答(こた)える → お答(こた)えする → お答えいたす]
それでは、奥野(おくの)委員(いいん)にお答(こた)えいたします。
(그럼 오쿠노 위원에게 답변하겠습니다.)

[知(し)らせる → お知(し)らせする → お知らせいたす]
以下(いか)のような報告(ほうこく)がありましたので、会員(かいいん)各位(かくい)におかれましては注意(ちゅうい)されるようにお知(し)らせいたします。
(이하와 같은 보고가 있었기에 회원 각위께서는 주의하시기를 알려 드립니다.)

[勧(すす)める → お勧(すす)めする → お勧めいたす]
できれば、当日(とうじつ)は電車(でんしゃ)での移動(いどう)をお勧(すす)めいたします。
(가능하면 당일에는 전철로 이동하시는 것을 권합니다.)

[尋(たず)ねる → お尋(たず)ねする → お尋ねいたす]
法務大臣(ほうむだいじん)に対(たい)しましては最高裁(さいこうさい)と協力(きょうりょく)してこういうことをつくる意思(いし)はないのかとお尋(たず)ねいたします。
(법무대신에 대해서는 최고재판소와 협력해서 이런 것을 만들 의사는 없는가 여쭤봅니다.)

[迎(むか)える → お迎(むか)えする → お迎えいたす]
いずれにいたしましても、私(わたくし)ども新知事(しんちじ)をお迎(むか)えいたしますれば、当然(とうぜん)のことながら新知事(しんちじ)に対(たい)する事業(じぎょう)の説明(せつめい)の機会(きかい)がございます。
(여하튼간에 저희들은 신 지사를 맞이하면 당연한 일이지만 신 지사에 대한 사업 설명의 기회가 있습니다.)

[別(わか)れる → お別(わか)れする → お別れいたす]
努(つと)めてお体(からだ)を大切(たいせつ)になさいませ。私(わたくし)はこれでお別(わか)れいたします。
(가능한 한 몸 건강에 신경을 쓰시기 바랍니다. 저는 여기에서 작별을 고하겠습니다.)

[詫(わ)びる → お詫(わ)びする → お詫びいたす]
こうした御指摘(ごしてき)のような事態(じたい)になりましたことにつきまして、改

(あらた)めて心(こころ)からお詫(わ)びいたします。
(이러한 지적과 같은 사태가 된 점에 대해 다시금 마음으로부터 사과 말씀 드립니다.)

[案内(あんない)する → ご案内(あんない)する → ご案内いたす]
電話(でんわ)やメールやブログでお問(と)合(あ)わせ下(くだ)さい。平日(へいじつ)でもご案内(あんない)いたします。住宅(じゅうたく)ローンのご相談(そうだん)もしています。
(전화나 메일 그리고 블로그에서 문의해 주십시오. 평일에도 안내해 드립니다. 주택 융자의 상담도 하고 있습니다.)

[協力(きょうりょく)する → ご協力(きょうりょく)する → ご協力いたす]
もちろん、女尊男卑(じょそんだんひ)がモットーのサークルですので、車(くるま)のない方(かた)など、参加(さんか)していただければ、みんなでご協力(きょうりょく)いたします。
(물론 여존남비가 모토인 서클이기 때문에 차가 없는 분들도 참가해 주시면 다 같이 협력하겠습니다.)

[紹介(しょうかい)する → ご紹介(しょうかい)する → ご紹介いたす]
もしこのシステムがご不満(ふまん)なら、自由診療(じゆうしんりょう)を行(おこ)なっているお医者様(いしゃさま)をご紹介(しょうかい)いたしますが…。
(만일 이 시스템이 불만이시면 자유진료를 하고 있는 의사 선생님을 소개해 드리겠습니다만.)

[説明(せつめい)する → ご説明(せつめい)する → ご説明いたす]
原子力基本法等(げんしりょくきほんほうとう)の一部(いちぶ)を改正(かいせい)す

る法律案(ほうりつあん)につきまして、その趣旨(しゅし)を御説明(ごせつめい)いたします。
(원자력기본법등의 일부를 개정하는 법률안에 관해 그 취지를 설명해 드리겠습니다.)

[報告(ほうこく)する→ご報告(ほうこく)する→ご報告いたす]
いまから国旗(こっき)及(およ)び国歌(こっか)に関(かん)する特別委員会(とくべついいんかい)を開会(かいかい)いたします。委員(いいん)の異動(いどう)について御報告(ごほうこく)いたします。
(지금부터 국기 및 국가에 관한 특별위원회를 개회합니다. 위원의 이동에 관해 보고 말씀을 드리겠습니다.)

[理解(りかい)する→ご理解(りかい)する→ご理解いたす]
もちろん、我(わ)が子(こ)を憎(にく)めぬ、親心(おやごころ)はご理解(りかい)いたしますが。
(물론 자기 자식을 미워할 수 없는, 부모의 마음은 이해합니다만.)

[連絡(れんらく)する→ご連絡(れんらく)する→ご連絡いたす]
応募(おうぼ)多数(たすう)の場合(ばあい)は抽選(ちゅうせん)にて決定(けってい)いたします。当選者(とうせんしゃ)には郵送(ゆうそう)でご連絡(れんらく)いたします。
(응모 다수의 경우에는 추첨으로 결정합니다. 당첨자에게는 우편으로 연락해 드리겠습니다.)

[伺(うかが)う→お伺(うかが)いする→お伺いいたす]
この点(てん)に対(たい)して農林省(のうりんしょう)の考(かんが)えをお伺(うか

が)いいたします。

(이 점에 대해 농림성의 생각을 여쭤보겠습니다.)[17]

> 父(ちち)よ、それは、[1]あなたがわたしのうちにおられ、わたしがあなたのうちにいるように、みんなの者(もの)が一(ひと)つとなるためであります。すなわち、[2]彼(かれ)らをもわたしたちのうちにおらせるためであり、それによって、[3]あなたがわたしをお遣(つか)わしになったことを、世(よ)が信(しん)じるようになるためであります。[ヨハネによる福音書 7:21]
> (아버지여, 그것은 아버지께서 내 안에 계시고, 내가 아버지 안에 있는 것처럼 모든 사람들이 하나가 되기 위해서입니다. 즉 그들도 우리 안에 있게 하기 위해서이고, 그것에 의해 아버지께서 나를 보내신 것을 세상이 믿게 되기 위해서입니다.[7:21])

[1]あなたがわたしのうちにおられ、: 아버지께서 내 안에 계시고.「おられ、」는「いる」의 レル형 경어「おられる」의 연용중지법인데,「[あなたがわたしのうちにおられる] + [わたしがあなたのうちにいる]」와 같이 전후 2문을 단순 연결시키는 기능을 하고 있다.

[예]イエスはまたも、海(うみ)べで教(おし)えはじめられた。おびただしい群衆(ぐんしゅう)がみもとに集(あつ)まったので、イエスは舟(ふね)に乗(の)って座(すわ)ったまま、海上(かいじょう)におられ、群衆(ぐんしゅう)は皆(みな)海(うみ)に沿(そ)って陸地(りくち)にいた。[口語訳 / マルコによる福音書 4:1]
(예수께서는 또 다시 바닷가에서 가르치기 시작하셨다. 수많은 군중이 예수가 계신 곳에 모였기 때문에 예수께서는 배를 타고 앉은 채로 해상에 계시고, 군중은 모두 바다가 면한 육지에 있었다.)[마가복음 4:1][18]

---

17) 李成圭(2017d)『신판 비즈니스 일본어1』시간의물레. pp. 88-91에서 인용.
18) 李成圭(2018c)『일본어 구어역 마가복음의 언어학적 분석 I』시간의물레. p. 155에서 인용.

以上(いじょう)述(の)べたことの要点(ようてん)は、このような大祭司(だいさいし)がわたしたちのために<u>おられ</u>、天(てん)にあって大能者(たいのうしゃ)の御座(みざ)の右(みぎ)に座(ざ)し、[口語訳 / ヘブル人への手紙 8:1]
(이상 말한 것의 요점은, 이와 같은 대제사장이 우리를 위해 계시고, 하늘에서 존엄하신 분의 보좌의 오른쪽에 앉아 계시고,)[히브리서 8:1]

[2]彼(かれ)らをもわたしたちのうちにおらせるためであり、: 그들도 우리 안에 있게 하기 위해서이고.「おらせる」는「おる」에 사역의「〜せる」가 접속된 것으로,「おらせる」는 구어역 신약성서 중에서 요한복음에만 사용되고 있고, 본 절 [17:21]과 [14:3]에서 2회 출현한다.

[3]あなたがわたしをお遣(つか)わしになったことを、: 아버지께서 나를 보내신 것을.「お遣(つか)わしになった」는「遣(つか)わす」의 ナル형 경어「お遣(つか)わしになる」의 과거로〈父(ちち)=神(かみ)〉를 높이기 위해 쓰이고 있다.
[例]あなたがたを受(う)け入(い)れる者(もの)は、わたしを受(う)け入(い)れるのである。わたしを受(う)け入(い)れる者(もの)は、わたしを<u>お遣(つか)わしになった</u>方(かた)を受(う)け入(い)れるのである。[口語訳 / マタイによる福音書 10:40]
(너희를 받아들이는 사람은 나를 받아들이는 것이다. 나를 받아들이는 사람은 나를 보내신 분을 받아들이는 것이다.)[마태복음 10:40]

「だれでも、このような幼子(おさなご)の一人(ひとり)を、わたしの名(な)のゆえに受(う)け入(い)れる者(もの)は、わたしを受(う)け入(い)れるのである。そして、わたしを受(う)け入(い)れる者(もの)は、わたしを受(う)け入(い)れるのではなく、わたしを<u>お遣(つか)わしになった</u>方(かた)を受(う)け入(い)れるのである」。[口語訳 / マルコによる福音書 9:37]
("누구든지 이런 어린이 한 사람을 내 이름 때문에 받아들이는 사람은 나

를 받아들이는 것이다. 그리고 나를 받아들이는 사람은 나를 받아들이는 것이 아니라, 나를 보내신 분을 받아들이는 것이다.")[마가복음 9:37][19]

> わたしは、あなたからいただいた栄光(えいこう)を彼(かれ)らにも与(あた)えました。それは、わたしたちが一(ひと)つであるように、[1]彼(かれ)らも一(ひと)つになるためであります。[ヨハネによる福音書 17:22]
> (나는 아버지께서 주신 영광을 그들에게도 주었습니다. 그것은 우리가 하나인 것처럼 그들도 하나가 되기 위해서입니다.[17:22])

[1]彼(かれ)らも一(ひと)つになるためであります : 그들도 하나가 되기 위해서입니다. 「〜ためであります」는 목적을 나타내는 형식명사「〜ため」에 단정의 조동사「〜です」의 문장체적 말씨인「〜であります」가 접속된 것이다.

[例]それは犯人(はんにん)の正体(しょうたい)をより正確(せいかく)にわれわれに示(しめ)すためであります。
(그것은 범인의 정체를 보다 정확하게 우리에게 보이기 위해서입니다.)
この小包(こづつみ)を早急(さっきゅう)に閣下(かっか)のお手元(てもと)に届(とど)けるためであります。
(이 소포를 시급히 각하에게 보내드리기 위해서입니다.)

> わたしが彼(かれ)らにおり、[1]あなたがわたしにいますのは、彼(かれ)らが完全(かんぜん)に一(ひと)つとなるためであり、また、あなたがわたしを遣(つか)わし、[2]わたしを愛(あい)されたように、[3]彼(かれ)らをお愛(あい)しになったことを、世(よ)が知(し)るためであります。[ヨハネによる福音書 17:23]
> (내가 그들에게 있고, 아버지께서 나에게 계신 것은 그들이 완전히 하나가 되기 위해서이고, 또 아버지께서 나를 보내고, 나를 사랑하신 것

---

19) 李成圭(2019a)『일본어 구어역 마가복음의 언어학적 분석Ⅱ』시간의물레. p. 219에서 인용.

과 같이, 그들을 사랑하신 것을 세상이 알기 위해서입니다.[17:23])

[1]あなたがわたしにいますのは、: 아버지께서 나에게 계신 것은. 「います」는 「いる」의 특정형 경어로서〈神(かみ)=父(ちち)〉또는〈イエス=신적 예수〉의 존재에 관해 쓰이는데, 특정형 경어 「おいでなる」나 レル형 경어인 「おられる」에 비해 경의도가 높다. [요한복음 17:03]설명 참조.

[2]わたしを愛(あい)されたように、: 나를 사랑하신 것과 같이. 「愛(あい)された」는 「愛(あい)す」의 レル형 경어 「愛(あい)される」의 과거로 여기에서는 「父(ちち)」에 관해 쓰이고 있다.

[3]彼(かれ)らをお愛(あい)しになったことを、: 그들을 사랑하신 것을. 「お愛(あい)しになった」는 「愛(あい)す」의 ナル형 경어 「お愛(あい)しになる」의 과거로 「父(ちち)」에 관해 쓰이고 있는데, 구어역 신약성서에서는 본 절의 예가 유일하다.

父(ちち)よ、あなたがわたしに賜(たま)わった人々(ひとびと)が、[1]わたしのいる所(ところ)に一緒(いっしょ)にいるようにして下(くだ)さい。天地(てんち)が造(つく)られる前(まえ)から[2]わたしを愛(あい)して下(くだ)さって、わたしに賜(たま)わった栄光(えいこう)を、[3]彼(かれ)らに見(み)させて下(くだ)さい。[ヨハネによる福音書 17:24]
(아버지여, 아버지께서 내게 주신 사람들이 내가 있는 곳에 함께 있도록 해 주십시오. 천지가 만들어지기 전부터 나를 사랑해 주셔서 내게 주신 영광을 그들에게 보게 하여 주십시오.[17:24])

[1]わたしのいる所(ところ)に一緒(いっしょ)にいるようにして下(くだ)さい : 내가 있는 곳에 함께 있도록 해 주십시오. 「いるようにして下(くだ)さい」「いる」에 「~{하도록·

~하지 않도록} 하다」와 같이 노력해서 그렇게 하겠다는 의미를 나타내는「ようにする」가 결합된「いるようにする」에 의뢰표현「～て下(くだ)さい」가 접속된 것이다.

[例]これから造影剤(ぞうえいざい)を流(なが)します。しばらくの間(あいだ)、息(いき)を止(と)めて、体(からだ)が動(うご)かないようにしていてください。

(지금부터 조영제를 넣습니다. 잠시 동안 숨을 멈추고 몸이 움직이지 않도록 하세요.)

そのように命令(めいれい)します。高島(たかしま)さん、あなたは弁護側(べんごがわ)の承認(しょうにん)として証言(しょうげん)するか、もしくは弁護側(べんごがわ)の弁論(べんろん)が終(お)わるまで、承認(しょうにん)として召喚(しょうかん)に応(おう)じられるようにしていてください。わかりましたね?

(그와 같이 명령합니다. 다카시마 씨, 당신은 변호 측의 승인으로 증인할 것인가, 혹은 변호 측 변론이 끝날 때까지 승인으로 소환에 응하시도록 해 주십시오. 알겠습니까?)

[2] わたしを愛(あい)して下(くだ)さって、: 나를 사랑해 주셔서.「愛(あい)して下(くだ)さって」는「愛(あい)す」에 수수표현「～て下(くだ)さる」의 テ형「～て下(くだ)さって」가 접속된 것으로〈父(ちち)〉를 높이는 데에 쓰이고 있다.

[例]翌日(よくじつ)から次々(つぎつぎ)と主人(しゅじん)や私(わたし)の兄弟姉妹(きょうだいしまい)、会社(かいしゃ)関係(かんけい)の人(ひと)が来(き)てくださって、主人(しゅじん)もとても喜(よろこ)んでいました。

(다음 날부터 계속해서 남편과 제 형제자매, 회사 관계자들이 와 주셔서 남편도 무척 기뻐하고 있었습니다.)

中居(なかい)君(くん)、この作品(さくひん)に出(で)てくださって、ほんとうにありがとうございました。

(나카이 군, 이 작품에 나와 주셔서 정말 감사합니다.)

誤解(ごかい)しないでいただきたいのですが、ご子息(しそく)には感謝(かんしゃ)しているのですよ。息子(むすこ)を救(すく)ってくださって、ありがたく思(おも)っております。
(오해하지 마셨으면 합니다만, 영식에 대해서는 감사하고 있습니다. 제 아들은 구해주셔서 고맙게 생각하고 있습니다.)

[3] 彼(かれ)らに見(み)させて下(くだ)さい : 그들에게 보게 하여 주십시오.「見(み)させて下(くだ)さい」는 타동사「見(み)る」의 사역「見(み)させる」에 의뢰표현「~て下(くだ)さい」가 접속된 것이다.

[例] あ、神様(かみさま)お願(ねが)い!私(わたし)にあなたの勇姿(ゆうし)を見(み)させてください!
(아, 하나님 부탁합니다. 제게 당신의 용자를 보게 해 주십시오.)

ともかく今月分(こんげつぶん)と来月分(らいげつぶん)の家賃(やちん)をお支払(しはら)いいたします。今月末(こんげつすえ)まで様子(ようす)を見(み)させてください。それで戻(もど)って来(こ)ないようでしたら、来月(らいげつ)半(なか)ばまでに退去(たいきょ)いたしますので。
(여하튼 이번 달과 분과 다음 달 분의 집세를 내겠습니다. 이번 달 말까지 상황을 보게 해 주십시오. 그래서 돌아오지 않을 것 같으면 다음 달 중엽까지 퇴거하겠습니다.)

ㅁ「見(み)させる」와「見(み)せる」
(1a) わたしにもたまにはいい夢(ゆめ)を見(み)させてください。
(제게도 가끔은 좋은 꿈을 꾸게 해 주세요.)
(1b) 社長(しゃちょう)は私(わたし)に社内秘資料(しゃないひしりょう)を見(み)せて、説明(せつめい)した。

(사장님은 내게 사내 비밀 서류를 보여주며 설명했다.)[20]

「見(み)る」의 경우 (1a)의 「見(み)させる」(사역형) 이외에도 (1b)의 「見(み)せる」와 같은 복타동사(사역동사)가 있어, 양자의 사용 실태 및 의미·용법상의 차이가 문제가 된다. 사역형 「見させる」는 [〜に〜を見(み)るようにさせる(〜에게 〜을 보도록 시키다)]의 뜻으로 사역주가 [대상으로 하여금 어떤 것을 보게끔 하다]의 의미를 나타낼 때 쓰이고, 「見せる」는 [〜에게 〜을 보여 주다]의 뜻으로 사역주의 행위에 중점이 놓일 때 쓰인다.

그런데, 이와 같은 의미적 차이는 인정되지만, 양자 사이에 의미의 차가 미미하다 보니, 실제 사용에 있어서는 복타동사인 「見せる」 쪽의 사용빈도가 높다. 또한 개인차도 존재하여, 「見(み)せる」만을 쓰고, 「見(み)させる」를 쓰지 않는 사람도 있는데, 이 경우 (1a)의 노래 가사를 어떻게 해석할지 궁금하다.

> [1]正(ただ)しい父(ちち)よ、[2]この世(よ)はあなたを知(し)っていません。しかし、わたしはあなたを知(し)り、また彼(かれ)らも、[3]あなたがわたしをお遣(つか)わしになったことを知(し)っています。[ヨハネによる福音書 17:25]
> (의로운 아버지여, 이 세상은 아버지를 알지 못합니다. 그러나 나는 아버지를 알고, 또 그들도 아버지께서 나를 보내신 것을 알고 있습니다.[17:25])

[1]正(ただ)しい父(ちち)よ、: 의로운 아버지여. 「正(ただ)しい」는 「옳다 / 바르다 / 맞다」의 뜻을 나타내는데, 본 절의 「正(ただ)しい」는 「義(ただ)しい」와 동의라고 해석하여 여기에서는 「의롭다」로 번역해 둔다. 『常用漢字表(じょうようかんじひょう)』에 등재되어 있지 않지만, 「義しい」는 「ただしい」라고 읽는다.

---

20) [마가복음 15:17] 설명에서 인용.

[例]教会(きょうかい)禮拝(れいはい)の印刷物(いんさつぶつ)に「義(ただ)しく歩(あゆ)まれた」「神(かみ)の前(まえ)に義(ただ)しい者(もの)として」と書(か)いてあるのに、目(め)がとまった。禮拝(れいはい)の時(とき)は、気(き)にならなかったんだけどな…。調(しら)べてみると「義(ただ)しい」と読むのだそうだ。[21]

(교회 예배 인쇄물에 "의롭게 걸으셨다." "하나님 앞에 의로운 사람으로서"라고 쓰여 있는 데에, 눈이 갔다. 예배 때는 신경 쓰이지 않았지만…. 조사해 보았더니, "義(ただ)しい"라고 읽는다고 한다.)

그리고 타 번역본에서는 어떤 표기법을 따르고 있는지 살펴보자.

[例]<u>正(ただ)しい</u>お父様(とうさま)、[塚本訳1963]

(의로운 아버님,)

<u>正(ただ)しい</u>父(ちち)よ。[新改訳1970]

(의로운 아버지여.)

<u>義(ぎ)にいます</u>父上(ちちうえ)、[前田訳1978]

(의로우신 아버지,)

<u>正(ただ)しい</u>父(ちち)よ、[新共同訳1987]

(의로운 아버지여,)

<u>義(ただ)しい</u>父(ちち)よ、[岩波翻訳委員会訳1995]

(의로운 아버지여,)

[2]この世(よ)はあなたを知(し)っていません : 이 세상은 아버지를 알지 못합니다. 「知(し)る」는 상태성과 동작성을 겸비한 동사로 현재 상태를 나타낼 때는 「知(し)っている」의 형태를 취하는데, 「知(し)っていません」는 「知(し)っています」의 부정이다.

[例]何(なに)かかゆみをとめる簡単(かんたん)な方法(ほうほう)を<u>知(し)っていません</u>か?

(뭐 가려움을 멈추는 간단한 방법을 알고 있지 않습니까?)

---

21) https://blog.goo.ne.jp/junliebe/e/2aba0cc25563eab002bc1fcf4d8fc207에서 인용해서 번역함.

彼(かれ)の意図(いと)は「私(わたし)の資産(しさん)をもっと増(ふ)やす術(すべ)を知(し)っていませんか?」という質問(しつもん)で、一時的(いちじてき)な快楽(かいらく)は彼(かれ)にとっては時間(じかん)と労力(ろうりょく)の無駄(むだ)で、その間(あいだ)に相場(そうば)が動(うご)き何百億円(なんびゃくおくえん)も儲(もう)かるかもしれないというような思考(しこう)回路(かいろ)の持(も)ち主(ぬし)です。

(그의 의도는 "내 자산을 더 늘리는 방법을 알고 있지 않습니까?"라는 질문에서 일시적인 쾌락은 그로서는 시간과 노력의 낭비로, 그 사이에 시세가 움직여 몇 백억 엔이나 벌지도 모른다고 하는 사고 회로의 소유자입니다.)

[3] あなたがわたしをお遣(つか)わしになったことを知(し)っています : 아버지께서 나를 보내신 것을 알고 있습니다. 「知(し)っています」는 「知(し)っている」의 정중체로 현재 상태를 나타낸다.

[例] 私(わたし)にも好(す)きの男子(だんし)がいますが、彼(かれ)も私(わたし)が自分事(じぶんごと)を好(す)きだという事(こと)を知(し)っています。

(나에게도 좋아하는 남성이 있습니다만, 그도 내가 자기를 좋아한다는 것을 알고 있습니다.)

平均的(へいきんてき)な中学生(ちゅうがくせい)は、足(た)し算(ざん)、引(ひ)き算(ざん)、掛(か)け算(ざん)、小数(しょうすう)、分数(ぶんすう)について知(し)っています。

(평균적인 중학생은 덧셈, 뺄셈, 곱셈, 소수, 분수에 관해 알고 있습니다.)

みんなが、この日(ひ)のために一生懸命(いっしょうけんめい)練習(れんしゅう)していたのをお父(とう)さん、お母(かあ)さんたちも知(し)っています。

(여러분이 이 날을 위해 열심히 연습하고 있던 것을 아버지, 어머니들도 알고 있습니다.)

そしてわたしは彼(かれ)らに御名(みな)を知(し)らせました。[1]またこれからも知(し)らせましょう。それは、[2]あなたがわたしを愛(あい)して下(くだ)さったその愛(あい)が彼(かれ)らのうちにあり、またわたしも彼(かれ)らのうちにおるためであります」。[ヨハネによる福音書 17:26]
(그리고 나는 그들에게 아버지의 이름을 알렸습니다. 또 앞으로도 알리겠습니다. 그것은 아버지께서 나를 사랑해 주신 그 사랑이 그들 안에 있고, 그리고 나도 그들 안에 있기 위해서입니다.[17:26])

[1]またこれからも知(し)らせましょう : 또 앞으로도 알리겠습니다. 「〜ましょう」는 의지, 권유·제안, 추측의 의미를 나타내는데, 본 절의 「知(し)らせましょう」은 의지의 용법으로 쓰이고 있다.

[例]ペテロはイエスに向(む)かって言(い)った、「先生(せんせい)、わたしたちがここにいるのは、すばらしいことです。それで、わたしたちは小屋(こや)を三(みっ)つ建(た)てましょう。一(ひと)つはあなたのために、一(ひと)つはモーセのために、一(ひと)つはエリヤのために」。[マルコによる福音書 9:5]
(베드로가 예수를 향해 말했다. "선생님, 저희가 여기에 있는 것은 멋진 일입니다. 그래서 저희는 오두막을 세 개 짓겠습니다. 하나는 선생님을 위해, 하나는 모세를 위해, 하나는 엘리야를 위해.")[마가복음 9:5][22]

手(て)が空(あ)いているから、手伝(てつだ)いましょう。
(시간이 있으니, 돕겠습니다.)
荷物(にもつ)、重(おも)いでしょう。わたしが持(も)ちましょう。
(짐, 무겁지요? 제가 들겠습니다.)
わたしが法隆寺(ほうりゅうじ)まで案内(あんない)しましょう。

---

22) 李成圭(2019a)『일본어 구어역 마가복음의 언어학적 분석Ⅱ』시간의물레. p. 177에서 인용.

(제가 호류지까지 안내하겠습니다.)[23]

[2] あなたがわたしを愛(あい)して下(くだ)さったその愛(あい) : 아버지께서 나를 사랑해 주신 그 사랑. 「愛(あい)して下(くだ)さった」는 「愛(あい)す」에 수수표현 「～て下(くだ)さる」가 접속된 「愛(あい)して下(くだ)さる」의 과거로 〈父(ちち)〉를 높이기 위해 사용되고 있다.

[例] わざわざわが手帳(てちょう)に、電話番号(でんわばんごう)を書(か)いてくださった。
(일부러 내 수첩에 전화번호를 써 주셨다.)

しかし、五年間(ごねんかん)の期間(きかん)をおいて、三人目(さんにんめ)の子供(こども)を神様(かみさま)が与(あた)えてくださった。
(그러나 5년간 기간을 두고 세 번째 아이를 하나님께서 주셨다.)

対談(たいだん)を始(はじ)める前(まえ)に、ご夫妻(ふさい)で、清楚(せいそ)な家(いえ)の中(なか)を、隅(すみ)から隅(すみ)まで案内(あんない)してくださったご厚情(こうじょう)にも恐縮(きょうしゅく)しました。
(대담을 시작하기 전에 부부께서 청초한 집 안을 구석에서 구석까지 안내해 주신 후정에도 몸 둘 바를 몰랐습니다.)

---

23) 李成圭(2019a) 『일본어 구어역 마가복음의 언어학적 분석Ⅱ』 시간의물레. pp. 177-178에서 인용.

ヨハネによる福音書
- 第18章 -

《80》[ヨハネによる福音書 18:1 - 18:11]

> [1]イエスはこれらのことを語(かた)り終(お)えて、弟子(でし)たちと一緒(いっしょ)に[2]ケデロンの谷(たに)の向(む)こうへ行(い)かれた。そこには園(その)があって、イエスは弟子(でし)たちと一緒(いっしょ)に[3]その中(なか)に入(はい)られた。[ヨハネによる福音書 18:1]
> (예수께서는 이런 것들을 다 이야기하고 나서, 제자들과 함께 기드론 계곡의 건너편에 가셨다. 거기에는 동산이 있고, 예수는 제자들과 함께 그 안에 들어가셨다.[18:1])

[1]イエスはこれらのことを語(かた)り終(お)えて、: 예수께서는 이런 것들을 다 이야기하고 나서.「語(かた)り終(お)えて」는「語(かた)る」의 연용형에 종료상의 후항동사「~終(お)える」가 결합한「語(かた)り終(お)える」의 テ형으로 순차동작을 나타낸다.

　[例]母親(ははおや)の後悔(こうかい)と反省(はんせい)の話(はなし)をひとまず聞(き)き終(お)えると、私(わたし)はＡ子(こ)さんと二人(ふたり)だけになって尋(たず)ねた。

(어머니의 후회와 반성 이야기를 일단 다 듣자, 나는 A코 씨와 둘만이 되어서 물었다.)

最後(さいご)まで残(のこ)った子(こ)どもたちが書(か)き終(お)えるのを待(ま)って、製本(せいほん)しました。

(마지막까지 남았던 아이들이 다 쓰는 것을 기다리고 제본했습니다.)

当番(とうばん)の生徒(せいと)が言(い)い終(お)えると、一斉(いっせい)に十字(じゅうじ)を切(き)る。後(あと)は嵐(あらし)のような食事(しょくじ)の騒音(そうおん)である。

(당번인 학생이 말을 마치자, 일제히 성호를 긋는다. 다음은 폭풍우와 같은 식사 소음이다.)

[2]ケデロンの谷(たに)の向(む)こうへ行(い)かれた : 기드론 계곡의 건너편에 가셨다. 「行(い)かれた」는 「行(い)く」의 레르형 경어 「行(い)かれる」의 과거로 〈イエス〉에 관해 쓰이고 있다.

[例]さて、イエスは、そこを立(た)ち去(さ)って、ツロの地方(ちほう)に行(い)かれた。そして、だれにも知(し)れないように、家(いえ)の中(なか)に入(はい)られたが、隠(かく)れていることができなかった。[口語訳 / マルコによる福音書 7:24]

(그런데, 예수께서 그곳을 떠나 두로 지역에 가셨다. 그리고 아무에게도 알려지지 않도록 집안에 들어가셨는데 숨어 있을 수가 없었다.)[마가복음 7:24][24]

それから、イエスはそこを去(さ)って、ユダヤの地方(ちほう)とヨルダンの向(む)こう側(がわ)へ行(い)かれたが、群衆(ぐんしゅう)がまた寄(よ)り集(あつ)まったので、いつものように、また教(おし)えておられた。[口語訳 / マルコによる福音書 10:1]

(그리고 나서 예수께서는 그곳을 떠나 유대 지역과 요단 강 건너편으로

---

24) 李成圭(2019a) 『일본어 구어역 마가복음의 언어학적 분석Ⅱ』 시간의물레. p. 103에서 인용.

가셨지만, 군중이 또 다시 많이 모였기 때문에 여느 때와 마찬가지로 다시 가르치고 계셨다.)[10:1]²⁵⁾

[3]その中(なか)に入(はい)られた : 그 안에 들어가셨다. 「入(はい)られた」는 「入(はい)る」의 レル형 경어 「入(はい)られる」의 과거로 〈イエス〉를 높이기 위해 사용되고 있다.

[例]イエスがまた会堂(かいどう)に入(はい)られると、そこに片手(かたて)のなえた人(ひと)がいた。[口語訳 / マルコによる福音書 3:1]
(예수께서 다시 회당에 들어가시자, 거기에 한쪽 손이 마비된 사람이 있었다.)[마가복음 3:1]²⁶⁾

それからイスカリオテのユダ。このユダがイエスを裏切(うらぎ)ったのである。イエスが家(いえ)に入(はい)られると、[口語訳 / マルコによる福音書 3:19]
(그리고 이스가리옷 유다. 이 유다가 예수를 배반했다. 예수께서 집에 들어가시자,)[마가복음 3:19]²⁷⁾

イエスを裏切(うらぎ)ったユダは、その所(ところ)をよく知(し)っていた。イエスと弟子(でし)たちとが[1]度々(たびたび)[2]そこで集(あつ)まったことがあるからである。[ヨハネによる福音書 18:2]
(예수를 배반한 유다는 그 곳을 잘 알고 있었다. 예수와 제자들이 여러 번 거기에서 모인 적이 있기 때문이다.[18:2])

[1]度々(たびたび) : 「度々(たびたび)」는 빈도를 나타내는 부사로 한국어의 「여러 번 / 자주 / 몇 번이고」에 상당하는 뜻을 나타내고, 유의어로는 「しばしば」「何

---

25) [口語訳 / マルコによる福音書 10:1]에서 인용.
26) 李成圭 (2018c) 『일본어 구어역 마가복음의 언어학적 분석Ⅰ』 시간의물레. p. 111에서 인용.
27) 李成圭 (2018c) 『일본어 구어역 마가복음의 언어학적 분석Ⅰ』 시간의물레. p. 131에서 인용.

度(なんど)も」등이 있다.

[例]なぜなら、私(わたし)も、度々(たびたび)『金縛(かなしば)り』にあった経験(けいけん)があるからです。

(왜냐하면 나도 여러 번 '가위'에 눌린 경험이 있기 때문입니다.)

最近(さいきん)友人(ゆうじん)の奥(おく)さんから度々(たびたび)電話(でんわ)があり、友人(ゆうじん)の事(こと)を愚痴(ぐち)ってきます。

(요즘 친구 부인으로부터 여러 번 전화가 있었는데, 친구에 관해 불평을 합니다.)

そして、一般(いっぱん)情勢(じょうせい)に対(たい)する私(わたし)の判断力(はんだんりょく)および評価力(ひょうかりょく)を高(たか)く評価(ひょうか)していることを度々(たびたび)それとなく私(わたし)に知(し)らせてきた。

(그리고 일반 정세에 대한 내 판단력 및 평가력을 높게 평가하고 있는 것을 자주 넌지시 알려왔다.)

[2]そこで集(あつ)まったことがあるからである : 거기에서 모인 적이 있기 때문이다. 「集(あつ)まったことがある」는 「集(あつ)まる」의 과거 「集(あつ)まった」에 「~ことがある」가 접속되어 과거의 경험을 나타낸다.

[例]道端(みちばた)で飛(と)べなくなったハトをタクシーで動物園(どうぶつえん)まで持(も)っていったことがある。

(길가에서 날지 못했던 비둘기를 택시로 동물원에 가지고 간 적이 있다.)

大学(だいがく)を訪(おとず)れ、向(む)こうのサラリーマンが勤務(きんむ)を終(お)えてから学(まな)ぶ夜(よる)のビジネス講座(こうざ)に出席(しゅっせき)したことがある。

(대학을 방문하고, 건너편의 샐러리맨이 근무를 마치고 나서 배우는 야간 비즈니스 강좌에 출석한 적이 있다.)

毒(どく)ガスは軽(かる)いから上(うえ)にのぼると聞(き)いたことがある。なるべく

低(ひく)いところにある空気(くうき)を吸(す)ったほうが安全(あんぜん)だと判断(はんだん)したのだ。
(독가스는 가볍기 때문에 위로 올라간다고 들은 적이 있다. 가능한 한 낮은 곳에 있는 공기를 흡수하는 쪽이 안전하다고 판단한 것이다.)

> さてユダは、[1]一隊(いったい)の兵卒(へいそつ)と祭司長(さいしちょう)やパリサイ人(びと)たちの送(おく)った[2]下役(したやく)どもを[3]引(ひ)き連(つ)れ、[4]松明(たいまつ)や[5]灯(あか)りや武器(ぶき)を持(も)って、[6]そこへやってきた。[ヨハネによる福音書 18:3]
> (그런데 유다는 일대의 병사와 대사제장 그리고 바리새파 사람들이 보낸 부하들을 뒤에 거느리고 횃불과 등불 그리고 무기를 지니고 거기에 찾아왔다.[18:3])

[1] 一隊(いったい)の兵卒(へいそつ) : 일대의 병사. [フランシスコ会訳(1984)]에서는 「「一隊(いったい)の兵士(へいし)=一隊(いったい)の兵卒(へいそつ)」로 번역되어 있는 그리스어는 완전 편성할 때는 600인, 최소한도의 경우에는 200인의 병사로 되어 있는 로마군의 부대를 가리킨다」고 설명하고 있다.[28]

[2] 下役(したやく)ども : 「지위가 낮은 사람 / 부하 / 말단」을 의미하는 「下役(したやく)」에 비칭(卑稱)의 복수 접미사인 「〜ども」가 접속한 것이다.
  [例] ペテロは遠(とお)くからイエスについて行(い)って、大祭司(だいさいし)の中庭(なかにわ)まで入(はい)り込(こ)み、その下役(したやく)どもに混(ま)じって座(すわ)り、火(ひ)に当(あ)たっていた。[口語訳 / マルコによる福音書 14:54]
  (베드로는 멀리서 예수를 따라가서, 대제사장의 마당 한 가운데까지 깊숙

---
28) [フランシスコ会聖書研究所(1984)] 『新約聖書』サンパウロ. pp. 381-383 주(1)에 의함.

이 들어가서 그 부하들과 섞여 앉아 불을 쬐고 있었다.)[마가복음 14:54])[29]

[3]引(ひ)き連(つ)れ、: 뒤에 거느리고.「引(ひ)き連(つ)れ、」는「引(ひ)く」의 연용형에「連(つ)れる」가 결합한 복합동사「引(ひ)き連(つ)れる; 데리고 가다 / 뒤에 거느리다」가 연용중지법으로 쓰인 것이다.

[例]その翌日(よくじつ)から、彼(かれ)は十人(じゅうにん)の弟分(おとうとぶん)どもを引(ひ)き連(つ)れ、千葉(ちば)の競輪場内(けいりんじょうない)の警備員(けいびいん)の詰(つ)め所(しょ)であるテントの中(なか)にいた。
(그 다음 날부터 그는 10명의 동생뻘 되는 사람들을 거느리고, 치바 경륜장내의 경비원의 대기소인 텐트 안에 있었다.)

彼(かれ)は中学生(ちゅうがくせい)の頃(ころ)から銀座(ぎんざ)の高級(こうきゅう)クラブで飲(の)んでいました。しかも弟子(でし)や友人(ゆうじん)を引(ひ)き連(つ)れ、一晩(ひとばん)で100万円(ひゃくまんえん)くらい使(つか)うような遊(あそ)び方(かた)をしていました。
(그는 중학생 때부터 긴자의 고급 클럽에서 마시곤 했습니다. 게다가 제자나 친구를 거느리고, 하룻밤에 100만 엔 정도 쓰는 그런 놀이를 하곤 했습니다.)

翌日(よくじつ)、家(いえ)じゅうの者(もの)を引(ひ)き連(つ)れ、家財(かざい)道具(どうぐ)を持(も)ってほかへ移(うつ)ったと思(おも)うと、それを待(ま)ちかねたかのように再(ふたた)び嵐(あらし)がはじまった。
(다음 날, 온 집안사람을 데리고, 가재도구를 가지고 다른 곳에 이사한 것이 아닌가 생각했더니, 그것을 학수고대한 것처럼 다시 폭풍우가 시작되었다.)

[4]松明(たいまつ): 횃불.

[5]灯(あか)り: 등불. =「明(あ)かり」

---

29) [마가복음 14:54]에서 인용.

[例]また彼(かれ)らに言(い)われた、「升(ます)の下(した)や寝台(しんだい)の下(した)に置(お)くために、灯(あか)りを持(も)って来(く)ることがあろうか。燭台(しょくだい)の上(うえ)に置(お)くためではないか。[口語訳/マルコによる福音書 4:21]
(그리고 그들에게 말씀하셨다. "되의 아래나 침대 밑에 두기 위해 등불을 가져오는 일이 있겠느냐? 촛대 위에 두기 위함이 아닌가?)[마가복음 4:21][30]

[6]そこへやってきた : 거기에 찾아왔다. 「やってくる[遣って来る]」는 「やる[遣る]」에 접속조사 「〜て」를 매개로 하여 보조동사 「くる」가 결합한 것인데, 전체적으로 단일 동사화하여 「찾아오다/다가오다」의 뜻을 나타낸다. [요한복음 11:48]을 참조.

しかしイエスは、[1]自分(じぶん)の身(み)に起(お)ろうとすることをことごとく[2]承知(しょうち)しておられ、[3]進(すす)み出(で)て彼(かれ)らに言(い)われた、「だれを捜(さが)しているのか」。[ヨハネによる福音書 18:4]
(그러나 예수께서는 자기 몸에 일어나려고 하는 것을 모두 알고 계셔 앞으로 나아가, 그들에게 말씀하셨다. "누구를 찾고 있느냐?" 18:4])

[1]自分(じぶん)の身(み)に起(お)ろうとすること : 자기 몸에 일어나려고 하는 것. 「起(お)ろうとする」는 「起(お)こる」에 동작 직전의 상태를 나타내는 「〜うとする」가 접속된 것이다.

[例]どんなことが起(お)ころうとしているのか。
　　(어떤 일이 일어나려고 하고 있는가?)
　　そこはこれから起(お)ころうとしている騒動(そうどう)を観察(かんさつ)するにはもってこいの場所(ばしょ)だった。
　　(거기는 이제부터 일어나려고 하는 소동을 관찰하는 데에는 절호의 장소였다.)

---

30) 李成圭(2018c) 『일본어 구어역 마가복음의 언어학적 분석 I』 시간의물레. p. 170에서 인용.

現在(げんざい)、何(なに)かが進行中(しんこうちゅう)だったり、これから何(なに)かが起(お)ころうとしているとき、賢明(けんめい)な人(ひと)なら、状況(じょうきょう)に応(おう)じて周到(しゅうとう)な計画(けいかく)を立(た)てようとするはずだ。
(현재, 무엇인가가 진행 중이거나, 이제부터 무엇인가가 일어나려고 할 때, 현명한 사람이라면, 상황에 따라 틀림없이 주도면밀한 계획을 세우려고 할 것이다.)

[2]承知(しょうち)しておられ、: 알고 계셔.「承知(しょうち)しておられ、」는「承知(しょうち)する ; 알다 알아듣다 / 승낙하다」에「～ており、」의 레루형 경어인「～ておられ、」가 접속된 것이다.

[例]長官(ちょうかん)は、このリストの存在(そんざい)を承知(しょうち)しておられますか。
(장관은 이 리스트의 존재를 알고 계십니까?)

あの人(ひと)は、自分(じぶん)がいつ死(し)ぬかを承知(しょうち)しておられた。きっと私(わたし)なんぞには及(およ)びもつかん境地(きょうち)に達(たっ)しておられたのでしょう。
(그 사람은 자신이 언제 죽을지를 알고 계셨다. 틀림없이 저 같은 사람은 도저히 미치지 못하는 경지에 도달하고 계신 것 같습니다.)

그리고「承知(しょうち)する」는「비즈니스 세계에서는「わかりました」의 정중어로「かしこまる」와 같은 뜻을 나타내는데, 여성보다는 남성 쪽이 많이 사용한다. 승낙을 나타낼 때는「承知(しょうち)しました」「承知(しょうち)いたしました」순으로 정중도가 높아진다.

[例]そのことなら、先日(せんじつ)一緒(いっしょ)にお話(はなし)を伺(うかが)いましたので、よく承知(しょうち)しております。
(그 일은 지난번에 함께 말씀을 들었기 때문에 잘 알고 있습니다.)

A : 田中君(たなかくん)、安心(あんしん)するのはまだ早(はや)いぞ。他社(たしゃ)も必死(ひっし)だから、契約(けいやく)が済(す)むまでは油断(ゆだん)できないぞ。

(다나카 군, 안심하는 것은 아직 일러. 다른 회사도 필사적이니까, 계약이 끝날 때까지는 방심할 수는 없단 말이야.)

B : はい、重々(じゅうじゅう)承知(しょうち)いたしております。

(네, 충분히 잘 알고 있습니다.)

A : デコボコ社(しゃ)との約束(やくそく)時間(じかん)の確認(かくにん)をとってくれませんか。

(데코보코사와의 약속 시간을 확인해 주지 않겠어요?)

B : はい、承知(しょうち)しました。

(네, 알겠습니다.)

A : 彼(かれ)一人(ひとり)だけで行(い)かせると、どうも遊(あそ)びがちだから、君(きみ)も一緒(いっしょ)に取引先(とりひきさき)について行(い)ってくれないかね。

(그 사람 혼자만 보내면 아무래도 노는 경향이 있으니, 자네도 같이 거래처에 따라 갔다 오지 않겠어?)

B : はい、承知(しょうち)いたしました。お言葉(ことば)ですが、どうして…。

(예, 알겠습니다. 말씀은 잘 알았습니다만, 어째서 그러시죠?)

A : この間(あいだ)、偶然(ぐうぜん)彼(かれ)が街(まち)で遊(あそ)んでいるところを見(み)かけたんだよ。

(요전에 우연히 그가 거리에서 놀고 있는 것을 봤어.)[31]

---

31) 李成圭(2017f)「신판 비즈니스 일본어2」시간의물레. pp. 77-78에서 인용.

[3]進(すす)み出(で)て : 앞으로 나아가.「進(すす)み出(で)て」는「進(すす)む」의 연용형에 공간적 이동을 나타내는 후항동사「出(で)る」가 결합한 복합동사「進(すす)み出(で)る; 앞으로 나아가다[나오다]」의 テ형이다.

[例]ついに、団長(だんちょう)が前(まえ)へ進(すす)み出(で)て言(い)った。

(결국 단장이 앞으로 나아가 말했다.)

「ちょと失禮(しつれい)」そう言(い)って沢井(さわい)理事官(りじかん)は前(まえ)へ進(すす)み出(で)て、紙包(かみづつ)みを取(と)り出(だ)した。

("잠깐 실례합니다." 그렇게 말하고 사와이 이사관은 앞에 나아가, 종이에 싼 것을 꺼냈다.)

男(おとこ)は、自(みずか)ら一歩前(いっぽまえ)に進(すす)み出(で)て、言(い)った。指揮官(しきかん)との面会(めんかい)を要求(ようきゅう)したのは自分(じぶん)です。

(남자는 직접 한 걸음 앞에 나가서, 말했다. 지휘관과의 면담을 요구한 것은 저입니다.)

彼(かれ)らは「ナザレのイエスを」と答(こた)えた。イエスは彼(かれ)らに言(い)われた、[1]「わたしが、それである」。イエスを裏切(うらぎ)ったユダも、彼(かれ)らと一緒(いっしょ)に立(た)っていた。[ヨハネによる福音書 18:5]
(그들은 "나사렛의 예수를"이라고 대답했다. 예수께서 그들에게 말씀하셨다. "내가 바로 그 사람이다." 예수를 배반한 유다도 그들과 함께 서 있었다.[18:5])

[1]「わたしが、それである」: "내가 바로 그 사람이다." 타 번역본에서는 어떻게 묘사하고 있는지 살펴보면 다음과 같다.

[例]「それはわたしだ。」[塚本訳1963]

("그 사람은 바로 나다.")

「それはわたしです。」[新改訳1970]

("그 사람은 바로 나입니다.")

「わたしがそれだ」と。[前田訳1978]

("내가 바로 그 사람이다"라고.)

「わたしである」[新共同訳1987]

("바로 나이다.")

「私(わたし)〔なら、ここに〕いる」。[岩波翻訳委員会訳1995]

("나〔라면, 여기에〕있다.")

> イエスが彼(かれ)らに「わたしが、それである」と言(い)われたとき、[1]彼(かれ)らは後(うし)ろに引(ひ)き下(さ)がって地(ち)に倒(たお)れた。[ヨハネによる福音書18:6]
> (예수께서 그들에게 "내가 바로 그 사람이다"라고 말씀하셨을 때, 그들은 뒤로 물러나서 땅에 쓰러졌다.[18:6])

[1]彼(かれ)らは後(うし)ろに引(ひ)き下(さ)がって : 그들은 뒤로 물러나서. 「引(ひ)き下(さ)がる : 물러나다 / 물러가다 / 물러서다」는 「引(ひ)く」의 연용형에 공간적 이동을 나타내는 후항동사 「下(さ)がる」가 결합한 복합동사의 테형이다.

[例] 大統領(だいとうりょう)は、ここはおとなしく引(ひ)き下(さ)がって、機能(きのう)しはじめたミーティングに水(みず)を差(さ)さないでくれと言(い)っている。

(대통령은, 지금은 얌전히 물러나서, 기능하기 시작한 미팅에 물을 끼얹지 말라고 말하고 있다.)

「そ、それでは」じいやさんは、眠(ねむ)そうだけれど、ちょっと気(き)が進(すす)まないような感(かん)じのまま自分(じぶん)の部屋(へや)へと引(ひ)き下(さ)がっていった。

("그러면" 할아범은 졸린 것 같지만, 좀 마음이 내키지 않는 그런 느낌인

채로 자기 방으로 물러갔다.)

私(わたし)たちとしては、ここで引(ひ)き下(さ)がっては永遠(えいえん)に見(み)ることはできないと判断(はんだん)し、「何(なに)もないということを証明(しょうめい)する調査(ちょうさ)でいいですから」と再度(さいど)お願(ねが)いし、やっと許可(きょか)をいただくことができた。

(저희로서는 여기에서 물러나서는 영원히 볼 수 없다고 판단하고, "아무것도 없다는 것을 증명하는 조사로 됐으니까"라고 재삼 부탁해서 겨우 허가를 받을 수가 있었다.)

> そこでまた彼(かれ)らに、「だれを捜(さが)しているのか」と[1]お尋(たず)ねになると、彼(かれ)らは[2]「ナザレのイエスを」と言(い)った。[ヨハネによる福音書 18:7]
> (그래서 다시 그들에게 "누구를 찾고 있느냐" 하고 물으시자, 그들은 "나사렛의 예수를"이라고 말했다.[18:7])

[1]お尋(たず)ねになると、: 물으시자. 「お尋(たず)ねになる」는 「尋(たず)ねる」의 나루형 경어로 본 절의 「お尋(たず)ねになると、」는 이유나 계기 또는 발견의 용법으로 쓰이고 있다.

　[例]イエスは彼(かれ)に「何(なん)という名前(なまえ)か」とお尋(たず)ねになると、「レギオンと言(い)います」と答(こた)えた。彼(かれ)の中(なか)にたくさんの悪霊(あくれい)が入(はい)り込(こ)んでいたからである。[口語訳 / ルカによる福音書 8:30]
　(예수께서 그에게 "네 이름이 무엇이냐?"라고 물으시니, "레게온(군단)이라고 합니다"라고 대답했다. 그 사람 안에 악령이 많이 들어가 있었기 때문이다.)[누가복음 8:30]

[2]「ナザレのイエスを」: "나사렛의 예수를". 이 부분은 「ナザレのイエスを捜(さが)し

ている」에 상당하는 문의 생략으로 보인다.

[1]イエスは答(こた)えられた、「わたしがそれであると、言(い)ったではないか。[2]わたしを捜(さが)しているのなら、[3]この人(ひと)たちを去(さ)らせてもらいたい」。[ヨハネによる福音書 18:8]
(예수께서 대답하셨다. "내가 바로 그 사람이라고 말하지 않았느냐?" 나를 찾고 있는 것이라면 이 사람들을 물러가게 해라.[18:8])

[1]イエスは答(こた)えられた : 예수께서 대답하셨다. 「答(こた)えられた」는 「答(こた)える」의 레루형 경어 「答(こた)えられる」의 과거로 〈イエス〉를 높이는 데에 쓰이고 있다.

[2]わたしを捜(さが)しているのなら、: 나를 찾고 있는 것이라면. 「捜(さが)しているのなら」는 「捜(さが)している」에 가정조건을 나타내는 「～のなら」가 접속된 것이다.
　[例]本人(ほんにん)がほんとう卒業(そつぎょう)したいと思(おも)っているのなら、自分(じぶん)でがんばるでしょう。
　　(본인이 정말 졸업하고 싶다고 생각하고 있다면, 스스로 노력하겠지요.)
　　あの人(ひと)が、すでにそれを手(て)にしているのなら、それを目(め)で見(み)て、触(さわ)って、確(たし)かめてみたい気(き)がする。
　　(그 사람이 이미 그것을 손에 가지고 있다면, 그것을 눈으로 보고, 만져서, 확인해 보고 싶은 기분이 든다.)
　　八時(はちじ)三十分(さんじゅっぷん)に白梅町(はくばいちょう)にいて、それ以降(いこう)のアリバイがはっきりしているのなら、箕面(みのお)で犯行(はんこう)を行(おこ)なうことはできない。嫌疑(けんぎ)は晴(は)れることになる。
　　(8시 30분에 하쿠바이초에 있어, 그 이후의 알리바이가 확실하면 미노에서 범행을 저지를 수 없다. 혐의는 벗어나게 된다.)

[3]この人(ひと)たちを去(さ)らせてもらいたい : 이 사람들을 물러가게 해라. 「去(さ)らせてもらいたい」는「去(さ)る；떠나다」의 사역「去(さ)らせる」에 화자의 희망을 나타내는 「〜てもらいたい」가 접속한 것으로 「떠나가게 해 주었으면 한다 → 물러가게 해라」에 상당하는 뜻을 나타낸다.

[例]その若者(わかもの)に会(あ)ってみよう、なあ、トレヴィル、ぜひ会(あ)わせてもらいたい。

(그 젊은이를 만나 보겠다. 이봐, 트레빌, 꼭 만나게 해 줘.)

それはパーティーでの立ち話だったので、もう一度(いちど)詳(くわ)しく聞(き)かせてもらいたいと思(おも)っていた。

(그것은 파티에서 서서 하는 이야기였기 때문에 다시 한 번 자세히 듣고 싶다고 생각하고 있었다.)

借金(しゃっきん)もせず、だれにも頼(たよ)らず、私(わたし)にできる範囲(はんい)でやってきた。あと少(すこ)し好(す)きなようにやらせてもらいたいと思っている。

(빚도 지지 않고, 누구에게도 의지하지 않고 내가 할 수 있는 범위에서 해 왔다. 이제는 조금 더 내가 하고 싶은 대로 하게 해 주었으면 하고 생각하고 있다.)

それは、「[1]あなたが与(あた)えて下(くだ)さった人(ひと)たちの中(なか)の一人(ひとり)も、わたしは失(うしな)わなかった」と[2]イエスの言(い)われた言葉(ことば)が、成就(じょうじゅ)するためである。[ヨハネによる福音書 18:9]
(그것은 "아버지께서 주신 사람들 중에서 한 사람도 나는 잃지 않았다."고 예수께서 말씀하신 말씀이 실현되기 위해서이다.[18:9])

[1]あなたが与(あた)えて下(くだ)さった人(ひと)たちの中(なか)の一人(ひとり)も、: 아버지께서 주신 사람들 중에서 한 사람도. 「与(あた)えて下(くだ)さる」는「与(あた)

える;주다」에 수수동사「～てくれる」의 특정형「～て下(くだ)さる;～해 주시다」가 접속된 것인데, 한국어로는 [주다＋～해 주시다]와 같이 이중적인 표현이 되기 때문에 후항 성분의 의미를 살려서「주시다」로 번역해 둔다. [ヨハネによる福音書 6:37, 6:39, 6:65] 설명을 참조.

[2]イエスの言(い)われた言葉(ことば)が、成就(じょうじゅ)する : 예수께서 말씀하신 말씀이 실현되기 위해서이다.「イエスの言(い)われた言葉(ことば)」는「イエスの言(い)う」의 레루형 경어인「イエスの言(い)われる」의 과거「イエスの言(い)われた」가 뒤에 오는 명사「言葉(ことば)」를 수식·한정한다.

> シモン・ペテロは剣(けん)を持(も)っていたが、それを抜(ぬ)いて、[1]大祭司(だいさいし)の僕(しもべ)に切(き)りかかり、[2]その右(みぎ)の耳(みみ)を切(き)り落(お)とした。その僕(しもべ)の名(な)はマルコスであった。[ヨハネによる福音書 18:10]
> (시몬 베드로는 칼을 가지고 있었는데, 그것을 빼서 대제사장의 종에게 달려들어 그 오른쪽 귀를 잘라 버렸다. 그 종의 이름은 말고이었다.[18:10])

[1]大祭司(だいさいし)の僕(しもべ)に切(き)りかかり、: 대제사장의 종에게 달려들어.「切(き)りかかり、」는「切(き)る」의 연용형에「かかる」가 결합한 복합동사「切(き)りかかる;칼로 치려고 달려들다」가 연용 중지법으로 쓰이고 있는 것이다.
 [例]背後(はいご)から切(き)りかかられて、防(ふせ)ぎようもなかった。[32]
  (배후에서 달려드는 바람에 막을 수도 없었다.)

[2]その右(みぎ)の耳(みみ)を切(き)り落(お)とした : 그 오른쪽 귀를 잘라 버렸다.「切

---
32) [マルコによる福音書 14:47] 설명 참조

(き)り落(お)とした」는「切(き)る」의 연용형에「落(お)とす」가 결합한 복합동사인「切(き)り落(お)とす ; 끊어 떨어뜨리다 / 베어[잘라] 놓다 / 잘라 버리다」의 과거이다.

[例]余分(よぶん)な枝(えだ)を切(き)り落(お)とす。

 (쓸데없는 가지를 베어 버리다.)

 彼女(かのじょ)は力任(ちからまか)せに彼(かれ)の頬(ほお)を打(う)ち、首(くび)を切(き)り落(お)とした。

 (그녀는 힘껏 그의 볼을 치고 목을 잘라 버렸다.)[33]

본 절과 유사한 내용이 [마가복음 14:47]에 나온다.

[例]すると、イエスのそばに立(た)っていた者(もの)の一人(ひとり)が、剣(けん)を抜(ぬ)いて大祭司(だいさいし)の僕(しもべ)に切(き)りかかり、その片耳(かたみみ)を切(き)り落(お)とした。[口語訳 / マルコによる福音書 14:47]

(그러자, 예수 곁에 서 있던 사람 중에서 한 사람이 칼을 빼서 대제사장의 종에게 달려들어 그의 한쪽 귀를 잘라 버렸다.)[마가복음 14:47]

すると、イエスはペテロに言(い)われた、「[1]剣(けん)を鞘(さや)に納(おさ)めなさい。[2]父(ちち)がわたしに下(くだ)さった杯(さかずき)は、飲(の)むべきではないか」。[ヨハネによる福音書 18:11]

(그러자 예수께서 베드로에게 말씀하셨다. "칼을 칼집에 넣어라. 아버지께서 내게 주신 잔을 마셔야 하지 않겠느냐?"[18:11]

---

[1]剣(けん)を鞘(さや)に納(おさ)めなさい : 칼을 칼집에 넣어라.「納(おさ)める」는「거두다 / 정리해서 넣다[담다]」의 뜻을 나타내는데,「鞘(さや)に納(おさ)める」는「칼집에 넣다」로 번역해 둔다.

---

33) [マルコによる福音書 14:47] 설명 참조.

[2] 父(ちち)がわたしに下(くだ)さった杯(さかずき)は、飲(の)むべきではないか : 아버지께서 내게 주신 잔을 마셔야 하지 않겠느냐?「飲(の)むべきではないか」는「飲(の)む」의 종지형에 의무나 당위성을 나타내는「～べきだ」가 접속된 것에 부정 의문을 나타내는「～ではないか」가 후접하여「마셔야 하지 않겠느냐?」의 뜻을 나타낸다.

[例] 仕事(しごと)を自己(じこ)実現(じつげん)の場(ば)として考(かんが)えるのなら、仕事(しごと)を楽(たの)しむことから始(はじ)めるべきではないか。

(일을 자기실현의 자리로서 생각한다면, 일을 즐기는 것부터 시작해야 하지 않겠는가?)

それから、これは孤児(こじ)の問題(もんだい)も同(おな)じでありますが、こういう配慮(はいりょ)をすべきではないか。

(그리고 이것은 고아 문제도 마찬가지입니다만, 이런 배려를 해야 하지 않겠는가?)

従来(じゅうらい)小(しょう)、中(ちゅう)、高(こう)あるいは大学(だいがく)までの教育(きょういく)機関(きかん)を通(つう)じて、そのような点(てん)の配慮(はいりょ)が欠(か)けるところがあったのではないかというふうに、全部(ぜんぶ)の教育機関(きょういくきかん)の教師(きょうし)は考(かんが)えべきではないか。

(종래 초, 중, 고 혹은 대학까지의 교육기관을 통해, 그와 같은 점의 배려가 결여된 점이 있었던 것은 아닌가와 같이 모든 교육기관의 교사는 생각해야 하지 않을까?)

《81》 [ヨハネによる福音書 18:12 - 18:14]

> それから[1]一隊(いったい)の兵卒(へいそつ)やその千卒長(せんそつちょう)やユダヤ人(じん)の下役(したやく)どもが、イエスを捕(とら)え、[2]縛(しば)り上(あ)げて、[ヨハネによる福音書 18:12]
> (그리고 나서 일대의 병사와 그 천부장 그리고 유대인의 부하들이 예수를 잡아, 꽁꽁 묶어서,[18:12])

[1] 一隊(いったい)の兵卒(へいそつ)やその千卒長(せんそつちょう) : 일대의 병사와 그 천부장.

　타 번역본에서는 어떤 명칭으로 쓰이고 있는지 살펴보자.

　[例] 一部隊(いちぶたい)の兵(へい)と千卒長(せんそつちょう)[塚本訳1963]
　　　(한 부대의 병사와 천부장)
　　　一隊(いったい)の兵士(へいし)と千人隊長(せんにんたいちょう)、[新改訳1970]
　　　(일대의 병사와 천인대장,)
　　　兵隊(へいたい)と千卒長(せんそつちょう)と[前田訳1978]
　　　(부대와 천부장과)
　　　一隊(いったい)の兵士(へいし)と千人隊長(せんにんたいちょう)、[新共同訳1987]
　　　(일대의 병사와 천인대장,)
　　　一隊(いったい)の兵士(へいし)と千人隊長(せんにんたいちょう)、[岩波翻訳委員会訳1995]
　　　(일대의 병사와 천인대장,)

　□ 천부장[tribune of the cohort, 千夫長] : 구약성서에 헤브라이어 '사르 엘레프'의 역어로 '천 명의 장(長)'을 뜻하고 재판관에 대해서도 쓰였다(출애굽기 18:21, 25, 신명기 1:15). 모세가 이스라엘 백성을 이끌고 광야생활을 하고 있

을 때, 모세의 장인 이드로의 충고를 받고 천부장을 세웠다. 그 외 백부장, 오십부장, 십부장도 함께 세워 백성을 재판하게 했다. 천부장이 되기 위한 자격은 유능한 인격자, 하느님을 경외하는 사람, 성실한 사람, 청렴한 사람을 택했다.

신약시대에는 군대의 계급을 가리키는 명칭으로, 천 명을 지휘하는 장교를 가리켰다. 그 후 로마제국시대에는 약 600명으로 감소되었다. 예루살렘에서 바울을 체포한 천부장은(사도행전 21:31~22:30) 그 이름을 글라우디오 루시아라고 했다. 이 명칭은 넓은 의미로 신분 높은 사람(장교)으로 쓰여 있다. 예수를 체포하여 결박했던 인물도 천부장의 지위를 가진 사람이었다(요한복음 18:12).

라틴어 '트리부누스'는 족장을 뜻하고 본토민에 의해 로마 군대를 구성한 병사를 다스린 지휘관의 명령에서 비롯되었다. 네 개의 연대를 지휘할 수 있는 24명의 천부장이 인기투표로 지명되었고, 나머지는 총독에 의해서 임명되었다. [네이버 지식백과] 천부장 [tribune of the cohort, 千夫長] (두산백과)[34]

□ 천인대장(千人隊長, せんにんたいちょう, 고대 그리스어 : χιλίαρχος 키리알코스, χιλίαρχης 키리알케스)는 고대 그리스 군대의 계급의 하나. 알렉산더 대왕이 헤파이스티온에게 이 지위를 준 이후, 왕 다음의 재상 상당의 관직으로서 천인대장(千人隊長)의 이름이 사용되었다.

천인대장(千人隊長)이라는 명칭은 『신약성서』에도 종종 등장한다. 예를 들어, [요한복음 18:12]에서 예수를 붙잡은 천인대장(千人隊長), [사도행전 21:31] 이하에 예루살렘에서 바울을 붙잡은 천인대장 등. 일본어역에서는 번역본에 따라 「천인대장(千人隊長)」(口語訳聖書에서는 「천부장(千卒長 ; せんそつちょう)」)과 「장교」(마가복음 6:21 등)로 구분되어 번역되어 있다. 로

---

34) https://terms.naver.com/entry.nhn?docId=1198261&cid=40942&categoryId=31575에서 인용.

마의 군대 조직에 천인대장(千人隊長)은 존재하지 않고, 아마도 예루살렘에 주둔하고 있던 군의 장인 군사 호민관(tribunus militum)을 가리키는 것으로 생각되고 있다.[35]

[2]縛(しば)り上(あ)げて、: 꽁꽁 묶어서.「縛(しば)り上(あ)げて」는「縛(しば)る」의 연용형에 강의(強義)를 나타내는 후항동사「上(あ)げる」가 결합한 복합동사의 テ형으로「꽁꽁(단단히) 묶다」의 뜻을 나타낸다.

[例] 二(に)、三分(さんぷん)で、彼(かれ)を縛(しば)り上(あ)げて、絞殺(こうさつ)するのは無理(むり)だ。
(2, 3분 사이에 그를 꽁꽁 묶어 교살하는 것은 무리다.)
彼(かれ)は暴(あば)れる少年(しょうねん)の両手(りょうて)を縛(しば)り上(あ)げて後部(こうぶ)座席(ざせき)に押(お)し込(こ)んだ。
(그는 날뛰는 소년의 양손을 꽁꽁 묶어 후부 좌석에 밀어 넣었다.)
二十人(にじゅうにん)の子供(こども)の中(なか)から、一人(ひとり)をつまみ出(だ)して、広場(ひろば)に縛(しば)り上(あ)げて皆(みな)で殴(なぐ)るようなものだ。
(20명의 아이 중에서 한 명을 끌어내서, 광장에 꽁꽁 묶어 다 같이 때리는 것과 같은 것이다.)

まずアンナスのところに[1]引(ひ)き連(つ)れて行(い)った。彼(かれ)はその年(とし)の大祭司(だいさいし)[2]カヤパの舅(しゅうと)であった。[ヨハネによる福音書 18:13]
(먼저 안나스에게 끌고 데리고 갔다. 그는 그 해의 대제사장 가야바의 장인이었다.[18:13])

[1]引(ひ)き連(つ)れて行(い)った :「引(ひ)き連(つ)れて」는「引(ひ)く」의 연용형에

---

35) https://ja.wikipedia.org/wiki/%E5%8D%83%E4%BA%BA%E9%9A%8A%E9%95%B7에서 인용하여 번역함.

「連(つ)れる」가 결합한 복합동사「引(ひ)き連(つ)れる ; 끌고 데리고 가다」의 테형으로 뒤에「行(い)く」가 연결되고 있는데 한국어 번역으로는「[끌고 데리고 가다]＋[가다]」와 같이 중복되어「끌고 데리고 가다」로 번역해 둔다.

[2]カヤパの舅(しゅうと) : 가야바의 장인.「舅(しゅうと)」는「장인 / 시아버지」로「姑(しゅうと)＝姑(しゅうとめ) ; 장모 / 시어머니」와 대응한다.

[例]姑(しゅうとめ)と舅(しゅうと)は50代(ごじゅうだい)半(なか)ばですが、二人(ふたり)とも足(あし)が悪(わる)く、舅(しゅうと)は病気(びょうき)から)引越(ひっこ)しなんて到底(とうてい)手伝(てつだ)ってくれません。

(시어머니와 시아버지는 50대 후반입니다만, 두 사람 모두 다리가 안 좋아서, (시아버지는 병에서) 이사 같은 것은 도저히 도와주지 못합니다.)

姑(しゅうとめ)は食(た)べなくなって喜(よろこ)んだが、すっかり痩(や)せてしまい、舅(しゅうと)が心配(しんぱい)して軽(かる)く診察(しんさつ)してもらうと「妊娠(にんしん)」だった。めったに夫婦(ふうふ)らしいことをしないのに、不思議(ふしぎ)だった。

(시어머니는 먹게 않게 되어 기뻐했지만, 완전히 말라서, 시아버지가 걱정해서 가볍게 진찰을 받았는데 "임신"이었다. 좀처럼 부부다운 일을 하지 않았는데 이상했다.)

> カヤパは前(まえ)に、[1]一人(ひとり)の人(ひと)が民(たみ)のために死(し)ぬのはよいことだと、ユダヤ人(じん)に[2]助言(じょげん)した者(もの)であった。[ヨハネによる福音書 18:14]
> (가야바는 전에 한 사람이 백성을 위해 죽는 것은 좋은 일이라고 유대인에게 조언한 사람이었다.[18:14])

[1]一人(ひとり)の人(ひと)が民(たみ)のために死(し)ぬのはよいことだ : 한 사람이 백

성을 위해 죽는 것은 좋은 일이다.「死(し)ぬのはよいこと ; 죽는 것은 좋은 일」의「死(し)ぬのは」는「死(し)ぬ+の[형식명사]+は[계조사]」이고,「よいことだ」는「よい+こと[형식명사]+だ[단정의 조동사]」으로,「〜のは、〜ことだ」의 문형의 예이다.

[例]しかし私(わたし)自身(じしん)は、私(わたし)の作品(さくひん)―どんなにつまらないものでも―についてたずねられるのは耐(た)えがたいことだと、強(つよ)く感(かん)じていた。

(그러나 내 자신은 내 작품 – 아무리 재미없는 것이라도 – 에 관해 질문을 받는 것은 참기 어려운 일이라고 강하게 느끼고 있었다.)

彼(かれ)のように、自(みずか)ら実践(じっせん)し、研究(けんきゅう)してきた分野(ぶんや)の話(はなし)を聞(き)く場合(ばあい)に、自分(じぶん)の意見(いけん)や主張(しゅちょう)を抑(おさ)えて聞(き)き役(やく)に回(まわ)るのは、これまた余裕(よゆう)がなくてはできないことだと思(おも)う。

(그 사람 같이 직접 실천하고 연구해온 분야의 이야기를 듣는 경우, 자기 의견이나 주장을 억제하고, 듣기만 하는 것은 이것 또한 여유가 없어서는 할 수 없는 일이라고 생각한다.)

隆之(たかゆき)がいちばん恐(おそ)れたのは、洞窟(どうくつ)の外(そと)にも赤服(あかふく)の奴(やつ)らの仲間(なかま)がいることだったが、幸(さいわ)いそれには遭遇(そうぐう)しなかった。

(다카유키가 가장 두려워한 것은, 동굴 밖에도 빨간 옷을 입은 놈들의 패거리가 있는 것이었는데, 다행히 그들은 만나지 않았다.)

[2] 助言(じょげん)した者(もの) : 조언한 사람.「助言(じょげん)した」는 한어동사「助言(じょげん)する ; 조언하다」의 과거형으로 뒤의「者(もの)」를 수식하고 있다.

((82)) [ヨハネによる福音書 18:15 - 18:18]

> シモン・ペテロともう一人(ひとり)の弟子(でし)とが、イエスについて行(い)った。この弟子(でし)は[1]大祭司(だいさいし)の知(し)り合(あ)いであったので、イエスと一緒(いっしょ)に[2]大祭司(だいさいし)の中庭(なかにわ)に入(はい)った。[ヨハネによる福音書 18:15]
> (시몬 베드로와 또 다른 제자 한 명이 예수를 따라갔다. 이 제자는 대제사장과 잘 아는 사이라서 예수와 함께 대제사장의 마당 한 가운데에 들어갔다.[18:15])

[1]大祭司(だいさいし)の知(し)り合(あ)い : 대제사장과 잘 아는 사이.「知(し)り合(あ)い」는「知(し)り合(あ)う; 서로 알(게 되)다 / 아는 사이가 되다」의 연용형이 전성 명사화한 것으로 한국어의「지인 / 아는 사람 / 아는 사이」의 뜻을 나타낸다. 유의어로는「知人(ちじん)」「近付(ちかづ)き」등이 있다.

[2]大祭司(だいさいし)の中庭(なかにわ)に入(はい)った : 대제사장의 마당 한 가운데에 들어갔다.「中庭(なかにわ)」는 ①「중정 / 마당 한 가운데」, ②「가운데 뜰 / 내정(内庭) / 안뜰」의 뜻을 나타낸다.[36]

 타 번역본에서는 이 부분을 어떻게 다루고 있는지 살펴보자.
 [例]大祭司(だいさいし)の(官邸(かんてい))中庭(なかにわ)に入(はい)っていったが、
   [塚本訳1963]
   (대제사장의 저택의 마당 한 가운데에 들어갔지만,)
   大祭司(だいさいし)の中庭(なかにわ)にはいった。[新改訳1970]
   (대제사장의 마당 한 가운데에 들어갔다.)
   大祭司(だいさいし)の官邸(かんてい)の中庭(なかにわ)に入(はい)った。[前田

---

36) [マルコによる福音書 14:54] 설명 참조.

訳1978]
(대제사장 관저의 마당 한 가운데에 들어갔다.)
大祭司(だいさいし)の屋敷(やしき)の中庭(なかにわ)に入(はい)ったが、[新共同訳1987]
(대제사장 저택의 마당 한 가운데에 들어갔지만,)
大祭司(だいさいし)の館(たち)の中庭(なかにわ)にまで入(はい)って行(い)った。[岩波翻訳委員会訳1995]
(대제사장 저택의 마당 한 가운데에 들어갔다.)

> しかし、[1]ペテロは外(そと)で戸口(とぐち)に立(た)っていた。すると大祭司(だいさいし)の知(し)り合(あ)いであるその弟子(でし)が、外(そと)に出(で)て行(い)って[2]門番(もんばん)の女(おんな)に話(はな)し、[3]ペテロを内(うち)に入(い)れてやった。[ヨハネによる福音書 18:16]
> (그러나 베드로는 문밖에 서 있었다. 그러자 대제사장과 잘 아는 사이인 그 제자가 밖에 나가서 문을 지키는 여자에게 이야기하여 베드로를 안에 들어가게 해 주었다.[18:16])

[1]ペテロは外(そと)で戸口(とぐち)に立(た)っていた : 베드로는 문밖에 서 있었다. 「戸口(とぐち)」는 「건물의 출입구」로 「外(そと)で戸口(とぐち)に立(た)っていた」를 직역하면 「밖에서 문 입구에 서 있었다」가 되지만, 여기에서는 「문밖에 서 있었다」로 번역해 둔다.

　타 번역본에서는 어떻게 설명하고 있는지 살펴보자.
[예]ペテロは門(もん)の外(そと)に立(た)っていた。[塚本訳1963]
　　(베드로는 문 밖에 서 있었다.)
　　ペテロは外(そと)で門(もん)のところに立(た)っていた。[新改訳1970]
　　(베드로는 밖에서 문이 있는 데에 서 있었다.)

ペテロは門(もん)の外(そと)に立(た)っていた。[前田訳1978]
(베드로는 문 밖에 서 있었다.)
ペテロは門(もん)の外(そと)に立(た)っていた。[新共同訳1987]
(베드로는 문 밖에 서 있었다.)
ペテロの方(ほう)は門(もん)のところで外(そと)に立(た)っていた。[岩波翻訳委員会訳1995]
(베드로는 문이 있는 곳에서 밖에 서 있었다.)

[2]門番(もんばん)の女(おんな)に話(はな)し、: 문을 지키는 여자에게 이야기하여. 「門番(もんばん)」은 「문지기 / 문을 지키는 사람」의 뜻으로 「門番(もんばん)の女(おんな)」는 「문을 지키는 여자」에 상당하는 뜻을 나타낸다.

[3]ペテロを内(うち)に入(い)れてやった: 베드로를 안에 들어가게 해 주었다. 「内(うち)に入(い)れてやった」의 「入(い)れてやった」는 「入(い)れる; 넣다 / 들어가게 하다」에 수수표현 「～てやる」의 과거 「～てやった」가 접속된 것이다.
[例]「お兄(にい)ちゃんたち、今夜(こんや)は冷(ひ)えるぜ。俺(おれ)のテントでよかったら、入(い)れてやる」振(ふ)り返(かえ)るとそこには、路上(ろじょう)生活者(せいかつしゃ)と思(おぼ)しきイカつい大男(おおおとこ)が立(た)っていた。
("젊은이들, 오늘 밤은 추워. 내 텐트라도 괜찮으면, 넣어 줄 게."돌아다보니, 거기에는 노상 생활자로 생각되는 우락부락한 몸집이 큰 남자가 서 있었다.)
佐伯(さえき)は「津久井(つくい)をなんとか、議会(ぎかい)ビルに入(い)れてやるんです」と言(い)った。
(사에키는 "쓰쿠이를 어떻게 해서라도 의회 빌딩에 들어가게 해 주어야 합니다."라고 말했다.

> すると、[1]この門番(もんばん)の女(おんな)がペテロに言(い)った、「[2]あなたも、あの人(ひと)の弟子(でし)の一人(ひとり)ではありませんか」。ペテロは「いや、そうではない」と答(こた)えた。[ヨハネによる福音書 18:17]
> (그러자, 이 문을 지키는 여자가 베드로에게 말했다. "당신도 그 사람의 제자 중의 한 사람이 아닙니까?" 베드로는 "아냐, 그렇지 않아."라고 대답했다.[18:17])

[1]この門番(もんばん)の女(おんな)がペテロに言(い)った : 이 문을 지키는 여자가 베드로에게 말했다. 「この」는 문맥지시의 용법으로 쓰인 것으로 화자가 자기에게 가장 가까운 정보를 청자(독자)에게 제시할 때 사용한다.

[例]このヨハネは、らくだの毛(け)ごろもを身(み)にまとい、腰(こし)に皮(かわ)の帯(おび)を締(し)め、いなごと野蜜(のみつ)とを食物(しょくもつ)としていた。[口語訳 / マルコによる福音書 1:6]

(바로 이 요한은 낙타털로 짠 옷을 몸에 입고 허리에 가죽 띠를 매고 메뚜기와 들 꿀을 음식으로 삼았다.)[마가복음 1:6][37]

このヘロデは、自分(じぶん)の兄弟(きょうだい)ピリポの妻(つま)ヘロデヤを娶(めと)ったが、そのことで、人(ひと)を遣(つか)わし、ヨハネを捕(とら)えて獄(ごく)に繋(つな)いだ。[口語訳 / マルコによる福音書 6:17]

(이 헤롯은 자기 형제 빌립의 처 헤로디아를 아내로 맞아들였는데 그 일로 사람을 보내 요한을 잡아서 옥에 가두었다.)[마가복음 6:17]

[2]あなたも、あの人(ひと)の弟子(でし)の一人(ひとり)ではありませんか : 당신도 그 사람의 제자 중의 한 사람이 아닙니까?「あの人(ひと)の弟子(でし)の一人(ひとり)」의「あの」도 문맥지시의 용법으로 쓰인 것으로 화자와 청자가 해당 정보를 공

---

37) 李成圭(2018c)『일본어 구어역 마가복음의 언어학적 분석Ⅰ』시간의물레. p. 12에서 인용.

유하고 있을 때 사용한다.

[例]ところが、先(さき)の女中(じょちゅう)が彼(かれ)を見(み)て、そばに立(た)っていた人々(ひとびと)に、またもや「この人(ひと)はあの仲間(なかま)の一人(ひとり)です」と言(い)い出(だ)した。[口語訳/マルコによる福音書 14:69]

(그런데 아까 그 하녀가 그를 보고, 곁에 서 있던 사람들에게 또다시 "이 사람은 그 무리 중의 한 사람입니다"고 말을 꺼냈다.)[마가복음 14:69])

そこで、ピラトはまた彼(かれ)らに言(い)った、「それでは、おまえたちがユダヤ人(じん)の王(おう)と呼(よ)んでいるあの人(ひと)は、どうしたらよいか」。[口語訳/マルコによる福音書 15:12]

(그래서 빌라도는 다시 그들에게 말했다. "그러면, 너희들이 유대인 왕이라고 부르고 있는 그 사람은 어떻게 하면 좋으냐?")[마가복음 15:12])

僕(しもべ)や下役(したやく)どもは、[1]寒(さむ)い時(とき)であったので、[2]炭火(すみび)を熾(おこ)し、そこに立(た)って[3]当(あ)たっていた。[4]ペテロもまた彼(かれ)らに交(ま)じり、立(た)って当(あ)たっていた。[ヨハネによる福音書 18:18]
(종과 부하들은 날씨가 추워서 숯불을 피우고 거기에 서서 불을 쬐고 있었다. 베드로도 또한 그들과 섞여, 서서 불을 쬐고 있었다.[18:18])

[1]寒(さむ)い時(とき)であったので、: 날씨가 추워서. 일본어의 경우, 「寒(さむ)い[연체수식어]+時(とき)[명사]+であった[단정의 조동사]+ので」 구조의 명사술어문을 직역하면 「추운 때이었기 때문에」가 되지만, 한국어로는 형용사문으로 바꿔서 「날씨가 추워서」로 번역하는 것이 자연스럽다.

[例]素晴(すば)らしい眺(なが)めですねえ。

(전망이 좋군요.)

いいネクタイですね。

(넥타이가 멋지군요.)

A : これはいかがですか。ステレオです。

　(이것은 어떠십니까? 스테레오입니다.)

B : うん、いい音(おと)ですね。

　(음, 소리가 좋은데요.)

A : 広(ひろ)い部屋(へや)ですね。

　(방이 넓은데요.)

B : 南(みなみ)向(む)きで、日当(ひあ)たりもいいですよ。

　(남향으로 볕도 잘 들어요.)

A : そうですね。明(あか)るくていい部屋(へや)ですね。

　(그렇군요. 방이 밝고 좋은데요.)[38]

[2] 炭火(すみび)を熾(おこ)し、: 숯불을 피우고. 「熾(おこ)す」는 「불을 피우다」의 뜻을 나타낸다.

　[例]この時間(じかん)だから客(きゃく)もいない。寝(ね)ぼけ眼(まなこ)のメイドが火(ひ)を熾(おこ)し、パンとエールを運(はこ)んできた。

　(이 시간이니까 손님도 없다. 멍청한 눈을 한 메이드가 불을 피우고, 빵과 에일을 가지고 왔다.)

　これがわたしの書(か)く最後(さいご)のページ。日記(にっき)はいま、すべて眼(め)の前(まえ)で燃(も)えている。火格子(ひごうし)に火(ひ)を熾(おこ)して、日記(にっき)をのせた。

　(이것이 내가 쓰는 마지막 페이지. 일기는 지금, 모두 눈앞에서 타고 있다.

---

38) 李成圭等著(1996)『홍익나가누마 일본어2 해설서』홍익미디어. pp. 49-50에서 인용.

히고시(아궁이 안에 있는, 고체 연료를 지탱하는 쇠졍그레)에 불을 피우고 일기를 올렸다.)

[3] 当(あ)たっていた : 불을 쬐고 있었다. 「当(あ)たっていた」는 「火(ひ)に当(あ)たっていた ; 불을 쬐고 있었다」의 뜻으로 쓰이고 있다.

[例] 後陣(ごじん)でぬくぬくと焚(た)き火(び)に当(あ)たっている我(われ)らには兵(へい)の苦労(くろう)が分(わ)かりませぬ。
(후진에서 따뜻하게 모닥불을 쬐고 있는 우리에게는 병사의 고생을 알 수 없습니다.)

ええ、もちろん、食事(しょくじ)をする部屋(へや)ならありますけど、夜(よる)が冷(ひ)えますから、キッチンで火(ひ)に当(あ)たりながら召(め)し上(あ)がってはいかがですか?
(네, 물론 식사를 하는 방이라면 있습니다만, 밤에는 차가워지니, 부엌에서 불을 쬐면서 드시는 것이 어떠십니까?)

[4] ペテロもまた彼(かれ)らに交(ま)じり、: 베드로도 또한 그들과 섞여. 「交(ま)じる」는 「섞이다 / 어울리다」의 뜻을 나타내는 자동사로 「彼(かれ)らに交(ま)じり、」는 「그들과 섞여」, 「그들과 함께」에 상당하는 뜻으로 쓰이고 있다.

[例] 乃木(のぎ)と原田(はらだ)は、アタッシェケースをしっかりと持(も)って、この列(れつ)の中(なか)に交(ま)じり、下(お)りて行(い)った。
(노기와 하라다는 아타셰 케이스(007 가방)를 단단히 쥐고 이 열의 속에 섞여 내려갔다.)

ある朝(あさ)、ぼくはインド人(じん)たちに交(ま)じって沐浴(もくよく)をした。水(みず)はひんやりとして気持(きも)ちがよかった。
(어느 날 아침, 나는 독일인들과 함께 목욕을 했다. 물은 차가워서 기분이 좋았다.)

⟨83⟩ [ヨハネによる福音書 18:19 - 18:27]

> 大祭司(だいさいし)はイエスに、[1]弟子(でし)たちのことやイエスの教(おし
> え)のことを尋(たず)ねた。[ヨハネによる福音書 18:19]
> (대제사장은 예수에게 제자들과 그의 가르침에 관해 물었다.[18:19])

[1]弟子(でし)たちのことやイエスの教(おしえ)のことを尋(たず)ねた : 제자들과 그의 가르침에 관해 물었다.「弟子(でし)たちのこと」「イエスの教(おしえ)のこと」の「〜のこと」는「〜에 관한 것」에 상당하는 뜻을 나타낸다.

　이 부분을 타 번역본에서는 어떻게 표현하고 있는지 살펴보자.
[例]その弟子(でし)のことや、その教義(きょうぎ)のことを尋(たず)ねた。[塚本訳1963]
　(그 제자나 그 교의에 관해 물었다.)
弟子(でし)たちのこと、また、教(おし)えのことについて尋問(じんもん)した。[新改訳1970]
　(제자들 그리고 가르침에 관해 심문했다.)
弟子(でし)たちや教(おし)えについてたずねた。[前田訳1978]
　(제자들과 가르침에 관해 물었다.)
弟子(でし)のことや教(おし)えについて尋(たず)ねた。[新共同訳1987]
　(제자와 가르침에 관해 물었다.)
その弟子(でし)たちについて、また彼(かれ)の教(おし)えについてたずねた。[岩波翻訳委員会訳1995]
　(그 제자들에 관해 그리고 그의 가르침에 관해 물었다.)

> イエスは答(こた)えられた、「わたしは[1]この世(よ)に対(たい)して[2]公然(こ
> うぜん)と語(かた)ってきた。すべてのユダヤ人(じん)が集(あつ)まる会堂

> (かいどう)や宮(みや)で、いつも教(おし)えていた。[3]何事(なにごと)も[4]隠(かく)れて語(かた)ったことはない。[ヨハネによる福音書 18:20]
> (예수는 대답하셨다. "나는 이 세상에 대해 공공연하게 이야기해왔다. 모든 유대인이 모이는 회당이나 성전에서 항상 가르치고 있었다. 무슨 일이든 숨어서 이야기한 적은 없다.[18:20])

[1]この世(よ)に対(たい)して : 이 세상에 대해. 「～に対(たい)して」는 격조사 「～に」에 「対(たい)する」의 テ형인 「対(たい)して」가 접속된 복합조사로 「～에 대해」라는 뜻을 나타낸다.

  [例]その人(ひと)は父母(ふぼ)に対(たい)して、もう何(なに)もしないで済(す)むのだと言(い)っている。[口語訳 / マルコによる福音書 7:12]
  (그 사람은 부모에 대해 이제 아무 것도 하지 않아도 된다고 말했다.)[마가복음 7:12]

  邪悪(じゃあく)で罪深(つみふか)いこの時代(じだい)にあって、わたしとわたしの言葉(ことば)とを恥(は)じる者(もの)に対(たい)しては、人(ひと)の子(こ)もまた、父(ちち)の栄光(えいこう)のうちに聖(せい)なる御使(みつかい)たちと共(とも)に来(く)るときに、その者(もの)を恥(は)じるであろう」。[口語訳 / マルコによる福音書 8:38]
  (사악하고 죄 많은 이 시대에서 나와 내 말을 부끄러이 여기는 사람에 대해서는 인자도 그리고 아버지의 영광 속에서 성스러운 천사들과 함께 올 때, 그 사람을 부끄러이 여길 것이다.")[마가복음 8:38][39]

[2]公然(こうぜん)と語(かた)ってきた : 공공연하게 이야기해왔다. 「公然(こうぜん)と」는 「공공연하게」의 뜻을 나타내는데, 「公然(こうぜん)」은 「―{と・たる}」계열

---

39) 李成圭(2019a)『일본어 구어역 마가복음의 언어학적 분석II』시간의물레. p. 171에서 인용.

의 형용동사적 용법도 있고「公然(こうぜん)の」와 같은 명사적 용법도 겸비하고 있다. [ヨハネによる福音書 7:13][ヨハネによる福音書 7:26][ヨハネによる福音書 11:54]

[3] 何事(なにごと)も : 무슨 일이든. 아무 것도.
　[例] イエスはこれらのことをすべて、譬(たとえ)で群衆(ぐんしゅう)に語(かた)られた。譬(たとえ)によらないでは何事(なにごと)も彼(かれ)らに語(かた)られなかった。
　　[口語訳 / マタイによる福音書 13:34]
　　(예수께서는 이 모든 것을 비유로 군중들에게 말씀하셨다. 비유에 의하지 않고서는 무슨 일이든 그들에게 말씀하지 않으셨다.)[마태복음 13:34][40]

　　何事(なにごと)も語(かた)らないで彼(かれ)の前(まえ)に座(すわ)っている須永(すなが)自身(じしん)も、平生(へいぜい)の紋切形(もんきりがた)を離(はな)れた怪(あや)しい一種(いっしゅ)の人物(じんぶつ)として彼(かれ)の眼(め)に映(えい)じた。
　　(아무 것도 말하지 않고 그 앞에 앉아 있는 스나가 자신도 평소의 판에 박힌 방식에서 먼, 수상한, 일종의 인물로서 그의 눈에 비쳤다.)
　　女(おんな)は何事(なにごと)もなかったかのように、さらさらと笑(わら)った。
　　(여자는 마치 아무 일도 없었던 것처럼 밝게 웃었다.)
　　この宣誓(せんせい)の中(なか)で必(かなら)ずある表現(ひょうげん)が、「つねに真実(しんじつ)を語(かた)り、嘘(うそ)を語(かた)らない。そして何事(なにごと)も包(つつ)み隠(かく)さず、何事(なにごと)も付(つ)け加(くわ)えず」というものです。
　　(이 선서 속에서 반드시 있는 표현이 "항상 진실을 말하고 거짓말을 하지 않는다. 그리고 아무 것도 감추지 않고 아무 것도 덧붙이지 않고" 라는 것입니다.)
　　以前(いぜん)のことですが、学校(がっこう)で集金(しゅうきん)をしていますと、一日目(いちにちめ)に提出(ていしゅつ)する子(こ)は、何事(なにごと)も言(い)われ

---

40) [口語訳 / マタイによる福音書 13:34]에서 인용.

たことをすぐ実行(じっこう)しようとする子(こ)で、早(はや)く済(す)ませてさっぱりしていられます。

(이전 일입니다만, 학교에서 돈을 걷고 있으면 첫째 날에 제출하는 아이는 무슨 일이든 시킨 일을 금방 실행하려고 하는 아이로 일찍 끝내고 상쾌한 기분으로 있을 수 있습니다.)

[4]隠(かく)れて語(かた)ったことはない : 숨어서 이야기한 적은 없다. 「隠(かく)れて」는 「隠(かく)れる」의 テ형으로 여기에서는 「語(かた)る」를 수식하는 부사법으로 사용되고 있다.

[例]祖母(そぼ)の背中(せなか)に隠(かく)れて様子(ようす)をうかがっている。
(할머니 등에 숨어서 상황을 엿보고 있다.)

雨戸(あまど)を閉(し)めてテレヴィを隠(かく)れて見(み)ている家(いえ)があると、みな怒(おこ)って雨戸(あまど)を揺(ゆ)さぶりましたが。
(빈지문을 닫고 텔레비전을 숨어서 보고 있는 집이 있으면, 모두 화를 내고 빈지문을 흔들었습니다만.)

それに、いくらなんでも、人殺(ひとごろ)しを隠(かく)れて計画(けいかく)するような陰険(いんけん)なことを考(かんが)える性格(せいかく)ではございません。
(게다가 아무리 무엇이라고 해도 사람을 죽이는 것을 숨어서 계획하는 그런 음험한 것을 생각하는 성격은 아닙니다.)

なぜ、わたしに尋(たず)ねるのか。わたしが彼(かれ)らに語(かた)ったことは、[1]それを聞(き)いた人々(ひとびと)に尋(たず)ねるがよい。[2]わたしの言(い)ったことは、彼(かれ)らが知(し)っているのだから」。[ヨハネによる福音書 18:21]
(왜 내게 묻느냐? 내가 그들에게 이야기한 것은 그것을 들은 사람들에게 물어라. 내가 말한 것은 그들이 알고 있으니까.[18:21])

[1]それを聞(き)いた人々(ひとびと)に尋(たず)ねるがよい：그것을 들은 사람들에게 물어라. 「尋(たず)ねるがよい」는 「尋(たず)ねる」(연체형)에 「～がよい」가 접속한 것으로 「～하는 것이 좋다」에서 「～하라」와 같은 동사의 명령으로 쓰이고 있다.

[例]わめける限(かぎ)り、わめくがよい。人間(にんげん)、体力(たいりょく)に限界(げんかい)がある。

(큰 소리로 외칠 수 있는 한, 외쳐라. 인간이란 체력에 한계가 있다.)

誹(そし)る者(もの)はぞんぶんに誹(そし)るがよい。あざ笑(わら)う者(もの)は思(おも)い切(き)りあざ笑(わら)うがよい。

(비방하는 사람은 실컷 비방해라. 비웃는 사람은 마음껏 비웃어라.)

[2]わたしの言(い)ったことは、：내가 말한 것은. 「わたしの言(い)った」에서 「わたしの」의 「～の」는 연체수식절 내의 주격 역할을 하고 있고, 그 전체가 뒤에 오는 「～こと」를 수식하고 있다.

[例]典子(のりこ)の言(い)ったことは正(ただ)しい。下宿屋(げしゅくや)のおばちゃんではないのだ。

(노리코가 말한 것은 맞다. 하숙집의 아주머니가 아니다.)

私(わたし)の言(い)ったことを私(わたし)に対(たい)する攻撃(こうげき)に使(つか)うなんて卑怯(ひきょう)だわ。

(내가 말한 것은 나에 대한 공격에 사용하다니 비겁해.)

いや、わたしだって、彼(かれ)の言(い)ったことをそのまま信(しん)じてはいませんよ。

(아니, 저도 그가 한 말을 그대로 믿지는 않아요.)

イエスがこう言(い)われると、そこに立(た)っていた下役(したやく)の一人(ひとり)が、「[1]大祭司(だいさいし)に向(む)かって、[2]そのような答(こたえ)をするのか」と言(い)って、[3]平手(ひらて)でイエスを打(う)った。[ヨハネによる福音書 18:22]

(예수께서 이렇게 말씀하시자, 거기에 서 있던 부하 중의 한 사람이 "대제사장에 대해 그런 식으로 대답을 하느냐?"라고 말하며 손바닥으로 예수를 쳤다.[18:22])

[1] 大祭司(だいさいし)に向(む)かって、: 대제사장을 향해. 대제사장에 대해. 「〜に向(む)かって」는 격조사 「〜に」에 「向(む)かう」의 テ형인 「向(む)かって」가 결합한 것으로 「〜을 향해」에서 「〜에 대해」와 같이 복합조사화한 것으로 해석된다.

[예] 人々(ひとびと)に向(む)かって、「安息日(あんそくにち)に善(ぜん)を行(おこな)うのと悪(あく)を行(おこな)うのと、命(いのち)を救(すく)うのと殺(ころ)すのと、どちらがよいか」と言(い)われた。彼(かれ)らは黙(だま)っていた。[口語訳 / マルコによる福音書 3:4]

(사람들을 향해 "안식일에 선을 행하는 것과 악을 행하는 것과, 그리고 목숨을 구하는 것과 죽이는 것 중에서 어느 쪽이 좋으냐?"라고 말씀하셨다. 그들은 잠자코 있었다.)[마가복음 3:4][41]

ペテロはイエスに向(む)かって言(い)った、「先生(せんせい)、わたしたちがここにいるのは、すばらしいことです。それで、わたしたちは小屋(こや)を三(みっ)つ建(た)てましょう。一(ひと)つはあなたのために、一(ひと)つはモーセのために、一(ひと)つはエリヤのために」。[口語訳 / マルコによる福音書 9:5]

(베드로가 예수를 향해 말했다. "선생님, 저희가 여기에 있는 것은 멋진 일입니다. 그래서 저희는 오두막을 세 개 짓겠습니다. 하나는 선생님을 위해, 하나는 모세를 위해, 하나는 엘리야를 위해.")[마가복음 9:5][42]

[2] そのような答(こたえ)をするのか : 그와 같은 대답을 하느냐? 그런 식으로 대답을

---

41) 李成圭(2018c)『일본어 구어역 마가복음의 언어학적 분석 I』시간의물레. p. 116-117에서 인용.
42) 李成圭(2019a)『일본어 구어역 마가복음의 언어학적 분석 II』시간의물레. p. 177에서 인용.

하느냐?

　타 번역본에서는 어떻게 표현하고 있는지 살펴보자.

[例]「大祭司殿(だいさいしどの)にむかって何(なん)という口(くち)のきき方(かた)だ」と言(い)いながら、[塚本訳1963]

　("대제사장님에 대해 감히 무슨 말을 그렇게 하느냐?"라고 하면서,)

「大祭司(だいさいし)にそのような答(こた)え方(かた)をするのか。」と言(い)って、[新改訳1970]

　("대제사장에게 그런 식으로 대답을 하느냐?"라고 하며,)

「大祭司(だいさいし)に向(む)かってそんな答(こた)え方(かた)をするのか」といって[前田訳1978]

　("대제사장에 대해 그런 식으로 대답을 하느냐?"라고 하며,)

「大祭司(だいさいし)に向かって、そんな返事(へんじ)のしかたがあるか」と言(い)って、[新共同訳1987]

　("대제사장에 대해 그런 식으로 대답을 하느냐?"라고 하며,)

「大祭司様(だいさいしさま)に向(む)かって、そのような答(こた)え方(かた)をするのか」と言(い)って。[岩波翻訳委員会訳1995]

　("대제사장님에 대해 그런 식으로 대답을 하느냐?"라고 하며,)

[3] 平手(ひらて)でイエスを打(う)った : 손바닥으로 예수를 쳤다. 「平手(ひらて)で打(う)つ」는 「손바닥으로 치다」의 뜻으로 「平手(ひらて)で」의 「〜で」는 수단·방법을 나타낸다.

[例] バンッと何(なに)かを平手(ひらて)で打(う)つような音(おと)が聞(きこ)えた。

　(팍하는 무엇인가를 손바닥으로 치는 듯한 소리가 들렸다.)

　また、両手(りょうて)で打(う)つことで速(はや)いボールにも打(う)ち負(ま)けないで対応(たいおう)できる。

　(그리고 양손으로 치는 것으로 빠른 볼에도 밀리지 않고 대응할 수 있다.)

ただ今(いま)、ブラインドタッチの練習中(れんしゅうちゅう)なのですが、Bのキーをどちらの手(て)で打(う)つのか分(わ)かりません。
(지금, 블라인드 터치의 연습 중입니다만, B의 키를 어느 쪽 손으로 칠지 모르겠습니다.)

イエスは答(こた)えられた、「もしわたしが何(なに)か[1]悪(わる)いことを言(い)ったのなら、その悪(わる)い理由(りゆう)を言(い)いなさい。しかし、[2]正(ただ)しいことを言(い)ったのなら、なぜわたしを打(う)つのか」。[ヨハネによる福音書 18:23]
(예수께서 대답하셨다. "만일 내가 무슨 나쁜 말을 했다면, 그 나쁜 이유를 말해라. 그러나 옳은 말을 했다면 왜 나를 때리느냐?"[18:23])

[1]悪(わる)いことを言(い)ったのなら、: 나쁜 말을 했다면. 「悪(わる)いことを言(い)う」는 「나쁜 것을 말하다」로 여기에서는 「나쁜 말을 하다」로 번역해 둔다. 타 번역본에서는 어떻게 표현하고 있는지 살펴보자.

[例]無禮(ぶれい)なことを言(い)ったのなら、[塚本訳1963]
　　(무례한 말을 했다면,)
　　もしわたしの言(い)ったことが悪(わる)いなら、[新改訳1970]
　　(만일 내가 한 말이 나쁘다면,)
　　わたしが悪(わる)いことをいったなら、[前田訳1978]
　　(내가 나쁜 말을 했다면,)
　　何(なに)か悪(わる)いことをわたしが言(い)ったのなら、[新共同訳1987]
　　(무슨 나쁜 말을 내가 했다면,)
　　私(わたし)がまちがったことを語(かた)ったのなら、[岩波翻訳委員会訳1995]
　　(내가 틀린 말을 했다면,)

[2]正(ただ)しいことを言(い)ったのなら、: 옳은 말을 했다면.「正(ただ)しいことを言(い)う」는「올바른 것을 말하다」로 여기에서는「옳은 말을 하다」로 번역해 둔다. 타 번역본에서는 어떻게 다루고 있는지 살펴보자.

[例]しかし間違(まちが)っていないなら、[塚本訳1963]

　　（그러나 틀리지 않으면,）

　　しかし、もし正(ただ)しいなら、[新改訳1970]

　　（그러나 만일 옳으면,）

　　よければ、[前田訳1978]

　　（좋으면,）

　　正(ただ)しいことを言(い)ったのなら、[新共同訳1987]

　　（옳은 말을 했다면,）

　　〔語(かた)ったのが〕その通(とお)りなら、[岩波翻訳委員会訳1995]

　　（〔말한 것이〕 맞는다면,）

それからアンナスは、[1]イエスを縛(しば)ったまま大祭司(だいさいし)カヤパのところへ送(おく)った。[ヨハネによる福音書 18:24]
（그리고 나서 안나스는 예수를 묶은 채로 대제사장 가야바로 보냈다.[18:24]）

---

[1]イエスを縛(しば)ったまま : 예수를 묶은 채로.「〜まま」는 형식명사에서 접속조사로 이행 중인 것으로 완료의 조동사「〜た」에 접속되어,「〜たまま」의 형태로 한국어의「〜한 채」에 상당하는 의미를 나타낸다.

[例]机(つくえ)に向(む)かったまま、何(なに)もしないでぼんやりしていた。

　　（책상을 향한 채, 아무 것도 하지 않고 멍하니 있었다.）

　　みんな黙(だま)ったままなので、仕方(しかた)なくぼくが話(はなし)の口(くち)を切(き)った。

(다들 잠자코 있어서 도리 없이 내가 입을 열었다.)

あ、いけない、電気(でんき)をつけたまま、出(で)て出てしまった。

(아차, 큰일 났네. 전기를 켜둔 채로 나왔어.)

警察(けいさつ)の厳(きび)しい尋問(じんもん)にも、男(おとこ)は口(くち)を閉(と)じたまま、何(なに)も語(かた)ろうとしない。

(경찰의 집요한 심문에도 남자는 입을 다문 채 아무 것도 말하려고 하지 않는다.)[43]

シモン・ペテロは、立(た)って火(ひ)に当(あ)たっていた。すると人々(ひとびと)が彼(かれ)に言(い)った、「あなたも、あの人(ひと)の弟子(でし)の一人(ひとり)ではないか」。[1]彼(かれ)はそれを打(う)ち消(け)して、「いや、そうではない」と言(い)った。[ヨハネによる福音書 18:25]

(시몬 베드로는 서서 불을 쬐고 있었다. 그러자 사람들이 그에게 말했다. "너도 그 사람의 제자 중의 한 사람이 아니냐?" 그는 그것을 부인하고 "아냐, 그렇지 않아."라고 말했다.[18:25])

[1]彼(かれ)はそれを打(う)ち消(け)して、: 그는 그것을 부인하고. 「打(う)ち消(け)して、」는 「打(う)つ」의 연용형 「打(う)ち」에 「消(け)す」가 결합된 복합동사 「打(う)ち消(け)す ; 부인하다 / 부정하다」의 テ형으로 쓰이고 있다.

[例] すると、ペテロはそれを打(う)ち消(け)して、「わたしは知(し)らない。あなたの言(い)うことが何(なん)の事(こと)か、わからない」と言(い)って、庭口(にわぐち)の方(ほう)に出(で)て行(い)った。[口語訳 / マルコによる福音書 14:68]

(그러자, 베드로는 그것을 부인하고, "나는 모른다. 네가 말하는 것이 무슨 일인지 이해하지 못하겠다."고 말하고 뜰 출입구 쪽으로 나갔다.)[마가복

---

43) 李成圭 (2018c) 『일본어 구어역 마가복음의 언어학적 분석Ⅰ』시간의물레. pp. 73-74에서 인용.

음 14:68][44]

外務省(がいむしょう)の諜報(ちょうほう)関係(かんけい)の職員(しょくいん)のひとりにまつわるある種(しゅ)のスキャンダルを根(ね)も葉(は)もないことと打(う)ち消(け)し、野党側(やとうがわ)の提起(ていき)した機密(きみつ)漏洩(ろうえい)の疑惑(ぎわく)を軽(かる)くつっぱねて見(み)せて以来(いらい)、マスコミの連中(れんちゅう)はほとんどボンドに近(ちか)づこうとしなくなっていた。
(외무성 첩보 관계 직원 한 사람과 관련된 어떤 종류의 스캔들을 근거 없는 것이라고 부인해서, 야당 측이 제기한 기밀 누설 의혹을 가볍게 일축해 보인 이후, 매스컴 관계자는 거의 본드에게 가까이하려고 하지 않게 되었다.)
「その排出(はいしゅつ)ガスの暴露(ばくろ)が、喫煙者(きつえんしゃ)の減少(げんしょう)による肺癌(はいがん)減少(げんしょう)の効果(こうか)を打(う)ち消(け)し、なお喫煙(きつえん)を続(つづ)ける人(ひと)に相乗的(そうじょうてき)な効果(こうか)を発揮(はっき)して、肺癌(はいがん)を急速(きゅうそく)に増加(ぞうか)しているのでないか」というものである。
("그 배출 가스의 폭로가 흡연자의 감소에 의한 폐암 감소 효과를 부정하고, 여전히 흡연을 계속하는 사람에게 상승적인 효과를 발휘해서 폐암을 급속히 증가시키고 있는 것이 아닌가" 하는 것이다.)

大祭司(だいさいし)の僕(しもべ)の一人(ひとり)で、[1]ペテロに耳(みみ)を切(き)り落(お)とされた人(ひと)の[2]親族(しんぞく)の者(もの)が言(い)った、「あなたが園(その)であの人(ひと)と一緒(いっしょ)にいるのを、わたしは見(み)たではないか」。[ヨハネによる福音書 18:26]
(대제사장의 종의 한 사람으로 베드로에게 귀를 잘린 사람의 친척 사람이 말했다. "너는 동산에서 그 사람과 함께 있는 것을 내가 보지 않았느냐?"[18:26])

---

44) [口語訳 / マルコによる福音書 14:68]에서 인용.

[1]ペテロに耳(みみ)を切(き)り落(お)とされた人(ひと) : 베드로에게 귀를 잘린 사람. 이 문장은「ペテロが人(ひと)の耳(みみ)を切(き)り落(お)とした。」라는 능동 타동사문에서 파생된 소유수동이다.

◇ 일본어의 소유수동(所有受動)
 (1) A[先生(せんせい)]がB[学生(がくせい)]のC[発音(はつおん)]を直(なお)す。
  (선생님이 학생의 발음을 교정하다.)
 (2) B[学生(がくせい)]がA[先生(せんせい)]にC[発音(はつおん)]を直(なお)される。
  (학생이 선생님에게 발음을 교정 받다.)
 (3) × [B[学生(がくせい)]のC[発音(はつおん)]]がA[先生(せんせい)]に直(なお)される。
  (학생의 발음이 선생님에게 교정 받다.)
 (4) × A[先生(せんせい)]がB[学生(がくせい)]をC[発音(はつおん)]を直(なお)す。
  (선생님이 학생을 발음을 교정하다.)

일본어 타동사문 중에서는 (1)과 같이 대상(목적어)이「B(所有者)＋の＋C(所有物)」의 구조를 하고 있는 것이 있다. 그런데 이런 종류의 타동사문에서는 문법적으로는 (3)와 같은 수동문이 기대되지만, 실제로는 (2)와 같이 소유자와 소유물이 분리되는 수동문이 되는 것이 일반적이다. 왜냐하면 일본어에서는 동작주의 행위나 동작으로 인하여 그 대상이 영향 받았을 경우, 피동작주(소유자)를 주어로 해서 표현하고, 이런 부류의 수동문을 특히「소유수동(所有受動);持主(もちぬし)の受(う)け身(み)」라고 한다.
「소유수동」은 주어에 대한 동작주의 관여가 간접적이라는 점, 그리고 이에 대응하는 능동문이 문법적으로 존재하지 않는다는 점에서 간접수동으로 취급된다. (1)에 대응하는 문법적인 능동문을 상정하면 (4)가 되는데 이것은 비문(非文)이 된다. 즉 의미적으로는 능동문 (1)과 수동문 (2)가 대응하고 있지만 문법적으로는 대응하는 능동문은 존재하지 않는 것이다. 소유수동은 한국어에서도 관찰되지만, 한국어에 비해 일본어가 상대적으로 다용되고 있고, 한국어로는 능동으로 해석해야 자연스러운 경우가 많다.

[例]誰(だれ)かが私(わたし)の馬(うま)を殺(ころ)した。
(누군가가 내 말을 죽였다.)
→ 私(わたし)は誰(だれ)かに馬(うま)を殺(ころ)された。
(누군가가 내 말을 죽였다[그 결과 내가 피해를 입었다].)

警察(けいさつ)が私(わたし)の息子(むすこ)を疑(うたが)って困(こま)った。
(경찰이 내 아들을 의심해서 애를 먹었다.)
→ 私(わたし)は警察(けいさつ)に息子(むすこ)を疑(うたが)われて困(こま)った。
(나는 경찰에게 아들을 의심받는 바람에 애를 먹었다.)

見知(みし)らぬ男(おとこ)が私(わたし)の背中(せなか)をたたいた。
(모르는 남자가 내 등을 쳤다.)
→ 私(わたし)は見知(みし)らぬ男(おとこ)に背中(せなか)をたたかれた。
(모르는 남자가 내 등을 쳤다.)

きのう妻(つま)が私(わたし)の財布(さいふ)を隠(かく)して大変(たいへん)だった。
(어제 집사람이 내 지갑을 감추는 바람에 혼났다.)
→ きのう私(わたし)は妻(つま)に財布(さいふ)を隠(かく)されて大変(たいへん)だった。
(어제 나는 집사람이 지갑을 감추는 바람에 혼났다.)

弟(おとうと)が私(わたし)の模型(もけい)飛行機(ひこうき)を壊(こわ)した。
(동생이 내 모형비행기를 부셨다.)

→ 私(わたし)は弟(おとうと)に模型(もけい)飛行機(ひこうき)を壊(こわ)された。
(동생이 내 모형비행기를 부셔 버렸다.)

きのう、親戚(しんせき)の家(いえ)に行(い)ったら、犬(いぬ)が私(わたし)の足(あし)を噛(か)んでしまった。
(어제 친척 집에 갔다가, 개가 내 다리를 물어 버렸다.)
→ きのう、親戚(しんせき)の家(いえ)に行(い)ったら、私(わたし)は犬(いぬ)に足(あし)を噛(か)まれてしまった。
(어제 친척 집에 갔다가, 나는 개에게 다리를 물리고 말았다.)

泥棒(どろぼう)が私(わたし)の大事(だいじ)なコレクションを盗(ぬす)んだ。
(도둑이 나의 소중한 컬렉션을 훔쳐갔다.)
→ 私(わたし)は泥棒(どろぼう)に大事(だいじ)なコレクションを盗(ぬす)まれた。
(도둑이 나의 소중한 컬렉션을 훔쳐가고 말았다.)

今朝(けさ)、電車(でんしゃ)の中(なか)で、ある女性(じょせい)が私(わたし)の足(あし)を踏(ふ)んでしまった。
(오늘 아침 전철 안에서 어떤 여성이 내 다리를 밟아 버렸다.)
→ 今朝(けさ)、電車(でんしゃ)の中(なか)で、私(わたし)はある女性(じょせい)に足(あし)を踏(ふ)まれてしまった。
(오늘 아침 전철 안에서 나는 어떤 여성에게 다리를 밟히고 말았다.)

今朝(けさ)、地下鉄(ちかてつ)で痴漢(ちかん)が私(わたし)のお尻(しり)を触(さわ)った。
(오늘 아침 지하철에서 치한이 내 엉덩이를 만졌다.)
→ 私(わたし)は、今朝(けさ)、地下鉄(ちかてつ)で痴漢(ちかん)にお尻(しり)を触

(さわ)られた。
(오늘 아침 지하철에서 치한이 내 엉덩이를 만지는 바람에 화가 났다.)

知(し)らない人(ひと)が妹(いもうと)の写真(しゃしん)を撮(と)った。
(모르는 사람이 여동생 사진을 찍었다.)
→ 妹(いもうと)は知(し)らない人(ひと)に写真(しゃしん)を撮(と)られた。
(여동생은 모르는 사람에게 사진을 찍혔다.)

彼女(かのじょ)の悪口(わるくち)を言(い)っていて、彼女(かのじょ)が私(わたし)の腕(うで)を抓(つね)った。
(그녀 욕을 하다가 그녀가 내 팔을 꼬집었다.)
→ 彼女(かのじょ)の悪口(わるくち)を言(い)っていて、私(わたし)は彼女(かのじょ)に腕(うで)を抓(つね)られた。
(그녀 욕을 하다가 나는 그녀에게 팔을 꼬집혔다.)

[참고]
소유수동은 대부분 동작주의 행위로 인하여 수동문의 주어가 간접적으로 피해를 입었다고 하는 마이너스적인 의미, 소위 피해수동을 나타내는 것으로 되어 있는데, 동사의 의미에 따라서는 이익 또는 은혜를 나타내는 경우도 있다.

◇ 日本(にほん)では、先生(せんせい)が学生(がくせい)の名前(なまえ)を呼(よ)ぶと〜
 → 日本(にほん)では、学生(がくせい)は、先生(せんせい)に名前(なまえ)を呼(よ)ばれると〜

상기의 「学生(がくせい)は、先生(せんせい)に名前(なまえ)を呼(よ)ばれる」는 「先生(せんせい)が学生(がくせい)の名前(なまえ)を呼(よ)ぶ」에서 파생된 수동문

으로 - 한국어로는 양자가 구별되지 않지만 - 능동문의 목적어가 「学生(がくせい)の名前(なまえ)」라는 구조를 취하고 있다는 점에서 소유수동에 속하는데, 여기에서는 소위 마이너스적인 의미는 간취되지 않는다. 동일 유형의 예를 들면 다음과 같다.

[例]阿倍(あべ)さんが<u>私(わたし)の絵(え)</u>を褒(ほ)めた。
  (아베 씨가 내 그림을 칭찬했다.)
  → 私(わたし)は阿倍(あべ)さんに絵(え)を褒(ほ)められた。
  (나는 아베 씨에게 그림을 칭찬받았다.)
  みんな<u>わたしたちの協力(きょうりょく)</u>を感謝(かんしゃ)しています。
  (다들 우리들의 협력을 고맙게 생각하고 있습니다.)
  → わたしたちはみんなに協力(きょうりょく)を感謝(かんしゃ)されています。
  (다들 우리들의 협력을 고맙게 생각하고 있습니다.)
  きのう、須田(すだ)さんが<u>私(わたし)の趣味(しゅみ)</u>を尋(たず)ねた。
  (어제 스다 씨가 제 취미를 물었다.)
  → きのう、私(わたし)は須田(すだ)さんに趣味(しゅみ)を尋(たず)ねられた。
  (어제 스다 씨가 제 취미를 물었다.)[45]

[2]親族(しんぞく)の者(もの)が言(い)った、: 친척 사람이 말했다. 「親族(しんぞく)」는 「친족 / 친척」에 해당하는 말로 유의어로는 「親類(しんるい)」「親戚(しんせき)」「身内(みうち)」 등이 있다.

> ペテロはまたそれを打(う)ち消(け)した。するとすぐに、[1]鶏(にわとり)が鳴(な)いた。[ヨハネによる福音書 18:27]
> (베드로는 다시 그것을 부인했다. 그러자 곧 닭이 울었다.[18:27])

---
45) 李成圭等著(1996) 『홍익나가누마 일본어3 해설서』 홍익미디어. pp. 125-126, pp. 131-132에서 인용하여 일부 수정함.

[1]鶏(にわとり)が鳴(な)いた : 닭이 울었다.「鶏(にわとり)が鳴(な)く」는「닭이 울다」의 뜻으로「鳴(な)く」의 예를 들면 다음과 같다.

[例]何処(どこ)かで、猫(ねこ)が鳴(な)いた。

(어딘가에서 고양이가 울었다.)

ホームズは、その女(おんな)の所(ところ)まで行(い)くと、明智(あけち)を呼(よ)ぶように大(おお)きな声(こえ)で鳴(な)いた。

(홈즈는 그 여자에게 가자, 아케치를 부르는 것처럼 큰 소리로 울었다.)

森(もり)では山鳩(やまばと)がしきりに鳴(な)いた。

(숲에서 산비둘기가 쉬지 않고 울었다.)

キャンピングカーの後(うし)ろの草地(くさち)で雌牛(めうし)が鳴(な)いた。

(캠핑카 뒤의 초지에서 암소가 울었다.)

《84》[ヨハネによる福音書 18:28 - 18:38a]

それから人々(ひとびと)は、イエスをカヤパのところから官邸(かんてい)に連(つ)れて行(い)った。時(とき)は夜明(よあ)けであった。彼(かれ)らは、[1]汚(けが)れを受(う)けないで[2]過越(すぎこし)の食事(しょくじ)ができるように、[3]官邸(かんてい)に入(はい)らなかった。[ヨハネによる福音書 18:28]
(그리고 나서 사람들은 예수를 가바야가 있는 곳에서 관저에 데리고 갔다. 때는 새벽이었다. 그들은 몸을 더럽히지 않고 유월절의 식사를 할 수 있도록 관저에 들어가지 않았다.[18:28])

[1]汚(けが)れを受(う)けないで : 몸을 더럽히지 않고.「汚(けが)れ」는「汚(けが)れる」의 연용형이 전성명사화한 것인데, 본 절의「汚(けが)れを受(う)けない」는「汚(けが)れを受(う)ける ; 더럽히다」의 부정으로「더럽히지 않다」에 상당하는 뜻을 나타낸다.

[2] 過越(すぎこし)の食事(しょくじ)ができるように、: 유월절의 식사를 할 수 있도록. 「食事(しょくじ)ができる」의 「~できる」는 능력 가능의 의미로 쓰이고 있어 「食事(しょくじ)をすることができるように」에 상당하는 뜻을 나타낸다.

[3] 官邸(かんてい)に入(はい)らなかった: 관저에 들어가지 않았다. [フランシスコ会訳(1984)]에서는 「이교도의 집에 들어가면 몸이 더렵혀진다고 하는 것은 당시의 유대인의 생각으로 율법 자체에서는 보이지 않는다. 나중에 이와 같은 경우에는 7일간 더러워진다고 하는 전승이 생겨났다.」[46]

타 번역본에서는 당해 부분을 어떻게 다루고 있는지 살펴보자.

[例] しかし総督(そうとく)官舎(かんしゃ)には入(はい)らなかった。(異教人(いきょうじん)の家(いえ)に入(はい)って身(み)に不浄(ふじょう)をうけると、(その晩(ばん)の)過越(すぎこし)の食事(しょくじ)をすることができなくなるからであった。[塚本訳1963]

(그러나 총독 관사에는 들어가지 않았다. (이교도 집에 들어가서 몸에) 부정을 타면, (그 밤의) 유월절 식사를 할 수 없게 되기 때문이었다.)

彼(かれ)らは、過越(すぎこし)の食事(しょくじ)が食(た)べられなくなることのないように、汚(けが)れを受(う)けまいとして、官邸(かんてい)にはいらなかった。[新改訳1970]

(그들은 유월절 식사를 먹을 수 없게 되는 일이 없도록 몸을 더럽히지 않으려고, 관저에는 들어가지 않았다.)

人々(ひとびと)は総督邸(そうとくてい)に入(はい)らなかったが、それはけがされないで過越(すぎこし)の食(しょく)をするためであった。[前田訳1978]

(사람들은 총독 관저에 들어가지 않았는데, 그것은 몸을 더럽히지 않고 유월절 식사를 하기 위해서였다.)

しかし、彼(かれ)らは自分(じぶん)では官邸(かんてい)に入(はい)らなかった。

---

46) 이상은 [フランシスコ会聖書研究所(1984)] 『新約聖書』 サンパウロ. p. 385 주(7)에 의함.

汚(けが)れないで過越(すぎこし)の食事(しょくじ)をするためである。[新共同訳1987]

(그러나 그들은 자신들은 관저에 들어가지 않았다. 더러워지지 않고 유월절 식사를 하기 위해서이다.)

彼(かれ)らは身(み)に不浄(ふじょう)を受(う)けることなく、過越(すぎこし)の食事(しょくじ)をすることができるようにと、自分(じぶん)たちは本営(ほんえい)に入(はい)らなかった。[岩波翻訳委員会訳1995]

(그들은 부정을 타지 않고, 유월절 식사를 할 수 있도록 자신들은 본영에 들어가지 않았다.)

そこで、ピラトは彼(かれ)らのところに出(で)て来(き)て言(い)った、「あなたがたは、この人(ひと)に対(たい)して[1]どんな訴(うった)えを起(おこ)すのか」。[ヨハネによる福音書 18:29]
(그러자 (총독) 빌라도는 그들에게 나와서 말했다. "너희는 이 사람에 대해 어떤 소송을 제기하느냐?"[18:29])

[1]どんな訴(うった)えを起(おこ)すのか : 어떤 소송을 제기하느냐?「訴(うった)えを起(お)こす」는「소송을 제기하다」의 뜻으로「訴(うった)えを引(ひ)き下(さ)げる ; 소송을 취하하다」의 대응어로 쓰인다. 그리고 타 번역본에서는 당해 부분에 관해 다음과 같이 나와 있다.

[예]「いかなる廉(かど)でこの男(おとこ)を訴(うった)えるのか。」[塚本訳1963]
("어떤 이유(혐의)로 이 남자를 고소하는 것이냐?")
「あなたがたは、この人(ひと)に対(たい)して何(なに)を告発(こくはつ)するのですか。」[新改訳1970]
("당신들은 이 사람에 대해 무엇을 고발하는 것입니까?")
「この人(ひと)に対(たい)して何(なん)の訴(うった)えをするのか」と。[前田訳1978]

("이 사람에 대해 무슨 고발을 하는 것이냐?"하고.)
「どういう罪(つみ)でこの男(おとこ)を訴(うった)えるのか」[新共同訳1987]
("어떤 죄로 이 남자를 고발하는 것이냐?")
「この男(おとこ)に[対(たい)して]何(なん)の訴(うった)えを持(も)って来(き)たのか」。[岩波翻訳委員会訳1995]
("이 남자에 [대해] 무슨 고발을 가지고 왔느냐?")

彼(かれ)らはピラトに答(こた)えて言(い)った、「もしこの人(ひと)が[1]悪事(あくじ)を働(はたら)かなかったなら、[2]あなたに引(ひ)き渡(わた)すようなことはしなかったでしょう」。[ヨハネによる福音書 18:30]
(그들은 빌라도에게 대답하여 말했다. "만일 이 사람이 나쁜 짓을 하지 않았다면 총독님께 넘기는 그런 일은 하지 않았을 것입니다."[18:30])

[1]悪事(あくじ)を働(はたら)かなかったなら、: 나쁜 짓을 하지 않았다면. 「悪事(あくじ)」는 「악사 / 나쁜 짓 / 못된 짓」의 뜻으로 「悪事(あくじ)を働(はたら)く」는 「{나쁜 짓 / 못한 짓}을 하다」에 해당하는 관용어구이다.

[例]ピラトは言(い)った、「あの人(ひと)は、いったい、どんな悪事(あくじ)をしたのか」。すると、彼(かれ)らはいっそう激(はげ)しく叫(さけ)んで、「十字架(じゅうじか)につけよ」と言(い)った。[口語訳 / マルコによる福音書 15:14]
(빌라도는 말했다. "그 사람이 도대체 어떤 나쁜 짓을 했느냐?" 그러자, 그들은 더욱 더 격하게 소리를 지르고, "십자가에 매달아라!"라고 말했다.)
[마가복음 15:14][47]

悪事(あくじ)を働(はたら)いても、その非(ひ)をなかなか認(みと)めようとしない。

---

47) [口語訳 / マルコによる福音書 15:14]에서 인용.

(나쁜 짓을 저질러도 그 잘못을 좀처럼 인정하려고 하지 않는다.)

しかし、高校生(こうこうせい)が海(うみ)を越(こ)えて悪事(あくじ)を働(はたら)く時代(じだい)になりました。

(그러나 고교생이 바다를 넘어 나쁜 일을 하는 시대가 되었습니다.)

日本人(にほんじん)は、一(ひと)つの悪事(あくじ)を働(はたら)いた人間(にんげん)を徹底的(てっていてき)に追(お)い詰(つ)めて、生(い)きていけなくすることはやらない。

(일본인은 하나의 나쁜 짓을 한 사람을 철저하게 추궁해서 살아 갈 수 없게 하는 것은 하지 않는다.)

[2] あなたに引(ひ)き渡(わた)すようなことはしなかったでしょう : 총독님께 넘기는 그런 일은 하지 않았을 것입니다. 「引(ひ)き渡(わた)す」는 「引(ひ)く」의 연용형 「引(ひ)き」에 「渡(わた)す」가 결합된 복합동사로 ①「넘겨주다」, ②「인도하다」, ③「양도하다」의 뜻을 나타낸다.

[예] 見(み)よ、わたしたちはエルサレムへ上(のぼ)って行(い)くが、人(ひと)の子(こ)は祭司長(さいしちょう)、律法(りっぽう)学者(がくしゃ)たちの手(て)に引(ひ)き渡(わた)される。そして彼(かれ)らは死刑(しけい)を宣告(せんこく)した上(うえ)、彼(かれ)を異邦人(いほうじん)に引(ひ)き渡(わた)すであろう。[口語訳 / マルコによる福音書 10:33]

("보아라, 우리들은 예루살렘으로 올라가지만, 인자는 대제사장, 율법학자들의 손에 넘겨진다. 그리고 그들은 사형을 선고하고 나서 그를 이방인에게 넘길 것이다.)[마가복음 10:33][48]

---

48) [口語訳 / マルコによる福音書 10:33]에서 인용.

> そこでピラトは彼(かれ)らに言(い)った、「[1]あなたがたは彼(かれ)を引(ひ)き取(と)って、[2]自分(じぶん)たちの律法(りっぽう)で裁(さば)くがよい」。ユダヤ人(じん)らは彼(かれ)に言(い)った、「わたしたちには、[3]人(ひと)を死刑(しけい)にする権限(けんげん)がありません」。[ヨハネによる福音書 18:31]
>
> (그래서 빌라도는 그들에게 말했다. "너희는 그를 떠맡아 너희 율법으로 재판하라." 유대인들은 그에게 말했다. "우리에게는 사람을 사형에 처할 권한이 없습니다."[18:31])

[1] あなたがたは彼(かれ)を引(ひ)き取(と)って、: 너희는 그를 떠맡아. 「引(ひ)き取(と)って」는 「引(ひ)く」의 연용형에 「取(と)る」가 결합한 복합동사 「引(ひ)き取(と)る; 떠맡다 / 인수하다 / 맡다」의 테형이 쓰인 것이다.

[例] そして、ある者(もの)はイエスに唾(つばき)をかけ、目隠(めかく)しをし、こぶしでたたいて、「言(い)い当(あ)ててみよ」と言(い)いはじめた。また下役(したやく)どもはイエスを引(ひ)き取(と)って、手(て)のひらでたたいた。[口語訳 / マルコによる福音書 14:65]

(그리고 어떤 사람은 예수에게 침을 뱉고, 눈을 가리고, 주먹으로 치면서 "알아맞혀 봐라"고 말하기 시작했다. 또 부하들은 예수를 떠맡아 손바닥으로 때렸다.)[마가복음 14:65][49])

[2] 自分(じぶん)たちの律法(りっぽう)で裁(さば)くがよい: 너희 율법으로 재판하라. 「律法(りっぽう)で裁(さば)くがよい」는 「律法(りっぽう)で」의 「〜で」는 수단・방법을 나타내고, 「裁(さば)くがよい」는 「裁(さば)く」(연체형)에 「〜がよい」가 접속되어 동사의 명령의 의미로 쓰이고 있다.

---

49) [口語訳 / マルコによる福音書 14:65]에서 인용.

[3]人(ひと)を死刑(しけい)にする: 사람을 사형에 처하다.「死刑(しけい)にする」는 한국어로「사형으로 하다 / 사형에 처하다」에 상당하는 뜻을 나타낸다.

[例]過去(かこ)十年(じゅうねん)かそこら、彼(かれ)は認知(にんち)された方法(ほうほう)、すなわち絞首刑(こうしゅけい)で犠牲者(ぎせいしゃ)を死刑(しけい)にするという職務(しょくむ)をほぼ相応(そうおう)に遂行(すいこう)していた。
(과거 10년인가 그쯤에서 그는 인지된 방법, 즉 교수형으로 희생자를 사형에 처한다는 직무를 거의 상응하게 수행하고 있었다.)

トロイは玩具(がんぐ)の消防車(しょうぼうしゃ)で遊(あそ)ぶような子(こ)どもだ。こんな子(こ)どもを死刑(しけい)にするのは、どのような人々(ひとびと)なのか。わたしには、野蛮人(やばんじん)に思(おも)えてならない。
(트로이는 완구 소방차로 노는 그런 어린이다. 이런 어린이를 사형에 처하는 것은 어떤 사람들인가? 나는 야만인으로 생각되어 견딜 수 없다.)

これは、[1]ご自身(じしん)が[2]どんな死(し)に方(かた)をしようとしているかを示(しめ)すために言(い)われた[3]イエスの言葉(ことば)が、成就(じょうじゅ)するためである。[ヨハネによる福音書 18:32]
(이것은 당신께서 어떤 식으로 죽으려고 하는지를 보여주기 위해 말씀하신 예수의 말씀이 실현되기 위해서이다.[18:32])

[1]ご自身(じしん):「ご自身(じしん)」은「自身(じしん)」에 존경의 접두사「ご」가 접속된 것으로 여기에서는〈예수〉를 높이는 데에 사용되고 있다.

[2]どんな死(し)に方(かた)をしようとしているかを示(しめ)すために: 어떤 식으로 죽으려고 하는지를 보여주기 위해.「死(し)に方(かた)」는「死(し)ぬ」의 연용형「死(し)に」에 방식이나 방법을 나타내는 명사화 접사「方(かた)」가 접속된 것으로「죽는 방식 / 죽는 방법」또는「죽을 때의 상태나 태도」를 나타낸다. [ヨハネに

よる福音書 12:33] 설명 참조.

[3]イエスの言葉(ことば)が、成就(じょうじゅ)するためである : 예수의 말씀이 실현되기 위해서이다. 본 절의 「成就(じょうじゅ)する」는 자동사 용법으로 쓰인 것이고, 앞에 목적의 「～ために」가 쓰이고 있는데, 다시 뒤에서 목적의 「～ためである」가 사용되고 있어 다소 용담감이 있다.

본 절에 관해 타 복음서에서는 어떻게 묘사하고 있는지 살펴보자.

[例]これはイエスが(かねて、)自分(じぶん)はどんな死(し)に方(かた)で死(し)なねばならぬかを、暗示(あんじ)して言(い)われた言葉(ことば)が成就(じょうじゅ)するためであった。(ユダヤ人(じん)は十字架(じゅうじか)でなく、石打(いしう)で、死刑(しけい)を行(おこな)ったからである。) [塚本訳1963]

(이것은 예수께서 (전부터,) 자신이 어떤 식으로 죽어야 하는가를 암시해서 말씀하신 말이 실현되기 위해서였다. (유대인은 십자가가 아니고 돌로 쳐서 사형을 집행했기 때문이다.))

これは、ご自分(じぶん)がどのような死(し)に方(かた)をされるのかを示(しめ)して話(はな)されたイエスのことばが成就(じょうじゅ)するためであった。[新改訳1970]

(이것은 당신께서 어떤 식으로 죽으실 것인가를 보이고 이야기하신 예수 말이 실현되기 위해서였다.)

これはイエスがどんな死(し)に方(かた)で死(し)ぬべきかを示(しめ)していわれたことばの成就(じょうじゅ)するためであった。[前田訳1978]

(이것은 예수가 어떤 식으로 죽어야 할 것인가를 보이고 말씀하신 말씀이 실현되기 위해서였다.)

それは、御自分(ごじぶん)がどのような死(し)を遂(と)げるかを示(しめ)そうとして、イエスの言(い)われた言葉(ことば)が実現(じつげん)するためであった。[新共同訳1987]

(그것은 당신께서 어떤 식으로 죽음을 완수할지를 보이려고, 예수께서 말

씀하신 말씀이 실현되기 위해서였다.)

〔自分(じぶん)が〕どのような死(し)に方(かた)で死(し)ぬことになるかを示(しめ)そうとして述(の)べた、イエスのことばが満(み)たされるためであった。[岩波翻訳委員会訳1995]

(〔자기가〕 어떤 식의 죽음으로 죽게 될 것인가를 보이려고 말한 예수의 말이 충족되기 위해서였다.)

さて、ピラトはまた官邸(かんてい)に入(はい)り、[1]イエスを呼(よ)び出(だ)して言(い)った、[2]「あなたは、ユダヤ人(じん)の王(おう)であるか」。[ヨハネによる福音書 18:33]
(그런데, 빌라도는 다시 관저에 들어가서, 예수를 불러내서 말했다. "너는 유대인의 왕이냐?"[18:33])

[1]イエスを呼(よ)び出(だ)して言(い)った、: 예수를 불러내서 말했다. 「呼(よ)び出(だ)して」는 「呼(よ)ぶ」의 연용형에 「出(だ)す」가 결합한 복합동사 「呼(よ)び出(だ)す」의 テ형이다.

[例]それで、光元(みつもと)本人(ほんにん)を呼(よ)び出(だ)して問(と)いただしてみたが、なかなか白状(はくじょう)しない。
(그래서 미쓰모토 본인을 불러내서 추궁해 봤지만, 좀처럼 자백하지 않는다.)

考(かんが)えてみたらそうかとも思(おも)われ、記事(きじ)を書(か)いた記者(きしゃ)を呼(よ)び出(だ)して 誰(だれ)を指(さ)したものなのか聞(き)いてみた。
(생각해 보았더니 그럴지도 모른다고 생각되어 기사를 쓴 기자를 불러내서 누구를 가리킨 것인가 물어 보았다.)

当事者(とうじしゃ)を呼(よ)び出(だ)して「これは事実(じじつ)なのか」と聞(き)けばすぐにわかる話(はなし)もすべて尋問(じんもん)しなければならない。
(당사자를 불러내서 "이것은 사실이냐?"고 물으면 금방 알 수 있는 이야기

도 모두 심문해야 한다.)

[2]「あなたは、ユダヤ人(じん)の王(おう)であるか」: "너는 유대인의 왕이냐?" 본 절의 내용과 관련해서, 마가복음에서는 다음과 같이 나와 있다.

[例]ピラトはイエスに尋(たず)ねた、「あなたがユダヤ人(じん)の王(おう)であるか」。イエスは、「そのとおりである」とお答(こた)えになった。[口語訳 / マルコによる福音書 15:2]

(빌라도는 예수에게 물었다. "너는 유대인의 왕이냐?" 예수께서는 "맞다"고 대답하셨다.)[마가복음 15:2]

> イエスは答(こた)えられた、「あなたがそう言(い)うのは、自分(じぶん)の考(かんが)えからか。[1]それともほかの人々(ひとびと)が、わたしのことをあなたにそう言(い)ったのか」。[ヨハネによる福音書 18:34]
> (예수께서 대답하셨다. "네가 그렇게 말하는 것은 자기 생각에서이냐? 그렇지 않으면 다른 사람들이 나에 관해 너에게 그렇게 말한 것이냐?"[18:34])

[1]それともほかの人々(ひとびと)が、わたしのことをあなたにそう言(い)ったのか : 그렇지 않으면 다른 사람들이 나에 관해 너에게 그렇게 말한 것이냐? 「それとも」는 두 가지 사항 중에서 어느 하나를 선택할 때 쓰는 접속사로 「(그렇지) 않으면」 「또는 / 혹은」에 상당하는 뜻을 나타내는데, 유의어로는 「あるいは」「または」「もしくは」 등이 있다. [ヨハネによる福音書 7:17] 설명 참조.

[例]それで、彼(かれ)らが集(あつ)まったとき、ピラトは言(い)った、「おまえたちは、だれを赦(ゆる)してほしいのか。バラバか、それとも、キリストといわれるイエスか」。[口語訳 / マタイによる福音書 27:17]

(그래서 그들이 모였을 때, 빌라도가 말했다. "너희는 누구를 사면해 달

라고 하는 것이냐? 바라바인가 그렇지 아니면 그리스도라고 하는 예수냐?"[마태복음 27:17]

主(しゅ)のもとに送(おく)り、「『来(き)たるべき方(かた)』はあなたなのですか。<u>それとも</u>、ほかにだれかを待(ま)つべきでしょうか」と尋(たず)ねさせた。[口語訳 / ルカによる福音書 7:19]

(주의 곁에 보내, "앞으로 올 분은 선생님입니까? 그렇지 않으면, 우리가 그밖에 누군가를 기다려야 합니까?"라고 물어 보게 했다.)[누가복음 7:19]

するとペテロが言(い)った、「主(しゅ)よ、この譬(たとえ)を話(はな)しておられるのはわたしたちのためなのですか。<u>それとも</u>、みんなの者(もの)のためなのですか」。[口語訳 / ルカによる福音書 12:41]

(그러자 베드로가 말했다. "주여, 이 비유를 이야기하고 계시는 것은 우리를 위해서 입니까? 그렇게 않으면, 모든 사람을 위해서입니까?)[누가복음 12:41]

お食事(しょくじ)になさいますか? <u>それとも</u>、お風呂(ふろ)になさいますか?
(식사를 먼저 드시겠습니까? 그렇지 않으면 목욕을 먼저 하시겠습니까?)

ピラトは答(こた)えた、「[1]わたしはユダヤ人(じん)なのか。あなたの同族(どうぞく)や祭司長(さいしちょう)たちが、[2]あなたをわたしに引(ひ)き渡(わた)したのだ。あなたは、いったい、何(なに)をしたのか」。[ヨハネによる福音書 18:35]

(빌라도는 대답했다. "내가 유대인이란 말이냐? 네 동족과 대제사장들이 너를 내게 넘긴 것이다. 너는 도대체 무엇을 했느냐?"[18:35]

[1]わたしはユダヤ人(じん)なのか : 나는 유대인인가? 내가 유대인이란 말이냐?\

120

타 번역본에서는 이 부분을 어떻게 다루고 있는지 살펴보자.

[例]このわたしを、ユダヤ人(じん)とでも思(おも)っているのか。[塚本訳1963]

(다름 아닌 나를 유대인이라고도 생각하고 있느냐?)

私(わたし)はユダヤ人(じん)ではないでしょう。[新改訳1970]

(내가 유대인이 아니지요?)

わたしがユダヤ人(じん)だというのか。[前田訳1978]

(내가 유대인이란 말이냐?)

わたしはユダヤ人(じん)なのか。[新共同訳1987]

(내가 유대인이냐?)

まさか私(わたし)がユダヤ人(じん)〔だと思(おも)っているわけ〕でもあるまい。[岩波翻訳委員会訳1995]

(설마 내가 유대인〔이라고 생각하고 있는 것〕도 아니겠지?)

[2]あなたをわたしに引(ひ)き渡(わた)したのだ : 너를 내게 넘긴 것이다.「引(ひ)き渡(わた)した」는 ①「넘겨주다」, ②「인도하다」, ③「양도하다」의 뜻을 나타내는 복합동사「引(ひ)き渡(わた)す」의 과거형이다. [ヨハネによる福音書 18:30] 설명 참조.

イエスは答(こた)えられた、「わたしの国(くに)はこの世(よ)のものではない。[1]もしわたしの国(くに)がこの世(よ)のものであれば、[2]わたしに従(したが)っている者(もの)たちは、[3]わたしをユダヤ人(じん)に渡(わた)さないように戦(たたか)ったであろう。しかし事実(じじつ)、わたしの国(くに)はこの世(よ)のものではない」。[ヨハネによる福音書 18:36]
(예수께서 대답하셨다. "내 나라는 이 세상 것이 아니다. 만일 내 나라가 이 세상 것이라면, 나를 따르고 있는 사람들은 나를 유대인에게 넘기지 않도록 싸웠을 것이다. 그러나 사실은 내 나라는 이 세상 것이 아니다."[18:36])

[1]もしわたしの国(くに)がこの世(よ)のものであれば、: 만일 내 나라가 이 세상 것이라면. 「この世(よ)のものであれば」는 「この世(よ)のものだ; 이 세상의 것이다」의 문장체적 표현인 「この世(よ)のものである」의 가정형으로 「もし〜であれば」의 문형으로 쓰이고 있다.

　　타 번역본에서는 이 부분을 어떻게 표현하고 있는지 살펴보자.

[例]もしわたしの国(くに)がこの世(よ)のものであったら、[塚本訳1963]

　　(만일 내 나라가 이 세상 것이라면,)

　　もしこの世(よ)のものであったなら、[新改訳1970]

　　(만일 이 세상 것이라면,)

　　もしわが王国(おうこく)がこの世(よ)のものであったら、[前田訳1978]

　　(만일 내 왕국이 이 세상 것이라면,)

　　もし、わたしの国(くに)がこの世(よ)に属(ぞく)していれば、[新共同訳1987]

　　(만일 내 나라가 이 세상에 속해 있다면,)

　　仮(か)りに私(わたし)の王国(おうこく)がこの世(よ)からのものであったなら、[岩波翻訳委員会訳1995]

　　(만약 내 왕국이 이 세상에서 나온 것이라면,)

[2]わたしに従(したが)っている者(もの)たちは、: 나를 따르고 있는 사람들은. 본 절의 「従(したが)っている者(もの); 따르고 있는 사람들은」에 관해 타 번역본에서는 달리 표현하고 있는 경우도 있다.

[例]わたしの手下(てした)の者(もの)たちが、[塚本訳1963]

　　(내 수하 사람들이,)

　　わたしのしもべたちが、[新改訳1970]

　　(내 종복들이,)

　　わたしの手下(てした)は[前田訳1978]

　　(내 수하는)

部下(ぶか)が[新共同訳1987]

(부하가)

私(わたし)の下役(したやく)たちが、[岩波翻訳委員会訳1995]

(내 부하들이,)

[3]わたしをユダヤ人(じん)に渡(わた)さないように戦(たたか)ったであろう : 나를 유대인에게 넘기지 않도록 싸웠을 것이다. 「渡(わた)さないように戦(たたか)ったであろう」의 「渡(わた)さないように」는 「渡(わた)す」의 부정 「渡(わた)さない」에 목적을 나타내는 「〜ように」가 접속된 것이고, 「戦(たたか)ったであろう」는 「戦(たたか)う」의 과거·완료 「戦(たたか)った」에 추측의 「であろう」가 후접한 것이다.

そこでピラトはイエスに言(い)った、「[1]それでは、あなたは王(おう)なのだな」。イエスは答(こた)えられた、「[2]あなたの言(い)うとおり、わたしは王(おう)である。わたしは真理(しんり)について証(あか)しをするために生(うま)れ、また、そのためにこの世(よ)に来(き)たのである。[3]だれでも真理(しんり)につく者(もの)は、わたしの声(こえ)に耳(みみ)を傾(かたむ)ける」。[ヨハネによる福音書18:37]

(그러자 빌라도가 예수에게 말했다. "그러면 네가 정말 왕이구나." 예수는 대답하셨다. "네가 말한 대로 나는 왕이다. 나는 진리에 관해 증언을 하기 위해 태어나, 그리고 그를 위해 이 세상에 온 것이다. 누구든지 진리에 속한 사람은 내 목소리에 귀를 기울인다."[18:37])

[1]それでは、あなたは王(おう)なのだな : 그러면 네가 정말 왕이구나. 「あなたは王(おう)なのだな」는 명사술어문 「あなたは王(おう)だ」에 어떤 사실이 틀림없다고 하는 추론을 나타내는 「〜のだ」가 접속된 문에 상대방의 동의를 구하는 남성어적 종조사 「〜な」가 후접한 것이다.

이 부분에 관해 타 번역본에서는 어떻게 표현하고 있는지 살펴보자.

[例]では、やっぱりお前(まえ)は王(おう)ではないか。[塚本訳1963]

(그럼, 역시 네가 왕이 아니냐?)

それでは、あなたは王(おう)なのですか。[新改訳1970]

(그러면, 당신이 왕입니까?)

それならやはり王(おう)なのか[前田訳1978]

(그러면 역시 왕이냐?)

それでは、やはり王(おう)なのか[新共同訳1987]

(그러면, 역시 왕이냐?)

それでは、〔やはり〕お前(まえ)は王(おう)なのだな[岩波翻訳委員会訳1995]

(그러면〔역시〕네가 왕이구나.)

[2]あなたの言(い)うとおり、わたしは王(おう)である : 네가 말한 대로 나는 왕이다. 이 부분에 관해 본 절의 서술 내용과 타 번역본 사이에 이동(異同)을 보인다.

[例]王(おう)だと言(い)われるなら、御意見(ごいけん)にまかせる。[塚本訳1963]

(왕이라고 말씀하신다면, 의견에 따르겠다.)

わたしが王(おう)であることは、あなたが言(い)うとおりです。[新改訳1970]

(내가 왕인 것은 당신이 말한 대로입니다.)

あなたはわたしが王(おう)だといっている。[前田訳1978]

(당신은 내가 왕이라고 말한다.)

わたしが王(おう)だとは、あなたが言(い)っていることです。[新共同訳1987]

(내가 왕이라고 하는 것은 당신이 말하고 있는 것입니다.)

あなたの方(ほう)が、私(わたし)を王(おう)だと言(い)っている。[岩波翻訳委員会訳1995]

(당신이 나를 왕이라고 말하고 있다.)

[3]だれでも真理(しんり)につく者(もの)は、: 진리에 붙어 있는 사람은. 진리에

속한 사람은.

> ピラトはイエスに言(い)った、「[1]真理(しんり)とは何(なに)か」。[ヨハネによる福音書 18:38a]
> (빌라도는 예수에게 말했다. "진리란 무엇이냐?"[18:38a])

[1]真理(しんり)とは何(なに)か : 진리란 무엇이냐? 「真理(しんり)とは」의「~とは」는 격조사「と」에 계조사(係助詞)「は」가 접속된 연어(連語)로 한국어의「~라고 하는 것은(~というのは)」「~란」의 뜻으로 정의나 명제 등의 주제를 나타낼 때 쓰이는데, 회화체에서는 별로 안 쓰인다. [ヨハネによる福音書 17:3] 설명 참조.

⟪85⟫ [ヨハネによる福音書 18:38b - 18:40]

> こう言(い)って、彼(かれ)はまたユダヤ人(じん)の所(ところ)に出(で)て行(い)き、彼(かれ)らに言(い)った、「[1]わたしには、この人(ひと)に何(なん)の罪(つみ)も見(み)いだせない。[ヨハネによる福音書 18:38b]
> (이렇게 말하고, 그는 다시 유대인이 있는 곳에 나가서, 그들에게 말했다. "나는 이 사람에게 아무런 죄도 찾을 수 없다."[18:38b])

[1]わたしには、この人(ひと)に何(なん)の罪(つみ)も見出(みいだ)せない : 나는 이 사람에게 아무런 죄도 찾을 수 없다.「見出(みいだ)せない」는「見出(みいだ)す ; 찾아내다 ; 발견하다」의 가능동사「見出(みいだ)せる」의 부정이다.

[例]中国(ちゅうごく)を代表(だいひょう)する詩人(しじん)ともいうべき李白(りはく)や杜甫(とほ)の名(な)も、「十八史略(じゅうはっしりゃく)」のなかには<u>見出(みいだ)せない</u>。

(중국을 대표하는 시인이라고도 할 만한 이백이나 두보의 이름도 「십팔사략」 안에는 찾을 수 없다.)

勤務時間内(きんむじかんない)の仕事(しごと)に「全力(ぜんりょく)投球(とうきゅう)」をしている職員(しょくいん)は少(すく)なくない。というよりそれがほとんどの職員(しょくいん)の考(かんが)え方(かた)かもしれない。それでいけないという理由(りゆう)も容易(よう)には見出(みいだ)せない。

(근무시간 내의 일에 「전력투구」를 하고 있는 직원은 적지 않다. 라고 하기보다 그것이 대부분의 직원의 생각일지도 모른다. 그래서는 안 된다는 이유도 용이하게는 찾을 수 없다.)

過越(すぎこし)の時(とき)には、わたしがあなたがたのために、[1]一人(ひとり)の人(ひと)を許(ゆる)してやるのが、[2]あなたがたのしきたりになっている。[3]ついては、あなたがたは、[4]このユダヤ人(じん)の王(おう)を許(ゆる)してもらいたいのか」。[ヨハネによる福音書 18:39]

(유월절에는 내가 너희를 위해, 사람 한 명을 사면해 주는 것이 너희의 관례로 되어 있다. 이에 너희는 이 유대인 왕을 사면해 주기를 원하느냐?[18:39])

[1]一人(ひとり)の人(ひと)を許(ゆる)してやるのが、: 사람 한 명을 사면해 주는 것이.
「許(ゆる)してやる」는 「許(ゆる)す」에 수수표현 「~てやる」가 접속된 것이다.

[例]もちろん、時(とき)が時(とき)だから、今日(きょう)のところは許(ゆる)してやるつもりだ。

(물론 때가 때인지라, 오늘은 용서해 줄 생각이다.)

その男(おとこ)がかわいそうに思(おも)えてならなかった。もし、私(わたし)が大人達(おとなたち)の一人(ひとり)であったら、許(ゆる)してやるのに、と心(こころ)の中(なか)で思(おも)った。

(그 남자가 가엽게 생각되어 견딜 수 없었다. 만일 내가 어른들의 한 사람이라면, 용서해 주겠는데, 하고 마음속에서 생각했다.)

彼女(かのじょ)の父親(ちちおや)はもし君(きみ)が医者(いしゃ)か弁護士(べんごし)だったら許(ゆる)してやる、と言(い)いました。
(그녀의 아버지는 만일 자네가 의사나 변호사라면 허락해 주겠다고 말했습니다.)

[2]あなたがたのしきたりになっている : 너희의 관례로 되어 있다. 「しきたりになっている」는 「しきたり」에 「~になっている」가 접속된 것으로 「관례로 되어 있다」의 뜻을 나타낸다.

[例]アメリカでは郵便(ゆうびん)配達(はいたつ)はいつも玄関(げんかん)のベルを二度(にど)鳴(な)らすしきたりになっている。つまり来客(らいきゃく)ではないという便法(べんぽう)である。
(미국에서는 우편배달은 항상 현관 벨을 두 번 울리는 것이 관례로 되어 있다. 즉 손님이 아니라는 편법이다.)

客(きゃく)が二人(ふたり)にホステスが一人(ひとり)の場合(ばあい)は、ホステスが二人(ふたり)のあいだに座(すわ)るのが一応(いちおう)のしきたりになっている。
(손님 2명에 호스티스가 1명인 경우에는, 호스티스가 2명 사이에 앉는 것이 일단 관례로 되어 있다.)

大体(だいたい)、こういった取引(とりひき)関係(かんけい)の法律(ほうりつ)はすべて本省(ほんしょう)が所管(しょかん)をするというしきたりになっているようですけれども。
(대개 이런 거래 관계의 법률은 모두 본 성이 관할을 하는 것이 관례로 되어 있는 것 같지만.)

[3]ついては : 이에. 「ついては[就いては]」는 「就(つ)く」의 テ형인 「就(つ)いて」에 계

조사「〜は」가 결합된 접속사로「이에 / 따라서 / 그러므로」등의 순접을 나타낼 때 쓰이는데 딱딱한 문체에 사용된다. 유의어에는「そういうわけで」「それゆえ」「したがって」「よって」「それだから」등이 있다.

[例] 会議(かいぎ)を行(おこな)います。ついては、午前(ごぜん)10時(じゅうじ)に御参集(ごさんしゅう)ください。
(회의를 합니다. 따라서 오전 10시에 참가해 주십시오.)
来月(らいげつ)上京(じょうきょう)する予定(よてい)です。ついては、ぜひお目(め)にかかりたく。
(다음 달 상경할 예정입니다. 이에 꼭 만나 뵈었으면 합니다.)

[4] このユダヤ人(じん)の王(おう)を許(ゆる)してもらいたいのか : 이 유대인 왕을 사면해 주기를 원하느냐?「許(ゆる)してもらいたい」는「許(ゆる)す」에 화자의 희망을 나타내는「〜てもらいたい」가 접속된 것이다.

[例] どうしても受(う)け取(と)ってもらいたい願(ねが)いが強(つよ)くて、暑苦(あつくる)しい文章(ぶんしょう)になってしまったことを許(ゆる)してもらいたい。
(무슨 일이 있어도 책임지고 떠맡아 주었으면 하는 부탁이 강해, 숨 막힐 듯이 지루한 문장이 되어 버린 것을 용서해 주기 바란다.)
「あなたは生(い)きていいんだよ」と、生(い)きていることを許(ゆる)してもらいたいのか。寂(さび)しい自分(じぶん)を味方(みかた)してもらいたいのか。
("당신은 살아도 된다."라고 살아 있는 것을 용서해 주기 바라는 것인지. 외로운 자신을 같은 편으로 해 주었으면 하는 것인지.)

すると彼(かれ)らは、また叫(さけ)んで「[1]その人(ひと)ではなく、バラバを」と言(い)った。このバラバは強盗(ごうとう)であった。[ヨハネによる福音書]
(그러자 그들은 다시 큰소리로 외치며, "그 사람이 아니라, 바라바를" 이라고 말했다. 이 바라바는 강도였다.[18:40])

[1]その人(ひと)ではなく、バラバを : 그 사람이 아니라, 바라바를 사면해 달라. 「その人(ひと)ではなく、バラバを」는 「その人(ひと)ではなく、バラバを[許(ゆる)してもらいたい]」에 상당하는 문에서 후속 성분이 생략된 채 쓰이고 있다.

ヨハネによる福音書
- 第19章 -

⟨⟨86⟩⟩ [ヨハネによる福音書 19:1 - 19:16a]

> そこでピラトは、イエスを捕(とら)え、[1]鞭(むち)で打(う)たせた。[ヨハネによる福音書 19:1]
> (그때 빌라도는 예수를 붙잡아 채찍으로 치게 했다.[19:1])

[1]鞭(むち)で打(う)たせた : 채찍으로 치게 했다. 「鞭(むち)で打(う)たせる」는 「鞭(むち)で打(う)つ」의 사역으로, 「채찍으로 치게 하다 / 채찍질을 시키다」의 뜻을 나타낸다.

   [例]女(おんな)たちを並(なら)べて、裸(はだか)にすると、両手(りょうて)を縛(しば)って吊輪(つりわ)に下(さ)げた鎖(くさり)に結(むす)び付(つ)け、部下(ぶか)の一人(ひとり)に鞭(むち)で打(う)たせた。
   (여자들을 줄을 세워서 알몸으로 하고 양손을 묶어 조환에 매달은 쇠사슬로 연결하여 부하 한 사람에게 채찍으로 치게 했다.)

  타 번역본에서는 해당 부분을 어떻게 묘사하고 있는지 살펴보자.
   [例]今度(こんど)はイエスを鞭(むち)で打(う)たせた。[塚本訳1963]

(이번에는 예수를 채찍으로 치게 했다.)

むち打(う)ちにした。[新改訳1970]

(채찍으로 치게 했다.)

鞭(むち)で打(う)たせた。[前田訳1978]

(채찍으로 치게 했다.)

鞭(むち)で打(う)たせた。[新共同訳1987]

(채찍으로 치게 했다.)

鞭(むち)打(う)〔たせ〕た。[岩波翻訳委員会訳1995]

(채찍으로 치게 했다.)

兵卒(へいそつ)たちは、[1]茨(いばら)で[2]冠(かんむり)を編(あ)んで、[3]イエスの頭(あたま)に被(かぶ)らせ、[4]紫(むらさき)の上着(うわぎ)を着(き)せ、[ヨハネによる福音書 19:2]
(병사들은 가시나무로 관을 짜서 예수의 머리에 씌우고 자색 겉옷을 입히고, [19:2])

[1]茨(いばら)で: 가시나무로.

[2]冠(かんむり)を編(あ)んで、: 관을 짜서.

[3]イエスの頭(あたま)に被(かぶ)らせ、: 예수 머리에 씌우고. 「被(かぶ)らせ」는 착용동사에 속하는 복타동사 「被(かぶ)らせる」가 연용중지법으로 쓰인 것이다.

[4]紫(むらさき)の上着(うわぎ)を着(き)せ、: 자색 겉옷을 입히고. 「上着(うわぎ)を着(き)せ」는 착용동사에 속하는 「着(き)る」의 복타동사인 「着(き)せる」가 연용중지법으로 쓰인 것이다.

일본어의 [착용동사]에 관해서는 李成圭(2018c)『일본어 구어역 마가복음의 언어학적 분석I』시간의물레. pp. 13-16을 참조할 것.

한편, 한국어의 [착용]에 관한 표현은 크게 5개의 동사가 사용된다.
1. [쓰다] 동사를 사용하는 물건은 우산, 모자, 안경이 있다.
 ・우산을 쓰다. [傘(かさ)をさす]
 ・모자를 쓰다. [帽子(ぼうし)を被(かぶ)る]
 ・안경을 쓰다. [メガネをかける]

2. [매다] 동사를 사용하는 물건은 넥타이가 있다.
 ・넥타이를 매다. [ネクタイをする]

3. [입다] 동사를 사용하는 물건은 여러 가지가 있다.
 ・셔츠를 입다. [シャツを着(き)る]
 ・점퍼를 입다. [ジャンパーを着(き)る]
 ・바지를 입다. [ズボンを履(は)く]
 ・치마를 입다. [スカートを履(は)く]
 ・원피스를 입다. [ワンピースを着(き)る]

옷은 대부분 [입다] 동사를 사용하면 된다.

4. [끼다] 동사를 사용하는 물건은 반지, 장갑 등이 있다.
 ・반지를 끼다. [指輪(ゆびわ)をする]
 ・장갑을 끼다. [手袋(てぶくろ)をする]

5. 마지막으로 [신다] 동사를 사용하는 것에는 구두, 양말, 운동화 등이 있다.

- 구두를 신다. [靴(くつ)履(は)く]
- 양말을 신다. [靴下(くつした)を履(は)く]
- 운동화를 신다. [運動靴(うんどうぐつ)を履(は)く]

이밖에도 목걸이, 귀고리, 벨트 시계 등은 [차다] 동사 또는 [하다] 동사를 사용한다. 전체적으로 보면, 목 위는 [쓰다]를, 몸은 [입다]를, 발목부터는 [신다]라고 생각하면 된다.[50]

> それから、[1]その前(まえ)に進(すす)み出(で)て、「ユダヤ人(じん)の王(おう)、万歳(ばんざい)」と言(い)った。そして平手(ひらて)で[2]イエスを打(う)ち続(つづ)けた。[ヨハネによる福音書 19:3]
> (그러고 나서 그 앞에 나와서 "유대인의 왕, 만세"라고 말했다. 그리고 손바닥으로 예수를 계속해서 때렸다.[19:3])

[1]その前(まえ)に進(すす)み出(で)て、: 그 앞에 나와서. 「進(すす)み出(で)て」는 「進(すす)む」의 연용형에 「出(で)る」가 결합된 복합동사 「進(すす)み出(で)る ; 앞으로 나아가다[나오다]」의 テ형이 순차동작의 용법으로 쓰이고 있다.

　[例]その女(おんな)は自分(じぶん)の身(み)に起(お)ったことを知(し)って、恐(おそ)れおののきながら進(すす)み出(で)て、みまえにひれ伏(ふ)して、すべてありのままを[4]申(もう)し上(あ)げた。[マルコによる福音書 5:33]
　(그 여자는 자기 몸에 일어난 것을 알고 무서워 벌벌 떨면서 앞으로 나아가 예수님 앞에 넙죽 엎드리고 모든 것을 사실대로 말씀드렸다.)[구어역 / 마가복음 5:33]

[2]イエスを打(う)ち続(つづ)けた : 예수를 계속해서 때렸다. 「打(う)ち続(つづ)けた」

---

50) https://ameblo.jp/montaro1712/entry-11948123079.html에서 인용하여 일부 수정함.

는「打(う)つ」의 연용형에 계속상을 나타내는 후항동사「続(つづ)ける」가 결합한 복합동사「打(う)ち続(つづ)ける」의 과거이다.

[例]ルコントは話(はな)し続(つづ)けた。

(르콩트는 계속 이야기했다.)

「ついついやってしまう」と笑(わら)いながら、初日(しょにち)にもかかわらず四時間(よじかん)ほど打(う)ち続(つづ)けた。

("그만 자신도 모르게 해 버린다."고 웃으면서, 첫날임에도 불구하고 4시간 정도 계속 쳤다.)

というか、なまじ、この年(とし)のプロ試験(しけん)に合格(ごうかく)してしまい、弱点(じゃくてん)を持(も)ち続(つづ)けたままプロとして打(う)ち続(つづ)けるようになるより、一年間(いちねんかん)回(まわ)り道(みち)をすることにはなりましたが。

(라고 할까? 어설피 올해 프로 시험에 합격해서, 약점을 계속 지닌 프로로서 계속 치게 되고, 1년간 우회로를 택하게는 되었습니다만.)

それでも、私は止(と)まらなかった。夜(よる)だった。冷(つめ)たい空気(くうき)を切(き)り裂(さ)いて、私(わたし)は走(はし)り続(つづ)けた。

(그래도 나는 그만두지 않았다. 밤이었다. 찬 공기를 가르며 나는 계속 달렸다.)

するとピラトは、また出(で)て行(い)ってユダヤ人(じん)たちに言(い)った、「見(み)よ、わたしは[1]この人(ひと)をあなたがたの前(まえ)に引(ひ)き出(だ)すが、それはこの人(ひと)に何(なん)の罪(つみ)も見出(みいだ)せないことを、[2]あなたがたに知(し)ってもらうためである」。[ヨハネによる福音書 19:4]
(그러자 빌라도는 다시 나가서 유대인들에게 말했다. "보아라! 나는 이 사람을 너희 앞에 끌어내지만, 그것은 이 사람에게 아무런 죄도 찾을 수 없다는 것을 너희가 알아주기 바라서다.[19:4]")

[1]この人(ひと)をあなたがたの前(まえ)に引(ひ)き出(だ)すが、: 이 사람을 너희 앞에 끌어내지만.「引(ひ)き出(だ)す」는「引(ひ)く」의 연용형에 공간적 이동을 나타내는 후항동사「出(だ)す」가 결합한 복합동사로 본 절에서는「끌어내다」「자리에 나오게 하다」의 뜻으로 쓰이고 있다.

[例]信玄(しんげん)はその者(もの)を庭(にわ)に引(ひ)き出(だ)して訊問(じんもん)した。
(신겐은 그 사람을 정원에 끌어내서 신문했다.)

彼(かれ)が列(れつ)に飛(と)び込(こ)み、彼女(かのじょ)の腕(うで)をつかみ、正面(しょうめん)に引(ひ)き出(だ)した。
(그가 줄에 뛰어들어, 그녀의 팔을 잡고 정면에 끌어냈다.)

あの方(かた)は、あなたを信(しん)じておりました。刑場(けいじょう)に引(ひ)き出(だ)されても、平気(へいき)でいました。
(그 분은 당신을 믿고 있었습니다. 형장에 끌려 나와도 태연하게 있었습니다.)

メロスの懐中(かいちゅう)からは短剣(たんけん)が出(で)てきたので、騒(さわ)ぎが大(おお)きくなってしまった。メロスは王(おう)の前(まえ)に引(ひ)き出(だ)された。
(멜로스의 호주머니 속에서는 단검이 나왔기 때문에, 소동이 커지고 말았다. 멜로스는 왕 앞에 끌려 나왔다.)

[2]あなたがたに知(し)ってもらうためである: 너희가 알아주기 바라서다.「知(し)ってもらう」는「知(し)る」에 수수표현「〜てもらう」가 접속된 것이다.

ㅁ「〜てもらう」

1.「〜てもらう」는「AがB{に・から}〜てもらう」의 문형으로 쓰이는데, 한국어로 직역하면「A가 {B에게・에게서} 〜해 받다(〜해 주다)」의 뜻을 나타낸다. 그런데「〜てもらう」는 한국어에 직접 대응하지 않기 때문에「〜해 주다・〜해 달라고 하다」로 번역되는 경우가 많다.

[例]友(とも)だち(B)が来(く)る。

→ 友だち(B)に来(き)てもらう。

(친구에게 와 받다 → 친구가 와 주다·친구가 오다)

加藤(かとう)さん(B)がわたし(A)を家(いえ)まで送(おく)った。

→ [わたし(A)は]田中(たなか)さん(B)に家(いえ)まで送(おく)ってもらった。

(가토 씨는 나를 집까지 바라다 주었다.)

2. 「～てもらう」:「～해 받다·～해 주다·～해 달라고 하다」

「～てもらう」는 기본적으로 「은혜를 받거나 이익을 받는 화자 쪽에서 상대에게 부탁해서 어떤 행위를 해 받다」와 같은 의미를 나타낸다.

[例]いつも、国(くに)の母(はは){に·から}新聞(しんぶん)を送(おく)ってもらいます。

(언제나 고향에 있는 어머니가 신문을 보내 줍니다.)

友(とも)だち{に·から}大阪城(おおさかじょう)への行(ゆ)き方(かた)を教(おし)えてもらいました。

(친구가 오사카성으로 가는 길을 가르쳐 주었습니다.)

迷子(まいご)になってしまったので、おまわりさんに道(みち)を教(おし)えてもらいました。

(길을 잃어 버렸는데, 경찰 아저씨가 길을 가르쳐 주었습니다.)

病気(びょうき)の時(とき)は、友(とも)だちに来(き)てもらうのが一番(いちばん)です。

(아플 때는 친구에게 와 달라고 하는 것이 가장 좋습니다.)

しかし祭司長(さいしちょう)たちは、バラバの方(ほう)を許(ゆる)してもらうように、群衆(ぐんしゅう)を煽動(せんどう)した。[口語訳 / マルコによる福音書 15:11]

(그러나 대제사장들은 바라바 쪽을 사면해 달라고 군중을 부추겼다.)

[마가복음 15:11]

3. 그런데「〜てもらう」용법 중에는 다음과 같이 한국어의「〜해 주다」「〜해 달라고 하다」에 대응하지 않는 예도 상당히 많다.

[例] 知(し)り合(あ)いの紹介(しょうかい)で、安(やす)くしてもらったんです。

(아는 사람 소개로 싸게 샀습니다.)

このクッキーは、林(はやし)さんに食(た)べてもらうために、作(つく)ったんですよ。

(이 쿠키는 하야시 씨에게 드리기 위해서 만들었어요.)[51]

> イエスは[1]茨(いばら)の冠(かんむり)を被(かぶ)り、[2]紫(むらさき)の上着(うわぎ)を着(き)たままで[3]外(そと)へ出(で)られると、ピラトは彼(かれ)らに言(い)った、「見(み)よ、この人(ひと)だ」。[ヨハネによる福音書 19:5]
> (예수는 가시관을 쓰고, 자색 겉옷을 입은 채로 밖으로 나오시자, 빌라도는 그들에게 말했다. "보아라! 이 사람이다."[19:5])

[1]茨(いばら)の冠(かんむり)を被(かぶ)り、: 가시관을 쓰고. 「[茨(いばら)の冠(かんむり)]を被(かぶ)る;[가시관을] 쓰다」의 「被(かぶ)る」는 「〜が〜を被(かぶ)る」로 쓰이는 2항 술어(타동사)이고, 「被(かぶ)せる;상대에게 무엇인가를 씌우다」는 「〜が〜に〜を被(かぶ)せる」로 쓰이는 3항 술어(복타동사)이다.

[例] 二十体(にじゅったい)のうち七体(ななたい)のみが王冠(おうかん)を被(かぶ)り、他(た)の人物(じんぶつ)はユダヤ民族(みんぞく)の縁(ふち)なし帽(ぼう)を被(かぶ)っている。

(20체 중에서 7체만이 왕관을 쓰고, 다른 인물은 유대민족의 테두리가 없는 모자를 쓰고 있다.)

彼(かれ)らに共通(きょうつう)する特徴(とくちょう)は、すべてが王冠(おうかん)を被(かぶ)り、権力(けんりょく)の象徴(しょうちょう)たる司教杖(しきょうじょう)を持(も)っていることである。

---

51) 李成圭等著(1996)『홍익나가누마 일본어2 해설서』홍익미디어. pp. 135-136에서 인용하여 일부 수정함.

(그들에게 공통된 특징은 모두가 왕관을 쓰고, 권력의 상징인 사교장을 가지고 있는 점이다.)

ゼウスは頭部(とうぶ)にオリーヴの冠(かんむり)を被(かぶ)り、左手(ひだりて)に王笏(おうしゃく)、右手(みぎて)にニケ像(ぞう)を持(も)つ姿(すがた)で座(すわ)っていた。

(제우스는 두부에 올리브 관을 쓰고, 왼손에 왕홀에, 오른손에 니케상이 가지고 있는 모습으로 앉아 있었다.)

[2]紫(むらさき)の上着(うわぎ)を着(き)たままで : 자색 겉옷을 입은 채로.「上着(うわぎ)を着(き)る ; 겉옷을 입다」의「着(き)る」는「～が～を着(き)る」로 쓰이는 2항 술어(타동사)이고,「着(き)せる ; 입히다」는「～が～に～を着(き)せる」로 3항 술어(복타동사)이다.

[例]女(おんな)の患者(かんじゃ)はシャツを着(き)たまま、治療(ちりょう)を受(う)けている。

(여자 환자는 셔츠를 입은 채로, 치료를 받고 있다.)

そして、服(ふく)を着(き)たまま、靴(くつ)を履(は)いたまま、露天風呂(ろてんぶろ)にざぶざぶと入(はい)って行(い)った。

(그리고 옷을 입은 채로, 신발을 신은 채로 노천온천에 첨벙첨벙 들어갔다.)

部屋(へや)に通(とお)されると、公爵(こうしゃく)は部屋着(へやぎ)を着(き)たまま、片手(かたて)にヴァイオリンを、片手(かたて)に弓(ゆみ)を持(も)って立(た)っていた。

(방으로 안내받자, 공작은 실내복을 입은 채로, 한 손에 바이올린을, 한 손에 활을 들고 서 있었다.)

[3]外(そと)へ出(で)られると、: 밖으로 나오시자.「出(で)られる」는「出(で)る」의 레루형 경어로 ナル형 경어「お出(で)になる」에 비해 경의도는 낮다. 그리고 존경의

「出(で)られる」는 구어역 신약성서에서 본 절의 예가 유일하다.

타 번역본에서는 이 부분을 어떻게 다루고 있는지 살펴보자.

[例](しずかに)出(で)てこられた。[塚本訳1963]

 ((조용히) 나오셨다.)

出(で)て来(こ)られた。[新改訳1970]

 (나오셨다.)

出(で)てこられた。[前田訳1978]

 (나오셨다.)

出(で)て来(こ)られた。[新共同訳1987]

 (나오셨다.)

それでイエスが外(そと)に出(で)て来(き)た。[岩波翻訳委員会訳1995]

 (그래서 예수가 밖으로 나왔다.)

祭司長(さいしちょう)たちや下役(したやく)どもはイエスを見(み)ると、叫(さけ)んで「[1]十字架(じゅうじか)につけよ、十字架(じゅうじか)につけよ」と言(い)った。ピラトは彼(かれ)らに言(い)った、「あなたがたが、この人(ひと)を引(ひ)き取(と)って[2]十字架(じゅうじか)につけるがよい。わたしは、彼(かれ)には何(なん)の罪(つみ)も見出(みいだ)せない」。[ヨハネによる福音書 19:6]
(대제사장들과 부하들은 예수를 보자, 소리를 지르며 "십자가에 매달아라! 십자가에 매달아라!"라고 말했다. 빌라도는 그들에게 말했다. "너희가 이 사람을 데려다가 십자가에 매달아라. 나는 그에게서 아무런 죄도 찾지 못하겠다."[19:6])

---

[1]十字架(じゅうじか)につけよ、: 십자가에 매달아라.「十字架(じゅうじか)につける」는「십자가에 매달다」의 뜻을 나타내고,「つけよ」는「つける」의 문장체 명령형이다.

[例]彼(かれ)らは、また叫(さけ)んだ、「十字架(じゅうじか)につけよ」。[口語訳 / マルコによる福音書 15:13]
(그들은 다시 소리를 질렀다. "십자가에 매달아라.")[마가복음 15:13][52]

しかし、彼(かれ)らはますます激(はげ)しく「十字架(じゅうじか)につけろ。」と叫(さけ)び続(つづ)けた。
(그러나 그들은 더욱 더 거세게 「십자가에 매달아라.」라고 계속 외쳤다.)
神(かみ)の定(さだ)めた計画(けいかく)と神(かみ)の予知(よち)とによって引(ひ)き渡(わた)されたこの方(かた)を、不法(ふほう)な者(もの)の手(て)によって十字架(じゅうじか)につけて殺(ころ)しました。
(하나님이 정한 계획과 하나님의 예지에 의해 넘겨진 이 분을 불법적인 자의 손에 의해 십자가에 매달아 죽였습니다.)[53]

[2]十字架(じゅうじか)につけるがよい : 십자가에 매달아라. 「つけるがよい」는 「つける」(연체형)에 「~がよい」가 접속되어 「매다는 것이 좋다 → 매달아라」와 같이 동사의 명령에 상당하는 뜻을 나타내고 있다.

ユダヤ人(じん)たちは彼(かれ)に答(こた)えた、「わたしたちには律法(りっぽう)があります。[1]その律法(りっぽう)によれば、彼(かれ)は[2]自分(じぶん)を神(かみ)の子(こ)としたのだから、[3]死罪(しざい)に当(あた)る者(もの)です」。[ヨハネによる福音書 19:7]
(유대인들은 그에게 대답했다. "우리에게는 율법이 있습니다. 그 율법에 의하면 그는 자신을 하나님의 아들이라고 했으니까, 사형에 해당하는 사람입니다."[19:7])

---

52) [口語訳 / マルコによる福音書 15:13]에서 인용.
53) [マルコによる福音書 15:13] 설명 참조.

[1]その律法(りっぽう)によれば、: 그 율법에 의하면.「律法(りっぽう)によれば」는「律法(りっぽう)による」의 가정형인데, 본 절에서는 정보원을 나타내는 데에 쓰이고 있다.

[例]博士(はかせ)によれば、これは脅迫(きょうはく)神経症(しんけいしょう)タイプの怒(いか)りの表現(ひょうげん)の一(ひと)つだそうだ。
(박사에 의하면, 이것은 협박 신경증 타입의 분노 표현의 하나라고 한다.)
これまでのリサーチによれば、〈こちら側(がわ)〉の人間(にんげん)は、即効性(そっこうせい)のある強力(きょうりょく)な超自然的(ちょうしぜんてき)なパワーに憧(あこが)れているようではない。
(지금까지의 리서치에 의하면, 〈이쪽의〉 사람은 즉효성이 있는 강력한 초자연적인 파워를 동경하고 있는 것 같지는 않다.)
コロンビア政府(せいふ)の発表(はっぴょう)によれば、この噴火(ふんか)による総被災者数(そうひさいしゃすう)は十七万人(じゅうななまんにん)にものぼり、死傷者(ししょうしゃ)は三万人(さんまんにん)を数(かぞ)えた。
(콜롬비아 정부 발표에 의하면, 이 분화에 의한 총 피재자 수는 17만 명이나 이르고, 사상자는 3만 명으로 파악되었다.)

[2]自分(じぶん)を神(かみ)の子(こ)としたのだから、: 자신을 하나님의 아들이라고 했으니까.「神(かみ)の子(こ)としたのだから」는「神(かみ)の子(こ)とした ; 하나님의 아들로 했다」에「のだから」가 접속된 것인데,「～のだから」는 선행하는 절(節)을 받아, 거기에서 서술된 내용이 사실이라고 인정하고, 그 사실이 원인·이유가 되어 그 다음에 오는 사항이 도출되는 것을 나타낸다. [ヨハネによる福音書 13:10]설명 참조.

[例]病人(びょうにん)を癒(いや)し、死人(しにん)をよみがえらせ、らい病人(びょうにん)をきよめ、悪霊(あくれい)を追(お)い出(だ)せ。ただで受(う)けたのだから、ただで与(あた)えるがよい。[口語訳 / マタイによる福音書 10:8]

(환자를 고쳐 주고, 죽은 사람을 다시 살리며, 나병 환자를 깨끗하게 하며, 귀신을 내쫓아라. 거저 받은 것이니, 그냥 주어라.)[마태복음 10:8]

イエスは彼(かれ)らに言(い)われた、「ほかの、附近(ふきん)の町々(まちまち)にみんなで行(い)って、そこでも教(おしえ)を宣(の)べ伝(つた)えよう。わたしはこのために出(で)て来(き)たのだから」。[口語訳 / マルコによる福音書 1:38]
(예수께서는 그들에게 말씀하셨다. "다른 부근 마을에 다 같이 가서 거기에서도 가르침을 전파하자. 나는 이를 위해 나온 것이니.")[마가복음 1:38][54]

すると彼(かれ)らは言(い)った、「これ以上(いじょう)、何(なん)のの証拠(しょうこ)が要(い)るか。われわれは直接(ちょくせつ)彼(かれ)の口(くち)から聞(き)いたのだから」。[口語訳 / ルカによる福音書 22:71]
(그러자 그들은 말했다. "더 이상 무슨 증거가 필요한가? 우리는 직접 그의 입을 통해 들었으니까.")[누가복음 22:71]

[3]死罪(しざい)に当(あた)る者(もの)です : 「死罪(しざい)」는 「사형 / 죽어서 마땅한 죄」의 뜻으로 「死罪(しざい)に当(あ)たる」는 여기에서는 「사형에 해당하다」로 번역해 둔다.

　　타 번역본에서는 어떻게 표현하고 있는지 살펴보면 다음과 같다.
[例]当然(とうぜん)死刑(しけい)です。[塚本訳1963]
　　(당연히 사형입니다.)
　　死(し)に当(あ)たります。[新改訳1970]
　　(죽음에 해당합니다.)
　　死刑(しけい)は動(うご)きません、[前田訳1978]

---

54) 李成圭(2018c)『일본어 구어역 마가복음의 언어학적 분석 I』시간의물레. p. 51에서 인용.

(사형은 움직이지 않습니다.)

死罪(しざい)に当(あ)たります。[新共同訳1987]

(사죄에 해당합니다.)

死(し)ななければならない。[岩波翻訳委員会訳1995]

(죽어야 한다.)

> ピラトがこの言葉(ことば)を聞(き)いたとき、[1]ますます恐(おそ)れ、[ヨハネによる福音書 19:8]
> (빌라도가 이 말을 들었을 때, 더욱 더 두려워하여,[19:8])

[1]ますます恐(おそ)れ、: 더욱 더 두려워하여. 「ますます」는 「더욱 더」와 같이 정도가 극심함을 나타내는 부사로 같은 유형의 부사에는 「更(さら)に ; 더욱 더 / 한층 더」「もっと ; 더욱」「いっそう ; 한층」 등이 있다.

[例]ほかの種(たね)は良(よ)い地(ち)に落(お)ちた。そして生(は)えて、育(そだ)って、ますます実(み)を結(むす)び、三十倍(さんじゅうばい)、六十倍(ろくじゅうばい)、百倍(ひゃくばい)にもなった」。[口語訳 / マルコによる福音書 4:8]

(다른 씨앗은 좋은 땅에 떨어졌다. 그리고 싹이 나고 자라서 더욱 더 열매를 맺어 30배, 60배, 100배나 되었다.")[마가복음 4:8][55]

> もう一度(いちど)官邸(かんてい)に入(はい)ってイエスに言(い)った、「あなたは、[1]もともと、どこから来(き)たのか」。しかし、[2]イエスは何(なん)の答(こたえ)もなさらなかった。[ヨハネによる福音書 19:9]
> (다시 한 번 관저에 들어가서 예수에게 말했다. "너는 원래 어디에서 왔느냐?" 그러나 예수께서는 아무런 대답도 하시지 않았다.[19:9])

---

55) 李成圭(2018c)『일본어 구어역 마가복음의 언어학적 분석Ⅰ』시간의물레. p. 159에서 인용.

[1]もともと、どこから来(き)たのか : 원래 어디에서 왔느냐?「もともと[元々]」는「원래 / 본래 / 본디부터」의 뜻을 나타내는 부사이다. 구어역 신약성서에서는「もともと」는 본 절의 예와 다음의 예, 2회 등장한다.

[例] <u>もともと</u>、パリサイ人(びと)をはじめユダヤ人(じん)はみな、昔(むかし)の人(ひと)の言伝(いいつた)えをかたく守(まも)って、念入(ねんい)りに手(て)を洗(あら)ってからでないと、食事(しょくじ)をしない。[口語訳 / マルコによる福音書 7:3]

(원래 바리새파 사람을 비롯하여 유대인은 모두 옛날 사람들의 구전을 굳게 지켜 정성을 들여 손을 씻고 나서가 아니면 식사를 하지 않는다.)[마가복음 7:3][56]

[2]イエスは何(なん)の答(こたえ)もなさらなかった : 예수께서는 아무런 대답도 하시지 않았다.「答(こたえ)もなさらなかった」의「なさらなかった」는「する」의 특정형 경어「なさる」의 과거 부정으로 쓰인 것으로「答(こた)えもしなかった」의 경어로 사용되고 있다.

[例]「<u>お前(まえ)のおじいさまはそんな言(い)い方(かた)をなさらなかった</u>」「<u>おじいさまはそんなダラシのない格好(かっこう)はなさらなかった</u>」と言(い)った、価値基準(かちきじゅん)を全(すべ)て亡(な)くなった祖父(そふ)に置(お)いていた。

("네 할아버지는 그런 말씨를 하시지 않았다." "할아버지는 그런 칠칠맞은 모습을 하시지 않았다."라고 말했다. 가치기준을 전부 죽은 할아버지에게 두고 있었다.)

ゲラサの人たちは、イエスを受(う)け入(い)れなかったが、イエスはこの人々(ひとびと)が選(えら)んだ暗黒(あんこく)の中(なか)に、彼(かれ)らを<u>置(お)き去(ざ)りにはなさらなかった</u>。

(게르게사(Gergesa) 사람들은 예수를 받아들이지 않았지만, 예수께서는 이 사람들이 고른 암흑 속에 그들을 버려둔 채로 두지 않으셨다.)

---

56) 李成圭(2019a)『일본어 구어역 마가복음의 언어학적 분석Ⅱ』시간의물레. p. 71에서 인용.

> そこでピラトは言(い)った、「[1]何(なに)も答(こた)えないのか。わたしには、[2]あなたを許(ゆる)す権威(けんい)があり、また十字架(じゅうじか)につける権威(けんい)があることを、知(し)らないのか」。[ヨハネによる福音書 19:10]
> (그래서 빌라도는 말했다. "아무 것도 대답하지 않는 것이냐? 내게는 너를 사면할 권한이 있고, 또 십자가에 매달 권한이 있는 것을 모르느냐?"[19:10])

[1]何(なに)も答(こた)えないのか : 아무 것도 대답하지 않는 것이냐?「答(こた)えないのか」는「答(こた)える」의 부정「答(こた)えない」에 어떤 사실이 틀림없다고 하는 단정하는「~のだ」의 질문 형태인「~のか」가 후접하여 쓰인 것이다.

  [例]ピラトはもう一度(いちど)イエスに尋(たず)ねた、「何(なに)も答(こた)えないのか。見(み)よ、あなたに対(たい)してあんなにまで次々(つぎつぎ)に訴(うった)えているではないか」。[口語訳 / マルコによる福音書 15:4]
  (빌라도는 다시 한 번 예수에게 물었다. "아무 것도 대답하지 않는 것이냐? 봐라! 너에 대해 저렇게까지 잇따라 고발하고 있지 않느냐?")[마가복음 15:4][57]

[2]あなたを許(ゆる)す権威(けんい)があり、また十字架(じゅうじか)につける権威(けんい)がある : 너를 사면할 권한이 있고, 또 십자가에 매달 권한이 있다.「~権威(けんい)があり、~権威(けんい)がある」는「[~権威(けんい)がある]＋[~権威(けんい)がある]」의 2문을 연용중지법「あり、」로 문을 연결하고 있다.

  [例]それぞれに妥当性(だとうせい)と限界(げんかい)があり、互(たが)いに複雑(ふくざつ)な相互関係(そうごかんけい)がある。
  (각각에 타당성과 한계가 있고, 서로 복잡한 상호 관계가 있다.)
  監視塔(かんしとう)の真下(ました)には、病院(びょういん)や管理(かんり)事務

---

57) [口語訳 / マルコによる福音書 15:4]에서 인용.

所(じむしょ)の建物(たてもの)があり、人(ひと)の出入(でい)りも多少(たしょう)はある。

(감시탑 바로 밑에는 병원과 관리사무소의 건물이 있고, 사람들의 출입도 다소는 있다.)

> イエスは答(こた)えられた、「あなたは、[1]上(うえ)から賜(たま)わるのでなければ、わたしに対(たい)して何(なん)の権威(けんい)もない。[2]だから、わたしをあなたに引(ひ)き渡(わた)した者(もの)の罪(つみ)は、もっと大(おお)きい」。[ヨハネによる福音書 19:11]
> (예수께서 대답하셨다. "너는 위에서 주신 것이 아니면 나에 대해 아무런 권한도 없다. 그러므로 나를 너에게 넘긴 사람의 죄는 더욱 크다."[19:11])

[1] 上(うえ)から賜(たま)わるのでなければ、: 위에서 주신 것이 아니면. 「賜(たま)わる」는 ①겸양어I로서 「윗사람에게서 받다」=「いただく・頂戴(ちょうだい)する」의 뜻과 ②존경어로서 「내려 주시다」=「くださる・くだされる」의 뜻을 지닌 양방향성 경어인데, 본 절의 「上(うえ)から賜(たま)わる」는 ①의 용법으로 사용된 것으로 번역해 둔다.

[例] ところが、わたしたちが受(う)けたのは、この世(よ)の霊(れい)ではなく、神(かみ)からの霊(れい)である。それによって、神(かみ)から賜(たま)わった恵(めぐ)みを悟(さと)るためである。[口語訳/コリント人への第一の手紙 2:12]

(그런데 우리가 받은 것은 이 세상의 영이 아니라, 하나님으로부터의 영이다. 그것에 의해 하나님으로부터 받은 은혜를 깨닫기 위해서이다.)[고린도전서 2:12]

神(かみ)から賜(たま)わった恵(めぐ)みによって、わたしは熟練(じゅくれん)した

建築(けんちく)師(し)のように、土台(どだい)をすえた。そして他(た)の人(ひと)がその上(うえ)に家(いえ)を建(た)てるのである。しかし、どういうふうに建(た)てるか、それぞれ気(き)をつけるがよい。[口語訳/コリント人への第一の手紙 3:10]
(하나님으로부터 받은 은혜를 따라, 나는 숙련된 건축가와 같이 토대를 설치했다. 그리고 다른 사람이 그 위에 집을 짓는 것이다. 그러나 어떤 식으로 집을 지을 것인지 각자 조심해라.)[고린도전서 3:10]

[2]だから、わたしをあなたに引(ひ)き渡(わた)した者(もの)の罪(つみ)は、もっと大(おお)きい: 그러므로 나를 너에게 넘긴 사람의 죄는 더욱 크다.「だから」는 순접을 나타내는 접속사로 한국어의「그러므로 / 그러니까 / 그래서」에 상당하는 뜻을 나타내는데, 정중체로는「ですから」가 있다.

[例]お腹(なか)が空(す)いた。だから、おやつを食(た)べた。
(배가 고프다. 그래서 간식을 먹었다.)
そんなことは耐(た)えがたい。だから、苦(くる)しみをやわらげる必要(ひつよう)がある。
(그런 것은 참기 힘들다. 그러므로 괴로움을 완화시킬 필요가 있다.)
自分(じぶん)で調(しら)べたのです。苦労(くろう)したんですよ。だから、絶対(ぜったい)放送(ほうそう)してほしかった!
(직접 조사했습니다. 고생했습니다. 그래서 꼭 방송해 주었으면 했다.)

これを聞(き)いて、[1]ピラトはイエスを許(ゆる)そうと努(つと)めた。しかしユダヤ人(じん)たちが叫(さけ)んで言(い)った、「[2]もしこの人(ひと)を許(ゆる)したなら、あなたは[3]カイザルの味方(みかた)ではありません。[4]自分(じぶん)を王(おう)とするものはすべて、カイザルに背(そむ)く者(もの)です」。[ヨハネによる福音書 19:12]
(이 말을 듣고 빌라도는 예수를 사면하려고 노력했다. 그러나 유대인

147

> 들이 소리를 지르며 말했다. "만일 이 사람을 사면한다면, 총독께서는 가이사(황제)의 편이 아닙니다. 자기를 왕이라고 하는 사람은 모두 가이사에 거역하는 사람입니다."[19:12])

[1]ピラトはイエスを許(ゆる)そうと努(つと)めた : 빌라도는 예수를 사면하려고 노력했다. 「許(ゆる)そうと努(つと)めた」는 「許(ゆる)す ; 사면하다」의 의지를 나타내는 형태인 「許(ゆる)そう」에 「~と努(つと)めた ; ~고 노력하다[애쓰다]」가 접속된 것이다.

 [例] 声(こえ)を落(お)として、冷静(れいせい)になろうと努(つと)めた。
  (목소리를 낮추고 냉정해지려고 노력했다.)
  飛行機(ひこうき)の中(なか)で軽(かる)い食事(しょくじ)をすませると、松井(まつい)選手(せんしゅ)は仮眠(かみん)をとろうと努(つと)めた。
  (비행기 속에서 가벼운 식사를 마치자, 마쓰이 선수는 가면을 취하려고 노력했다.)
  ヘイスティングスはまた計器類(けいきるい)をちらっと見(み)て、もっと楽観的(らっかんてき)なことを考(かんが)えようと努(つと)めた。
  (헤이스팅스는 다시 계기류를 슬쩍 보고, 더 낙관적인 것을 생각하려고 노력했다.)

[2]もしこの人(ひと)を許(ゆる)したなら、 : 만일 이 사람을 사면한다면. 「許(ゆる)したなら」는 「許(ゆる)す」의 과거가 아닌 완료를 나타내는 「許(ゆる)した」에 가정조건을 나타내는 「~なら」가 접속된 것이다.

 [例]しかし、キリストが現(あら)われたなら、私(わたし)たちはキリストに似(に)た者(もの)となることがわかっています。
  (그러나 그리스도가 나타난다면, 우리는 그리스도를 닮은 사람이 되는 것을 알고 있습니다.

彼女(かのじょ)がもしもあと5年(ごねん)遅(おそ)く生(う)まれていたなら、ここまで人物(じんぶつ)の描写(びょうしゃ)は出来(でき)なかったに違(ちが)いない。

(그녀가 만일 5년 더 늦게 태어났다면, 이렇게까지 인물 묘사는 할 수 없을 것임에 틀림없다.)

そして大学(だいがく)に入(はい)るころに思(おも)い出(だ)したなら、プラトンの「対話篇(たいわへん)」という形(かたち)の本(ほん)の幾册(いくさつ)かを讀(よ)んでください。

(그리고 대학에 들어갈 때에 생각이 난다면 플라톤의 「대화편」이라는 형태의 책 중에서 몇 권을 읽으세요.)

[3]カイザルの味方(みかた) : 가이사(황제)의 편. 「カイザル」는 「가이사」「로마 황제」를 지칭하는 것으로 한국어 성서(성경)에서는 [가이사]라는 표기로 나온다. 그리고 「味方(みかた)」는 「자기 편 / 아군 / 우군」이다.

ㅁ 가이사[Caesar] : 로마 황제를 가리키는 칭호. 본래 '가이사'는 '가이우스 율리우스 케사르'(Gaius Julius Caesar, B.C. 102-44년)의 성(姓)인데, 모든 로마 황제의 칭호가 되었다. 성경에는 예수께서 탄생했을 때의 통치자인 아구스도 가이사(옥타비아누스, 눅 2:1), 그의 후계자 디베료 가이사(티베리우스, A.D. 14-37년, 눅 3:1), 글라우디오 가이사(클라우디우스, A.D. 41-54년, 행 11:28; 18:2) 등이 언급된다. 한편, 직접 거명되지는 않지만 사도들이 사역하던 시기의 로마 황제는 '네로'(A.D. 54-68년)였는데, 네로 치하에서 베드로와 바울이 순교했고(빌 4:22), 도미티아누스(A.D. 81-96년) 때에는 사도 요한이 밧모섬에 유배되기도 하였다. 예수께서 '가이사의 것은 가이사에게, 하나님의 것은 하나님에게 바치라'(눅 20:22-25)고 말씀하실 당시 가이사는 디베료를 가리키며, 이는 상징적으로 지상의 권세자를 대표한다. [네이버 지식백과]

가이사 [Caesar] (라이프성경사전, 2006. 8. 15., 생명의말씀사)[58]

[4]自分(じぶん)を王(おう)とするものはすべて、カイザルに背(そむ)く者(もの)です : 자기를 왕이라고 하는 사람은 모두 가이사에 거역하는 사람입니다. 「王(おう)とする」는 「王(おう)」에 인용을 나타내는 격조사 「～と」가 접속되어, 그 전체에 「する」가 후접한 것으로 번역해 둔다. 그리고 「カイザルに背(そむ)く」의 「背(そむ)く」는 「거역[반항]하다 / 거스르다」의 뜻을 나타내는 동사이다.

타 번역본에서는 이 부분을 어떻게 표현하고 있는지 살펴보자.

[例]自分(じぶん)を王(おう)とする者(もの)はだれであろうと、皇帝(こうてい)の敵(てき)である。(それを助(たす)けるのだから。)[塚本訳1963]

(자신을 왕이라고 하는 사람은 누구든 황제의 적이다.(그것을 돕기 때문에.)

自分(じぶん)を王(おう)だとする者(もの)はすべて、カイザルにそむくのです。[新改訳1970]

(자신을 왕이라고 하는 사람은 모두, 가이사에 거역하는 것입니다.)

自分(じぶん)を王(おう)とするものは皆(みな)皇帝(こうてい)の敵(てき)である」と。[前田訳1978]

(자신을 왕이라고 하는 사람은 모두 황제의 적이다."라고.)

王(おう)と自称(じしょう)する者(もの)は皆(みな)、皇帝(こうてい)に背(そむ)いています。」[新共同訳1987]

(왕이라고 자칭하는 사람은 모두, 황제에 거역하고 있습니다.)

自分(じぶん)を王(おう)とする奴(やつ)は皆(みな)、皇帝(こうてい)に逆(さか)らうのだ」。[岩波翻訳委員会訳1995]

(자신을 왕이라고 하는 녀석은 모두 황제에 거역하는 것이다.」.)

---

58) https://terms.naver.com/entry.nhn?docId=2389901&cid=50762&categoryId=51387에서 인용.

ピラトはこれらの言葉(ことば)を聞(き)いて、[1]イエスを外(そと)へ引(ひ)き出(だ)して行(い)き、[2]敷石(しきいし)[ヘブル語(ご)ではガバタ]という場所(ばしょ)で[3]裁判(さいばん)の席(せき)に着(つ)いた。[ヨハネによる福音書 19:13]

(빌라도는 이런 말들을 듣고, 예수를 밖으로 데리고 나가서, 리토스트론[히브리어로는 가바다]라는 곳에서 재판석에 앉았다.[19:13])

[1]イエスを外(そと)へ引(ひ)き出(だ)して行(い)き、: 예수를 밖으로 끌고 나가서.「引(ひ)き出(だ)す」는「끌어내다 / 자리에 나오게 하다」의 뜻으로, 여기에서는「引(ひ)き出(だ)して行(い)き、」를「끌고 나가다」로 번역해 둔다.

[2]敷石(しきいし)[ヘブル語(ご)ではガバタ] : 리토스트론[히브리어로는 가바다]. (길이나 뜰 따위에 깐) 납작한 돌. 포석(舗石).「敷石(しきいし)」에 관해 한국어 성서에서는 [개역개정]「돌을 깐 뜰(히브리 말로 가바다)」, [개역한글]「박석(히브리 말로 가바다)」, [공동번역]「리토스트로토스」, [표준새번역]「리토스트론」, [우리말성경]「돌판(히브리 말로는 가바다)」로 되어 있는데, 여기에서는 [표준새번역]「리토스트론」에 따른다.

　타 일본어 번역본에서는 다음과 같이 나와 있다.

[例]「敷石(しきいし)」—ヘブライ語(ご)でガバタ—[塚本訳1963]

　　(「리토스트론」- 히브리어로 가바다 -)

　　敷石(しきいし)(ヘブル語(ご)でガバタ)[新改訳1970]

　　(「리토스트론」(히브리어로 가바다))

　　石(いし)だだみ…ヘブライ語(ご)でガバタ…[前田訳1978]

　　(박석…히브리어로 가바다…)

　　ヘブライ語(ご)でガバタ、すなわち「敷石(しきいし)」[新共同訳1987]

　　(히브리어로 가바다, 즉「리토스트론」)

リトストロートン、ヘブライ語(ご)でガッバタ[岩波翻訳委員会訳1995]
(리토스트론, 히브리어로 가바다)

> その日(ひ)は[1]過越(すぎこし)の準備(じゅんび)の日(ひ)であって、時(とき)は昼(ひる)の十二時(じ)ころであった。[2]ピラトはユダヤ人(じん)らに言(い)った、「見(み)よ、これがあなたがたの王(おう)だ」。[ヨハネによる福音書 19:14]
> (그 날은 유월절의 준비일이고 때는 낮 12시경이었다. 빌라도는 유대인들에게 말했다. "보아라! 이 사람이 너희의 왕이다."[19:14])

[1]過越(すぎこし)の準備(じゅんび)の日(ひ) : 유월절의 준비일.

□ 준비일(Preparation)

여호와께서는 광야에서 만나를 공급하기 시작하셨을 때, 여섯째 날에는 갑절을 모으라고 지시하셨다. 안식일 즉 일곱째 날에는 백성이 만나를 거두지 못할 것이었기 때문이다. 따라서 유대인들은 매주의 안식일을 준비하기 위해서 가외의 만나를 모아서 굽거나 삶았다. (출 16:5, 22-27) 세월이 흐르면서 "안식일 전날"은 마가가 설명한 바와 같이 "준비일"이라고 불리게 되었다. (막 15:42) (이와 다소 비슷하게, 독일어로 잠스타크[Samstag, 토요일]는 존아벤트[Sonnabend, 문자적 의미는 "해[日] 저녁" 또는 "일요일[존타크(Sonntag)] 전 저녁"이라고도 불린다.) 유대인의 하루는 저녁부터 시작하여 저녁까지이므로, 유대인의 준비일은 오늘날 금요일이라고 불리는 날의 일몰 때에 끝나게 되고, 그때에 안식일이 시작되었다.

준비일에 사람들은 다음 날 즉 안식일의 식사를 준비하고, 안식일 후까지 기다릴 수 없는 긴박한 일이 있으면 그것을 끝마쳤다. (출 20:10) 율법에서는 기둥에 매달아 처형한 사람의 시체를 '밤새도록 기둥에 두어서는 안 된다'고 규정하였다. (신 21:22, 23. 수 8:29; 10:26, 27 비교) 예수와 또 그분과 함께 기둥에 못 박힌 사람들은 준비일 오후에 기둥에 달려 있었으므로, 필요할 경우 그들의 죽음을 앞당겨 그들을 일몰 전에 매장할 수 있게 하는 것이 유대인에게는 중요하였다. 곧이어 해가 지면 시작될 날이 정기 안식일(주간의 일곱째 날)이었고 또 니산월 15일(레 23:5-7)이라서 안식일이기도 하였으므로 그날은 "큰" 안식일이었기 때문에, 이것은 특히 중요하였다. (요 19:31, 42; 막 15:42, 43; 누 23:54) 요세푸스는 유대인들이 "안식일에 또는 그 준비일(안식일 전날) 제9시 이후에" 법정에 출두할 법적 의무가 없다는 카이사르 아우구스투스의 포고령을 인용하였는데, 이것은 그들이 안식일 준비를 금요일 제9시에 시작하였음을 시사한다.―「유대 고대사」(Jewish Antiquities), XVI, 163 (vi, 2).

예수께서 빌라도 앞에 나가셔서 재판을 받으신 아침은 니산월 14일 오전이었는데(유월절 날은 이미 그 전 저녁에 시작되었음), 이에 대하여 요한 19:14에서는 "그런데 그 날은 유월절 준비일(직역하면 '유월절의 준비일')이었"다고 알려 준다. (「신세」, KJ, Da) 일부 주석가들은 이 말이 "유월절을 위한 준비"를 의미한다고 이해하며, 이 구절을 그렇게 번역하는 번역판들도 있다. (AT, We, CC) 하지만 그렇게 되면 유월절을 아직 기념하지 않았다는 뜻이 되는데, 복음서 기록은 예수와 사도들이 그 전 밤에 유월절을 기념하였음을 명백하게 알려 준다. (누 22:15; 마 26:18-20; 막 14:14-17) 그리스도는 니산월 14일에 유월절을 기념하라는 요구 조건을 포함하여 율법의 규정들을 온전히 이행하셨다. (출 12:6; 레 23:5. 유월절 참조) 예수께서 재판을 받으시고 죽으신 날은, 다음 날 시작되는 7일간의 무교절 축제를 위해 준비하는 날이었다는 의미에서 "유월절의 준비일"로 볼 수 있었다. 유월절과 무교절이 달력상으로 붙어 있었기 때문에 무교절 축제 전체가 "유월절"이라는 용어에 포함되는 경우가 적지 않았다. 그리고 니산월 14일 다음 날은 언제나 안식일이었다. 그에 더하여, 기원 33년에는 니산월 15일이 정기 안식일이었

으므로, 그날은 "큰" 안식일 즉 이중의 안식일이 되었다.⁵⁹⁾

[2]ピラトはユダヤ人(じん)らに言(い)った、: 빌라도는 유대인들에게 말했다.「ユダヤ人(じん)ら」의「～ら」는 복수의 접미사이다.

「～ら」: 복수 접미사

「～ら」는 사람을 나타내는 말에 붙어 복수를 나타내는데,「～たち」에 비해 문장체적인 성격이 강하다. 그리고「～たち」에는 다소 경의(敬意)가 내포되어 있지만「～ら」에는 그것이 없다.

다음의 ①과 같이「～たち」로 치환해도 지장이 없는 예도 있지만, ②와 같이 상대방을 깔보는 듯한 느낌을 주는 예도 있다. 또한 ③의「彼(かれ)ら; 그들」「我(われ)ら; 우리」등의 경우는「～たち」로 바꿀 수 없다.

[例]①子供(こども)らはみんな元気(げんき)です。

　　(아이들은 다들 건강합니다.)

　　ぼくらの村(むら)はぼくらで建(た)て直(なお)そう。

　　(우리들 마을은 우리들 손으로 재건하자.)

　　②貴様(きさま)ら、おれを何(なん)だと思(おも)ってやがるんだ。

　　(너희들 나를 무엇으로 생각하고 있는 거야?)

　　③アメリカの若者(わかもの)たちは独立心(どくりつしん)が強(つよ)い。彼(かれ)らの中(なか)には親(おや)から一文(いちもん)ももらわず、大学(だいがく)を卒業(そつぎょう)する者(もの)も多(おお)い。

　　(미국의 젊은이들은 독립심이 강하다. 그들 중에는 부모로부터 한 푼도 받지 않고 대학을 졸업하는 사람도 많다.)⁶⁰⁾

---

59) https://wol.jw.org/ko/wol/d/r8/lp-ko/1200003547에서 인용.
60) 李成圭(2018c)『일본어 구어역 마가복음의 언어학적 분석Ⅰ』시간의물레. p. 70에서 인용.

> すると彼(かれ)らは叫(さけ)んだ、「[1]殺(ころ)せ、殺(ころ)せ、彼(かれ)を十字架(じゅうじか)につけよ」。[2]ピラトは彼(かれ)らに言(い)った、「あなたがたの王(おう)を、わたしが十字架(じゅうじか)につけるのか」。祭司長(さいしちょう)たちは答(こた)えた、「[3]わたしたちには、カイザル以外(いがい)に王(おう)はありません」。[ヨハネによる福音書 19:15]
> (그러자 그들은 소리를 질렀다. "죽여라, 죽여라, 그를 십자가에 매달아라!" 빌라도는 그들에게 말했다. "너희 왕을 내가 십자가에 매달란 말이냐?" 대제사장들은 대답했다. "우리들은 가이사 이외에 왕은 없습니다."[19:15])

[1]殺(ころ)せ、: 죽여라. 「殺(ころ)せ」는 「殺(ころ)す」의 명령형이다.

[例]撃(う)て! 殺(ころ)せ、殺(ころ)せ!」 彼(かれ)らはいっせいに発砲(はっぽう)したが、逃(に)げる若者(わかもの)の足(あし)は早(はや)い。

(쏴라! 죽여라, 죽여라!" 그들은 일제히 발포했지만, 도망치는 젊은이의 발은 빠르다.)

「殺(ころ)せ、殺(ころ)せ! 魔女(まじょ)を殺(ころ)せ!」

("죽여라, 죽여라! 마녀를 죽여라!")

47号(よんじゅうななごう)への暗殺(あんさつ)指令(しれい)は、ロシア大統領(だいとうりょう)ベリコフを「公然(こうぜん)と」殺(ころ)せ、というもの。

(47호에의 암살 지령은 러시아 대통령 벨리코프를 "공공연하게" 죽여라, 라는 것.)

[2]ピラトは彼(かれ)らに言(い)った : 빌라도는 그들에게 말했다. 「彼(かれ)ら」의 「~ら」는 복수의 접미사로 중립적인 의미를 나타낸다.

ㅁ「彼(かれ)ら」・「彼(かれ)たち」에 관한 흥미로운 질의응답을 소개하면 다음과

같다.

[질문] 彼(かれ)たちと彼女(かのじょ)たち、彼(かれ)らと彼女(かのじょ)らはどちらが正(ただ)しいですか。([彼(かれ)たち]와 [彼女(かのじょ)たち], 〈彼(かれ)ら〉와 〈彼女(かのじょ)ら〉 중에서 어느 쪽이 맞습니까?)

[회답1]
[彼たち]　　　　← 별로 사용하지 않는다.
[彼女たち]　　　← 조금 사용한다.
〈彼ら〉　　　　← 자주 사용한다.
〈彼女ら〉　　　← 자주 사용한다.
의미는 같습니다.

[회답2]
[彼たち]　　　　　→ 사용하지 않는다.
[彼女たち(彼女達)] → 자주 사용한다.
〈彼ら(彼等)〉　　 → 자주 사용한다.
〈彼女ら(彼女等)〉 → 자주 사용한다.

[회답3]
[彼たち][彼女たち]라는 말씨는 구어체에서 사용한다.
〈彼ら〉〈彼女ら〉라는 말씨는 문장체에서 사용하는 경우가 많다.

[회답4]
일을 할 때는 [彼たち][彼女たち]를 사용하는 경우가 많고, 그 이외에는 〈彼ら〉〈彼女ら〉를 사용하는 경우가 많다. 특히 경어적 상위자와 이야기할 때

는「たち」를 사용하는 경우가 많은 것 같다. 개인차는 있다고 생각한다.[61]

[3]わたしたちには、カイザル以外(いがい)に王(おう)はありません : 우리들은 가이사 이외에 왕은 없습니다. 「[わたしたち]には[カイザル以外(いがい)に王(おう)]は[ありません]」은 위격문(位格文)으로 소위 [소유문(所有文)]이라고 불린다.[62]

> そこでピラトは、[1]十字架(じゅうじか)につけさせるために、[2]イエスを彼(かれ)らに引(ひ)き渡(わた)した。[ヨハネによる福音書 19:16a]
> (그래서 빌라도는 십자가에 매달게 하기 위해, 예수를 그들에게 넘겨주었다.[19:16a])

[1]十字架(じゅうじか)につけさせるために、 : 십자가에 매달게 하기 위해. 「十字架(じゅうじか)につけさせる」는「十字架(じゅうじか)につける」의 사역으로 쓰인 것이다.
[例]そして彼(かれ)を嘲(あざけ)り、鞭(むち)打(う)ち、十字架(じゅうじか)につけさせるために、異邦人(いほうじん)に引(ひ)き渡(わた)すであろう。そして彼(かれ)は三日目(みっかめ)によみがえるであろう」。[口語訳 / マタイによる福音書 20:19]
(그리고 그를 조롱하고 채찍질하고, 십자가에 매달게 하기 위해, 이방인에게 넘겨줄 것이다. 그리고 그는 사흘째 되는 날에 살아날 것이다.")[마태복음 20:19]

[2]イエスを彼(かれ)らに引(ひ)き渡(わた)した : 예수를 그들에게 넘겨주었다. 「引

---

61) http://lang-8.com/761071/journals/285481237281081299110508533135462174458에서 인용하여 적의 번역함.
62) (1) 机(つくえ)の上(うえ)に 辞書(じしょ)が ある。[존재문(存在文)]
　　 (책상 위에 사전이 있다.)
　(1') 田中(たなか)さんには お孫(まご)さんが いる。[소유문(所有文)]
　　 (다나카 씨에게는 손자가 있다.)
　(2) 貴重品(きちょうひん)は 金庫(きんこ)の中(なか)に ある。[소재문(所在文)]
　　 (귀중품은 금고 안에 있다.)
　이상은 https://www.tomojuku.com/blog/existence/에서 인용하여 번역함.

(ひ)き渡(わた)す」는 「引(ひ)く」의 연용형에 「渡(わた)す」가 결합한 복합동사로 ①「넘겨주다」, ②「인도하다」, ③「양도하다」의 뜻을 나타내는데, 본 절에서의 ①의 의미로 쓰이고 있다.

[例]見(み)よ、わたしたちはエルサレムへ上(のぼ)って行(い)くが、人(ひと)の子(こ)は祭司長(さいしちょう)、律法(りっぽう)学者(がくしゃ)たちの手(て)に引(ひ)き渡(わた)される。そして彼(かれ)らは死刑(しけい)を宣告(せんこく)した上(うえ)、彼(かれ)を異邦人(いほうじん)に引(ひ)き渡(わた)すであろう。[口語訳 / マルコによる福音書 10:33]

("보아라, 우리들은 예루살렘으로 올라가지만, 인자는 대제사장, 율법학자들의 손에 넘겨진다. 그리고 그들은 사형을 선고하고 나서 그를 이방인에게 넘길 것이다.)[마가복음 10:33][63)]

《87》[ヨハネによる福音書 19:16b - 19:27]

彼(かれ)らは[1]イエスを引(ひ)き取(と)った。[ヨハネによる福音書 19:16b]
(그들은 예수를 넘겨받았다.[19:16b])

[1]イエスを引(ひ)き取(と)った : 예수를 넘겨받았다. 「引(ひ)き取(と)る」는 「떠맡다 / 인수하다 / 맡다」의 뜻을 나타내는 복합동사인데, 여기에서는 「떠맡다 → 넘겨받다」로 번역해 둔다.

イエスは[1]自(みずか)ら[2]十字架(じゅうじか)を背負(せお)って、[3]されこうべ(ヘブル語(ご)ではゴルゴダ)という場所(ばしょ)に[4]出(で)て行(い)かれた。[ヨハネによる福音書 19:17]

---

63) [口語訳 / マルコによる福音書 10:33]에서 인용.

> (예수께서 친히 십자가를 지고, "비바람을 맞아 뼈만 남은 해골(히브리어로는 골고다)"라는 곳에 나가셨다.[19:17])

[1] 自(みずか)ら : 「自(みずか)ら」는 「스스로 / 자신이 / 친히 / 몸소」의 뜻을 나타내는 부사이다.

[例] 彼(かれ)らは自(みずか)ら知者(ちしゃ)と称(しょう)しながら、愚(おろ)かになり、[口語訳/ローマ人への手紙 1:22]

(그들은 스스로 지자라고 칭하면서도 어리석고,)[로마서 1:22]

彼(かれ)らは、こうした事(こと)を行(おこな)う者(もの)どもが死(し)に価(あたい)するという神(かみ)の定(さだ)めをよく知(し)りながら、自(みずか)らそれを行(おこな)うばかりではなく、それを行(おこな)う者(もの)どもを是認(ぜにん)さえしている。[口語訳/ローマ人への手紙 1:32]

(그들은, 이러한 일을 행하는 자들은 죽어야 마땅하다는 하나님의 법규를 잘 알면서도, 스스로 그것을 행할 뿐 아니라, 그것을 행하는 자들을 시인조차 한다.)

[2] 十字架(じゅうじか)を背負(せお)って、: 십자가를 지고. 「十字架(じゅうじか)を背負(せお)う」는 「십자가를 지다」의 뜻을 나타내며 「背負(せお)う」는 주로 구두어에서 사용된다. 이에 대해 「十字架(じゅうじか)を負(お)う; 십자가를 지다」의 「負(お)う」는 문어적 표현에 해당한다.

[例] しかし、結核(けっかく)という十字架(じゅうじか)を背負(せお)うわが身(み)の明日(あす)を考(かんが)えると、経済学部(けいざいがくぶ)を卒業(そつぎょう)しても、とうてい厳(きび)しい会社勤(かいしゃづと)めは無理(むり)ではないか。

(그러나 결핵이라는 십자가를 지는 내 몸의 내일을 생각하면, 경제학부를 졸업해도, 도저히 험한 회사 근무는 무리가 아닌가?)

そのような意味(いみ)では、このシモンは、最初(さいしょ)のキリストの弟子(でし)、十字架(じゅうじか)を背負(せお)って主(しゅ)に従(したが)い得(え)た最初(さいしょ)の弟子(でし)となった人(ひと)であったと理解(りかい)したのです。
(그와 같은 의미에서는 이 시몬은, 최초의 그리스도 제자, 십자가를 지고, 주를 따를 수 있었던, 최초의 제자가 된 사람이었다고 이해한 것입니다.)
三大(さんだい)宗教(しゅうきょう)の聖地(せいち)が集(あつ)まるエルサレムでは、イエス・キリストが十字架(じゅうじか)を背負(せお)って、歩(ある)いたとされる「悲(かな)しみの道(みち)」が紹介(しょうかい)された。
(3대 종교의 성지가 모이는 예루살렘에서는 예수・그리스도가 십자가를 지고 걸었다고 하는「슬픔의 길, 고난의 길 ; 비아 돌로로사[Via Dolorosa]」이 소개되었다.)

[3]されこうべ(ヘブル語(ご)ではゴルゴダ) :「비바람을 맞아 뼈만 남은 해골」(히브리어로는 골고다).「されこうべ[髑髏]」는「촉루 / 비바람을 맞아 뼈만 남은 해골」의 뜻이다.
　[例]そしてイエスをゴルゴタ、その意味(いみ)は、されこうべ、という所(ところ)に連(つ)れて行(い)った。[口語訳 / マルコによる福音書 15:22]
　　(그리고 예수를 골고다, 그 의미는「비바람을 맞아 뼈만 남은 해골」이라는 곳에 데리고 갔다.)[마가복음 15:22]

[4]出(で)て行(い)かれた : 나가셨다.「出(で)て行(い)かれた」는「出(で)て行(い)く」의 レル형 경어「出(で)て行(い)かれる」의 과거로〈イエス〉에 관해 쓰이고 있다.
　[例]イエスはまた海(うみ)べに出(で)て行(い)かれると、多(おお)くの人々(ひとびと)がみもとに集(あつ)まって来(き)たので、彼(かれ)らを教(おし)えられた。[口語訳 / マルコによる福音書 2:13]
　　(예수께서 다시 바닷가에 나가시자, 많은 사람들이 예수가 계신 곳으로

모였기에 그들을 가르치셨다.)[마가복음 2:13][64]

イエスが道(みち)に出(で)て行(い)かれると、一人(ひとり)の人(ひと)が走(はし)り寄(よ)り、みまえにひざまずいて尋(たず)ねた、「よき師(し)よ、永遠(えいえん)の生命(せいめい)を受(う)けるために、何(なに)をしたらよいでしょうか」。[口語訳/マルコによる福音書 10:17]

(예수께서 길에 나가시자, 한 사람이 달려와서 앞에 무릎을 꿇고 물었다. "선한 선생님, 영원한 생명을 얻으려면 무엇을 하면 좋을까요?")[마가복음 10:17][65]

彼(かれ)らはそこで、イエスを十字架(じゅうじか)につけた。[1]イエスを真(ま)ん中(なか)にして、ほかの二人(ふたり)の者(もの)を両側(りょうがわ)に、イエスと一緒(いっしょ)に十字架(じゅうじか)につけた。[ヨハネによる福音書 19:18]

(그들은 거기에서 "예수를 십자가에 매달았다. 예수를 한가운데로 해서 다른 두 사람을 양쪽에 두고 예수와 함께 십자가에 매달았다."[19:18])

[1]イエスを真(ま)ん中(なか)にして、: 예수를 한가운데로 해서. 「真(ま)ん中(なか)」는 「中(なか)」의 강조형으로 「한가운데」의 뜻을 나타낸다.

[例]そう思(おも)った私(わたし)は、田口(たぐち)の顔(かお)に目隠(めかく)しをした。それから首(くび)にロープを巻(ま)き付(つ)けて、両端(りょうはし)を二人(ふたり)ずつで持(も)ち、田口(たぐち)を真(ま)ん中(なか)にして、一(いち)・二(に)・三(さん)で引(ひ)っ張(ぱ)った。

---

64) 李成圭(2018c)『일본어 구어역 마가복음의 언어학적 분석Ⅰ』시간의물레. pp. 85-86에서 인용.
65) [口語訳/マルコによる福音書 10:17]에서 인용.

(그렇게 생각한 나는, 다구치 얼굴에 눈가리개를 했다. 그리고 목에 밧줄을 감고, 양쪽 끝을 두 사람씩 들고, 다구치를 한 가운데로 해서 하나 둘 셋에 끌어 당겼다.)

池田(いけだ)外務大臣(がいむだいじん)は、日本(にほん)を真(ま)ん中(なか)にして、アメリカとの関係(かんけい)、中国(ちゅうごく)との関係(かんけい)ということからすると二等辺(にとうへん)三角形(さんかくけい)とお思(おも)いになりますか。
(이케다 외구대신은 일본을 한 가운데로 해서 미국과의 관계, 중국과의 관계라는 것에서 생각하면, 이등변 삼각형이라고 생각하십니까?)

> ピラトは[1]罪状書(ざいじょうが)きを書(か)いて、[2]十字架(じゅうじか)の上(うえ)にかけさせた。それには「ユダヤ人(じん)の王(おう)、ナザレのイエス」と[3]書(か)いてあった。[ヨハネによる福音書 19:19]
> (빌라도는 죄상을 적은 패를 써서, 십자가 위에 걸게 했다. 거기에는 "유대인의 왕, 나사렛의 예수"라고 쓰여 있었다.[19:19])

[1]罪状書(ざいじょうが)きを書(か)いて、: 죄상을 적은 패를 써서. 「罪状書(ざいじょうが)き」의 예를 들면 다음과 같다.

[例]イエスの罪状書(ざいじょうが)きには「ユダヤ人(じん)の王(おう)」と、記(しる)してあった。[口語訳 / マルコによる福音書 15:26]
(예수의 죄상을 적은 패에는 "유대인의 왕"이라고 적혀 있었다.)[마가복음 15:26][66]

そしてローマの権力(けんりょく)は、からかい半分(はんぶん)に「ユダヤ人の王(おう)」という罪状書(ざいじょうが)きをその傍(かたわ)らに置(お)いた。
(그리고 로마 권력은 반 조롱조로 「유대인의 왕」이라는 죄상을 적은 패를

---

66) [口語訳 / マルコによる福音書 15:26]에서 인용.

그 옆에 두었다.)[67]

[2] 十字架(じゅうじか)の上(うえ)にかけさせた : 십자가 위에 걸게 했다.「かけさせた」는「かける」의 사역「かけさせる」의 과거이다.

[3] 書(か)いてあった : 쓰여 있었다.「書(か)いてあった」는「書(か)く」에 결과의 상태를 나타내는「〜てある」가 접속된「書(か)いてある」의 과거이다.

[例] そして彼(かれ)らに言(い)われた、「『わたしの家(いえ)は、祈(いのり)の家(いえ)ととなえらるべきである』と書(か)いてある。それだのに、あなたがたはそれを強盗(ごうとう)の巣(す)にしている」。[口語訳 / マタイによる福音書 21:13]
(그리고 그들에게 말씀하셨다. "'내 집은 기도하는 집이라고 불려야 마땅하다'고 쓰여 있다. 그런데 너희는 그것을 강도들의 소굴로 만들고 있다") [마태복음 21:13]

荒野(あらの)で呼(よ)ばわる者(もの)の声(こえ)がする、『主(しゅ)の道(みち)を備(そな)えよ、その道(みち)筋(すじ)をまっすぐに[4]せよ』と書(か)いてあるように、[口語訳 / マルコによる福音書 1:3]
(광야에서 외치는 이의 소리가 난다. '주의 길을 예비하라. 그의 길을 곧게 하거라'라고 쓰여 있는 것처럼.) [마가복음 1:3][68]

イエスは言(い)われた、「確(たし)かに、エリヤが先(さき)に来(き)て、万事(ばんじ)を元(もと)どおりに改(あらた)める。しかし、人(ひと)の子(こ)について、彼(かれ)が多(おお)くの苦(くる)しみを受(う)け、かつ恥(は)ずかしめられると、書(か)いてあるのはなぜか。[口語訳 / マルコによる福音書 9:12]
(예수께서 말씀하셨다. "확실히 엘리야가 먼저 와서 모든 일을 원래대로

---

67) [マルコによる福音書 15:26] 설명에서 인용.
68) 李成圭(2018c)『일본어 구어역 마가복음의 언어학적 분석Ⅰ』시간의물레. p. 11에서 인용.

돌려놓는다. 그러나 인자에 관해 그가 많은 고난을 받고 또한 모욕을 당할 것이라"고 쓰여 있는 것은 어째서인가?)[마가복음 9:12][69]

> [1]イエスが十字架(じゅうじか)につけられた場所(ばしょ)は[2]都(みやこ)に近(ちか)かったので、多(おお)くのユダヤ人(じん)がこの罪状書(ざいじょうがき)を読(よ)んだ。それは[3]ヘブル、ローマ、ギリシヤの国語(こくご)で書(か)いてあった。[ヨハネによる福音書 19:20]
> (예수가 십자가에 매달린 곳은 도읍에서 가까워서 많은 유대인이 이 죄상을 적은 패를 읽었다. 그것은 히브리어, 라틴어, 그리스어로 쓰여 있었다.[19:20])

[1]イエスが十字架(じゅうじか)につけられた場所(ばしょ) : 예수가 십자가에 매달린 곳. 「十字架(じゅうじか)につけられた」는 「十字架(じゅうじか)につける ; 십자가에 매달다」의 수동인 「十字架(じゅうじか)につけられる」의 과거이다.

[例]同時(どうじ)に、二人(ふたり)の強盗(ごうとう)がイエスと一緒(いっしょ)に、一人(ひとり)は右(みぎ)に、一人(ひとり)は左(ひだり)に、十字架(じゅうじか)につけられた。[口語訳 / マタイによる福音書 27:38]
(동시에, 강도 두 사람이 예수와 함께, 한 사람은 오른쪽에, 한 사람은 왼쪽에 십자가에 매달렸다.)[마태복음 27:38]

イスラエルの王(おう)キリスト、今(いま)十字架(じゅうじか)から下(お)りてみるがよい。それを見(み)たら信(しん)じよう」。また、一緒(いっしょ)に十字架(じゅうじか)につけられた者(もの)たちも、イエスを罵(ののし)った。[口語訳 / マルコによる福音書 15:32]
(이스라엘의 왕 그리스도, 지금 십자가에서 내려와 봐라. 그것을 보면

---

69) 李成圭(2019a)『일본어 구어역 마가복음의 언어학적 분석Ⅱ』시간의물레. p. 187에서 인용.

믿겠다." 또 함께 십자가에 매달린 자들도 예수를 매도했다.)[마가복음 15:32][70]

すると、この若者(わかもの)は言(い)った、「驚(おどろ)くことはない。あなたがたは十字架(じゅうじか)につけられたナザレ人(びと)イエスを捜(さが)しているのであろうが、イエスは甦(よみがえ)って、ここにはおられない。ごらんなさい、ここがお納(おさ)めした場所(ばしょ)である。[口語訳 / マルコによる福音書 16:6]
(그러자, 이 젊은이는 말했다. "놀라지 마라. 당신들은 십자가에 매달린 나사렛 사람 예수를 찾고 있겠지만, 예수께서는 살아나셔서 여기에는 계시지 않는다. 보아요. 여기가 안치했던 곳이다")[마가복음 16:6][71]

[2] 都(みやこ)に近(ちか)かったので、: 도읍에서 가깝기 때문에. 「近(ちか)かったので」는 「近(ちか)い」의 과거 「近(ちか)かった」에 원인・이유를 나타내는 접속조사 「~ので」가 후접한 것이다.

[例] 今日(きょう)は天気(てんき)が<u>よかったので</u>、出窓(でまど)の暖(あたた)かいところに集(あつ)まっていました。
(오늘은 날씨가 좋아서 출창의 따뜻한 곳에 모여 있었습니다.)

今年(ことし)は葉(は)の出方(でかた)が<u>悪(わる)かったので</u>、来年(らいねん)こそはと今(いま)から気合(きあ)いが入(はい)ります。
(올해는 잎이 나오는 상태가 나빴기 때문에 내년이야 말로, 하며 지금부터 긴장하며 정신을 집중하고 있습니다.)

花屋(はなや)は少(すこ)し<u>遠(とお)かったので</u>、彼(かれ)は自転車(じてんしゃ)で行(い)った。
(꽃집은 조금 멀어서 그는 자전거로 갔다.)

---

70) [口語訳 / マルコによる福音書 15:32]에서 인용.
71) [口語訳 / マルコによる福音書 16:6]에서 인용.

[3]ヘブル、ローマ、ギリシヤの国語(こくご)で書(か)いてあった : 히브리, 로마, 그리스의 국어로 쓰여 있었다. 히브리어, 라틴어, 그리스어로 쓰여 있었다.

타 번역본에서는 어떻게 표현하고 있는지 살펴보자.

[例]ヘブライ語(ご)、ラテン語(ご)、ギリシャ語(ご)で書(か)いてあった(ので、だれにでも讀(よ)むことが出来(でき)た)。[塚本訳1963]

(히브리어, 라틴어, 그리스어로 쓰여 있어(서 누구라도 읽을 수 있었다.))

ヘブル語(ご)、ラテン語(ご)、ギリシヤ語(ご)で書(か)いてあった。[新改訳1970]

(히브리어, 라틴어, 그리스어로 쓰여 있었다.)

ヘブライ語(ご)、ラテン語(ご)、ギリシャ語(ご)でかいてあった。[前田訳1978]

(히브리어, 라틴어, 그리스어로 쓰여 있었다.)

ヘブライ語(ご)、ラテン語(ご)、ギリシア語(ご)で書(か)かれていた。[新共同訳1987]

(히브리어, 라틴어, 그리스어로 쓰여 있었다.)

またヘブライ語(ご)、ラテン語(ご)、ギリシア語(ご)で書(か)かれていたからである。[岩波翻訳委員会訳1995]

(그리고 히브리어, 라틴어, 그리스어로 쓰여 있었기 때문이다.)

> ユダヤ人(じん)の祭司長(さいしちょう)たちがピラトに言(い)った、「[1]『ユダヤ人(じん)の王(おう)』と書(か)かずに、『[2]この人(ひと)はユダヤ人(じん)の王(おう)と自称していた』と[3]書(か)いてほしい」。[ヨハネによる福音書 19:21]
> (유대인 대사제장들이 빌라도에게 말했다. "'유대인의 왕'이라고 쓰지 말고, '이 사람은 자칭 유대인의 왕이라고 하고 있었다.' 라고 써 주었으면 좋겠다."[19:21]

[1]『ユダヤ人(じん)の王(おう)』と書(か)かずに、: 유대인의 왕'이라고 쓰지 말고.「書(か)かずに」는「書(か)く」의 미연형에 부정의「〜ずに」가 접속된 것으로「書

(か)かないで」와 동일한 의미를 나타낸다.

[例]それまでは、1年(いちねん)に本(ほん)を二(に)、三冊(さんさつ)書(か)いていたんですが、最近(さいきん)はまったく書(か)かずに、ゴルフをしていますよ。

(그때까지는 1년에 책을 2, 3권 썼습니다만, 요즘은 전혀 쓰지 않고 골프를 치고 있어요.)

青山(あおやま)へは行(い)かずに、新大久保(しんおおくぼ)へ帰(かえ)った。

(아오야마에는 가지 않고, 신오쿠보로 돌아갔다.)

わたしが禮(れい)を言(い)うのも聞(き)かずに、担当者(たんとうしゃ)は電話(でんわ)を切(き)った。

(내가 고맙다는 말을 하는 것을 듣지 않고, 담당자는 전화를 끊었다.)

[2]この人(ひと)はユダヤ人(じん)の王(おう)と自称していた : 이 사람은 자칭 유대인의 왕이라고 하고 있었다.「自称(じしょう)する」는 한어동사로서 직역하면「자칭하다」인데, 여기에서는「자칭 〜하다」로 번역해 둔다.

[例]自称(じしょう)天才(てんさい)。

(자칭 천재.)

呼(よ)びかける主体(しゅたい)によって、部落民(ぶらくみん)の呼(よ)び名(な)も変(か)わる。行政(ぎょうせい)関係者(かんけいしゃ)は「同和(どうわ)地区(ちく)住民(じゅうみん)」を縮(ちぢ)めて「地区(ちく)住民(じゅうみん)」と言(い)い、当事者(とうじしゃ)自身(じしん)は、部落民(ぶらくみん)、部落(ぶらく)大衆(たいしゅう)、部落(ぶらく)出身者(しゅっしんしゃ)などと自称(じしょう)する。

(부르는 주체에 따라, 부락민의 호칭도 바뀐다. 행정 관계자는「동화 지구 주민」를 줄여서「지구 주민」이라고 하고, 당사자 자신은 부락민, 부락 대중, 부락 출신자 등과 같이 자칭한다.)

また、男(おとこ)でも女(おんな)でもない生(い)き物(もの)を自称(じしょう)する乙音(おとね)にはもとより恋愛(れんあい)感情(かんじょう)はない。

(그리고 남자도 여자도 아닌 생물을 자칭하는 오토네에게는 원래 연애 감정은 없다.)

彼(かれ)はカエサルとちがって元老院(げんろういん)など共和政(きょうわせい)の制度(せいど)を尊重(そんちょう)し、市民(しみん)の中(なか)の第一人者(プリンケプス)と自称(じしょう)した。

(그는 카이사르과 달리 원로원 등 공화정 제도를 존중하여, 자칭 시민 중의 제1인자(프링켑스)라고 했다.)

[3] 書(か)いてほしい: 써 주었으면 좋겠다. 「書(か)いてほしい」는 「書(か)く」에 「~해 주었으면 좋다」와 같은 화자의 희망을 나타내는 「~てほしい」가 접속된 것이다.

[例] やはり、記事(きじ)を書(か)くからには、讀(よ)んで欲(ほ)しい、讀(よ)んでいただいたら感想(かんそう)も書(か)いてほしい。

(역시 기사를 쓰는 이상은, 읽어 주었으면 한다. 읽어 주시면 감상도 써 주었으면 좋겠다.)

消防(しょうぼう)訓練(くんれん)を思(おも)い出(だ)してほしい。

(소방 훈련을 상기해 주었으면 좋겠다.)

賃貸(ちんたい)契約書(けいやくしょ)を持(も)って来(き)たので、見(み)てほしい。

(임대 계약서를 가지고 왔으니, 봐 주었으면 한다.)

時(とき)が来(く)れば俺(おれ)たちも立(た)ち上(あ)がる。あなたも日本(にほん)に戻(もど)ったら、自分(じぶん)のできることをしてほしい。

(때가 오면, 우리들도 일어나겠다. 당신도 일본에 돌아오면, 자기가 할 수 있는 것을 해 주었으면 한다.)

ピラトは答(こた)えた、「わたしが書(か)いたことは、[1]書(か)いたままにしておけ」。[ヨハネによる福音書 19:22]

(빌라도는 대답했다. "내가 쓴 것은 쓴 대로 내버려 두어라."[19:22])

[1]書(か)いたままにしておけ: 쓴 대로 내버려 두어라.「~にしておけ」는「~にする」에 보조동사「~ておく」가 결합한「~にしておく;~로 해 두다」의 명령형이다.
[例]この戸(と)はそのままにしておけ。
(이 문은 그대로 내버려 두어라.)

除雪(じょせつ)した雪(ゆき)を、見(み)た目(め)にもきれいにしておけ。以上(いじょう)!
(제설한 눈을 보기에도 깨끗하게 해 두어라. 이상!)

そのままにしておけ。金属(きんぞく)は逃(に)げはせん。味方(みかた)を害(がい)せず敵(てき)を倒(たお)してくれる大砲(たいほう)を作(つく)れる鋳物(いもの)職人(しょくにん)が見(み)つかるまでは、どこにおいておこうと同(おな)じことだ。
(그대로 내버려 두어라. 금속은 도망가지 않는다. 아군에게 피해를 입히지 않고 적을 쓰러뜨려 주는 대포를 만들 수 있는 주물 장인을 찾을 때까지는 어디에나 두든 같은 일이다.)

収穫(しゅうかく)まで、両方(りょうほう)とも育(そだ)つままにしておけ。収穫(しゅうかく)の時(とき)になったら、刈(か)る者(もの)に、まず毒麦(どくむぎ)を集(あつ)めて束(たば)にして焼(や)き、麦(むぎ)の方(ほう)は集(あつ)めて倉(くら)に入(い)れてくれ、と言(い)いつけよう』。[口語訳/マタイによる福音書 13:30]
(수확할 때까지 둘 다 함께 자라게 내버려 두어라. 수확할 때가 되면, 벨 사람에게 먼저 가라지(독밀)를 모아 단으로 묶어 태우고, 밀은 모아서 창고에 넣어 달라고 시키겠다'".)[마태복음 13:30]

さて、兵卒(へいそつ)たちはイエスを十字架(じゅうじか)につけてから、その上着(うわぎ)を取(と)って四(よっ)つに分(わ)け、[1]各々(おのおの)、その一(ひと)つを取(と)った。また[2]下着(したぎ)を手(て)に取(と)ってみたが、それには[3]縫(ぬ)い目(め)がなく、[4]上(うえ)の方(ほう)から全部(ぜんぶ)一

> (ひと)つに織(お)ったものであった。[ヨハネによる福音書 19:23]
> (그런데, 병사들은 예수를 십자가에 매단 다음, 그 겉옷을 가져 와서 네 개로 나누고, 각자 그 하나를 가졌다. 그리고 속옷을 손으로 집어 보았지만, 그것에는 바느질 자리가 없고, 위에서 전부 하나로 짠 것이었다.[19:23])

[1]各々(おのおの) : ①[사람에 관해서는]「한 사람 한 사람 / 각각 / 각자」=「銘々(めいめい)」「各自(かくじ)」, ②[사물에 관해서는]「하나하나 / 각각 / 각개」=「それぞれ」「各個(かっこ)」의 의미를 나타내는데, 본 절에서는 ①의 용법으로 쓰이고 있다.

[例]各々(おのおの)一(ひと)つずつ持(も)つ。

(각자 한 사람씩 들다.)

わたしたちは各々(おのおの)の部屋(へや)に引(ひ)き下(さ)がって、硬(かた)い寝床(ねどこ)についた。

(우리는 각자의 방으로 물러나서, 딱딱한 침상에 누었다.)

1人(ひとり)1人(ひとり)の作業者(さぎょうしゃ)が、各々(おのおの)の仕事(しごと)に、何分間(なんぷんかん)使(つか)ったかの分(ふん)単位(たんい)[秒(びょう)単位(たんい)もありうる]の時間(じかん)工数(こうすう)のデータが必要(ひつよう)とされるようになってきている。

(한 사람 한 사람의 작업자가 각각의 일에 몇 분간 사용했는지의 분 단위 [초 단위도 있을 수 있다]의 시간 공수 데이터가 필요해지게 되었다.)

各々(おのおの)の条項(じょうこう)を参照(さんしょう)する。

(각각의 조항을 참조한다.)

[2]下着(したぎ)を手(て)に取(と)ってみた : 속옷을 손으로 집어 보았다. 「手(て)に取(と)ってみた」는 「手(て)に取(と)る」에 보조동사 표현 「〜てみる」가 접속된 「手

(て)に取(と)ってみる」의 과거형이다.

[例]佐原(さはら)水生植物園(すいせいしょくぶつえん)に一応(いちおう)行(い)ってみたが、雨(あめ)で車(くるま)から出(で)られない。

(사하라 수생식물원에 일단 가 보았지만, 비 때문에 차에서 나가지 못한다.)

実際(じっさい)に後席(こうせき)に座(すわ)ってみたが、想像(そうぞう)以上(いじょう)に快適(かいてき)な空間(くうかん)であることに驚(おどろ)いた。

(실제로 후부좌석에 앉아 보았지만, 상상 이상으로 쾌적한 공간인 것에 놀랐다.)

運転(うんてん)免許(めんきょ)取得(しゅとく)や進学(しんがく)のために、月(つき)五万円(ごまんえん)ずつ積(つ)み立(た)てようとしてみたが、続(つづ)かなかった。

(운전면허 취득이나 진학을 위해, 한 달에 5만 엔씩 적금하려고 해 보았지만 이어지지 않았다.)

周囲(しゅうい)を見回(みまわ)してみたが、人影(ひとかげ)はない。通行車(つうこうしゃ)も絶(た)えていた。松葉(まつば)は死体(したい)の捨(す)て場所(ばしょ)としては絶好(ぜっこう)であることを悟(さと)った。

(주위를 둘러보았지만, 사람 그림자는 없다. 통행하는 차도 끊어졌다. 마쓰바는 시체를 버리는 장소로서는 절호하다는 것을 깨달았다.)

[3]縫(ぬ)い目(め)がなく、: 바느질한 자리가 없고. 「縫(ぬ)い目(め)」는 「바느질 자리 / 바느질 눈 / 땀」의 뜻으로 「縫(ぬ)い目(め)がなく」는 「바느질한 자리가 없고」에 상당하는 의미로 쓰이고 있다.

[例]伸縮性(しんしゅくせい)があり、膝(ひざ)の内側(うちがわ)などの擦(す)れやすい部分(ぶぶん)には縫(ぬ)い目(め)がなく、補強(ほきょう)がしてある。

(신축성이 있고, 무릎 안쪽 등의 닳기 쉬운 부분에는 바느질한 자리가 없고 보강되어 있다.)

[4] 上(うえ)の方(ほう)から全部(ぜんぶ)一(ひと)つに織(お)ったものであった : 위에서 전부 하나로 짠 것이었다. 「一(ひと)つに織(お)る」는 「하나로 짜다」「통째로 짜다」의 뜻을 나타낸다.

그러면, 타 번역본에서는 이 부분을 어떻게 다루고 있는지 살펴보자.

[例] 上(うえ)から(下(した)まで)全(まった)くの一枚織(いちまいお)りであった。[塚本訳1963]

(위에서 (아래까지) 전부 하나로 짠 것이었다.)

それは上(うえ)から全部(ぜんぶ)一(ひと)つに織(お)った、[新改訳1970]

(그것은 위에서 전부 하나로 짠,)

上(うえ)からすっかり一枚織(いちまいお)りであった。[前田訳1978]

(위에서 완전히 하나로 짠 것이었다.)

上(うえ)から下(した)まで一枚織(いちまいお)りであった。[新共同訳1987]

(위에서 아래까지 하나로 짠 것이었다.)

上(うえ)から全体(ぜんたい)を一枚(いちまい)に織(お)り上(あ)げたものであった。[岩波翻訳委員会訳1995]

(위에서 전체를 한 장으로 짜낸 것이었다.)

そこで彼(かれ)らは互(たが)いに言(い)った、「[1]それを裂(さ)かないで、[2]だれのものになるか、くじを引(ひ)こう」。これは、「彼(かれ)らは互(たが)いに[3]わたしの上着(うわぎ)を分(わ)け合(あ)い、[4]わたしの衣(ころも)をくじ引(びき)にした」という聖書(せいしょ)が成就(じょうじゅ)するためで、兵卒(へいそつ)たちはそのようにしたのである。[ヨハネによる福音書 19:24]

(그래서 그들은 서로 말했다. "그것을 찢지 말고 누구의 것이 될지 제비를 뽑자." 이것은 "그들은 서로 내 겉옷을 나누고 내 옷을 제비뽑기로 했다."라는 성서가 실현되기 위해 병사들은 그와 같이 한 것이다. [19:24])

[1]それを裂(さ)かないで、: 그것을 찢지 말고. 「裂(さ)かないで」는 「裂(さ)く;①찢다. ②쪼개다／가르다」의 부정 「裂(さ)かない」의 テ형으로 앞뒤 문장을 단순 연결시키는 데에 사용되고 있다.

[例]そこで、「これは裂(さ)かないで、だれのものになるか、籤引(くじび)きで決(き)めよう」と話(はな)し合(あ)った。

(그래서 "이것은 찢지 말고 누구 것이 되는지 제비뽑기로 정하자."라고 서로 이야기했다.)

農村(のうそん)の人(ひと)たちはこれらを排泄物(はいせつぶつ)で養殖(ようしょく)しているが、自分(じぶん)たちは食(た)べないで、街(まち)の市場(いちば)に売(う)るのだという。

(농촌 사람들은 이것들을 배설물로 양식하고 있는데, 자기들은 먹지 않고 마을 시장에 판다고 한다.)

皆(みな)さまどうぞ死(し)なないで、死(し)にたいと思(おも)ったときは、辛抱(しんぼう)して、そして、そこを乗(の)り越(こ)えてください。

(여러분 부디 죽지 말고, 죽고 싶다고 생각했을 때에는 참고 그리고 그것을 극복하세요.)

[2]だれのものになるか、くじを引(ひ)こう: 누구의 것이 될지 제비를 뽑자. 「くじを引(ひ)こう」는 「くじ[籤]を引(ひ)く; 제비를 뽑다／추첨을 하다」의 미연형에 의지・권유・추측을 나타내는 「～う」가 접속된 것이다.

[例]こうして、イエスを十字架(じゅうじか)につけてから、彼らはくじを引(ひ)いて、イエスの着物(きもの)を分(わ)け、[口語訳／マタイによる福音書 27:35]

(이렇게 해서 예수를 십자가에 매달고 나서, 그들은 제비를 뽑아서, 예수의 옷을 나누어 가지고,) [마태복음 27:35]

そこにすわって、イエスの見張(みは)りをした。[口語訳／マタイによる福音書 27:36]

(거기에 앉아 예수를 지키고 있었다.)[마태복음 27:36][72]

それから、イエスを十字架(じゅうじか)につけた。そしてくじを引(ひ)いて、だれが何(なに)を取(と)るかを定(さだ)めたうえ、イエスの着物(きもの)を分(わ)けた。
[口語訳 / マルコによる福音書 15:24]
(그리고 나서 예수를 십자가에 매달았다. 그리고 제비를 뽑아서 누가 무엇을 가질 것인가를 정한 다음, 예수의 옷을 나누어 가졌다.)[마가복음 15:24][73]

[3] わたしの上着(うわぎ)を分(わ)け合(あ)い、: 내 겉옷을 서로 나누고.「分(わ)け合(あ)い」는「分(わ)ける」의 연용형에 상호동작을 나타내는「合(あ)う」가 결합된 복합동사「分(わ)け合(あ)う」의 연용중지법이다.

[例] 一個(いっこ)のりんごを分(わ)け合(あ)って食(た)べる。

(사과 한 개를 서로 나누어 먹다.)

一(ひと)つのものを分(わ)け合(あ)うことだ。分(わ)け合(あ)うと損(そん)するような気(き)がするが、損(そん)はしない。

(하나를 서로 나누는 것이다. 서로 나누면 손해라는 그런 생각이 들지만, 손해는 보지 않는다.)

そして、子供(こども)たちは親(おや)の愛(あい)を奪(うば)い合(あ)うようになります。決(けっ)して分(わ)け合(あ)うようにはなりません。そういうことが続(つづ)けば、兄弟姉妹(きょうだいしまい)の不和(ふわ)の原因(げんいん)になります。

(그리고 아이들은 부모의 사랑을 서로 빼앗게 됩니다. 결코 서로 나누게 되지는 않습니다. 그런 일이 계속되면 형제자매의 불화의 원인이 됩니다.)

---

72) [口語訳 / マルコによる福音書 15:24]에서 인용.
73) [口語訳 / マルコによる福音書 15:24]에서 인용.

[4]わたしの衣(ころも)をくじ引(びき)にした : 내 옷을 제비뽑기로 했다.「衣(ころも)」는「옷 / 의복」으로 본 절에서는 전절 [19:23]의「下着(したぎ)」에 상당하는 의미로 쓰이고 있다고 판단된다. 그리고「くじ引(びき)にした」는 앞에서 나온「くじを引(ひ)く」라는 표현과의 반복을 피하기 위해 사용된 것으로, 복합명사「くじ引(び)き←くじ+引(ひ)き」에「〜にする」가 접속된 것이다.

　타 번역본에서는 이 부분을 어떻게 묘사하고 있는지 살펴보자.

[예]彼等(かれら)は互(たが)いにわたしの着物(きもの)を自分(じぶん)たちで分(わ)け、わたしの着(き)るものに籤(くじ)を引(ひ)いた。[塚本訳1963]

(그들은 서로 내 옷을 자기들이서 나누고, 내가 입는 것에 제비뽑기를 했다.)

彼(かれ)らはわたしの着物(きもの)を分(わ)け合(あ)い、わたしの下着(したぎ)のためにくじを引(ひ)いた。[新改訳1970]

(그들은 내 옷을 서로 나누고, 내 속옷 때문에 제비를 뽑았다.)

彼(かれ)らは互(たが)いにわが衣(ころも)を分(わ)け、わが衣(ころも)にくじを引(ひ)いた。[前田訳1978]

(그들은 서로 내 옷을 나누고, 내 옷에 제비를 뽑았다.)

彼(かれ)らはわたしの服(ふく)を分(わ)け合(あ)い、/ わたしの衣服(いふく)のことでくじを引(ひ)いた。[新共同訳1987]

(그들은 내 옷을 서로 나누고, / 내 의복에 관해 제비를 뽑았다.)

彼(かれ)らは私(わたし)の上着(うわぎ)を自分(じぶん)たちの間(あいだ)で分(わ)け、私(わたし)の衣類(いるい)について籤(くじ)を引(ひ)いた。[岩波翻訳委員会訳1995]

(그들은 내 겉옷을 자기들 사이에서 나누고, 내 의류에 관해 제비를 뽑았다.)

さて、イエスの十字架(じゅうじか)のそばには、イエスの母(はは)と、母(はは)の姉妹(しまい)と、クロパの妻(つま)マリヤと、マグダラのマリヤとが、[1]たたずんでいた。[ヨハネによる福音書 19:25]

> (그런데 예수의 십자가 곁에는 예수의 어머니와 어머니의 자매와 글로바의 아내 마리아와 막달라의 마리아가 가만히 서 있었다.[19:25])

[1]たたずんでいた : 가만히 서 있었다. 「たたずむ[佇む]」는 ①「잠시 멈춰 서다」, ②「가만히 그 곳에 있다」의 뜻이 있는데, 여기에서는 ②의 용법으로 쓰이고 있다.

[例] 長(なが)い髪(かみ)と瞳(ひとみ)を染(そ)めて、その少女(しょうじょ)はたたずんでいた。

(긴 머리와 눈동자를 물들이고, 그 소녀는 가만히 서 있었다.)

真夜中(まよなか)の運動場(うんどうじょう)に大里(おおざと)教諭(きょうゆ)が一人(ひとり)たたずんでいた。

(한밤중의 운동장에 오자토 교감이 혼자 가만히 서 있었다.)

彼(かれ)は、長(なが)い白(しろ)い布地(ぬのじ)を身(み)にまとったまま、食堂(しょくどう)の中央(ちゅうおう)にたたずんでいた。

(그는 길고 흰 천을 몸에 걸친 채, 식당 중앙에 가만히 서 있었다.)

타 번역본에서는 이 부분을 어떻게 표현하고 있는지 살펴보자.

[例] 立(た)っていた。[塚本訳1963]

(서 있었다.)

立(た)っていた。[新改訳1970]

(서 있었다.)

立(た)っていた。[前田訳1978]

(서 있었다.)

立(た)っていた。[新共同訳1987]

(서 있었다.)

立(た)っていた。[岩波翻訳委員会訳1995]

(서 있었다.)

[塚本訳1963][新改訳1970][前田訳1978][新共同訳1987][岩波翻訳委員会訳1995] 모두「立(た)っていた」로 묘사되고 있다.

イエスは、その母(はは)と[1]愛弟子(まなでし)とがそばに立(た)っているのを[2]ごらんになって、[3]母(はは)に言(い)われた、「[4]婦人(ふじん)よ、ごらんなさい。これはあなたの子です」。[ヨハネによる福音書 19:26]
(예수께서는 그 어머니와 특별히 아끼는 제자가 곁에 서 있는 것을 보시고, 어머니에게 말씀하셨다. "부인이여, 보십시오. 이 사람이 어머니의 아들입니다."[19:26])

[1]愛弟子(まなでし) : 애제자. 특별히 촉망하고 아끼는 제자. 한편, 타 번역본에서는 다음과 같이 나와 있다.

[例]自分(じぶん)の愛(あい)する弟子(でし)[塚本訳1963]

(자기가 사랑하는 제자)

愛(あい)する弟子(でし)[新改訳1970]

(사랑하는 제자)

愛弟子(まなでし)[前田訳1978]

(애제자)

愛(あい)する弟子(でし)[新共同訳1987]

(사랑하는 제자)

自分(じぶん)の愛(あい)していた弟子(でし)[岩波翻訳委員会訳1995]

(자기가 사랑하고 있던 제자)

[2]ごらんになって、: 보시고.「ごらんになって」는「見(み)る」의 특정형 경어「ごらんになる」의 テ형으로,「ごらんになる」는 レル형 경어「見(み)られる」보다 경의도가 높다.

[예]そして、水(みず)の中(なか)から上(あ)がられるとすぐ、天(てん)が裂(さ)けて、聖霊(せいれい)が鳩(はと)のように自分(じぶん)に下(くだ)って来(く)るのを、<u>ごらんになった</u>。[口語訳 / マルコによる福音書 1:10]
(그리고 물속에서 올라 오시자마자, 하늘이 갈라지고, 성령이 비둘기처럼 자기에게 내려오는 것을 보셨다.) [마가복음 1:10][74]

[3]母(はは)に言(い)われた、: 어머니에게 말씀하셨다. 「言(い)われた」는 「言(い)う」의 レル형 경어 「言(い)われる」의 과거로 〈イエス〉에 관해 쓰이고 있다.

[4]婦人(ふじん)よ、ごらんなさい。これはあなたの子です : 부인이여, 보십시오. 이 사람이 어머니의 아들입니다. 「婦人(ふじん)よ」는 예수가 자기 어머니를 부르는 데에 쓰고 있는데, 이때의 「〜よ」는 호격(呼格)조사이다.

현대어에서 「ごらんなさい」는 「見(み)なさい」보다 경의도는 높지만 통상 경어적 상위자가 동위자나 하위자에게 사용하는 것이 일반적이다. 그런데 구어역 신약성서에서는 「ごらんなさい」가 경어적 하위자나 동위자뿐만 아니라 경어적 상위자에게도 사용되고 있다는 점에서 특징적이다.

「ごらんなさい」는 본 절에서는 경어적 하위자인 〈イエス〉가 상위자인 〈母(はは)〉에게 사용하고 있다.

[例]それで、ある人(ひと)がイエスに言(い)った、「<u>ごらんなさい</u>。あなたの母上(ははうえ)と兄弟(きょうだい)がたが、あなたに話(はな)そうと思(おも)って、外(そと)に立(た)っておられます」。[口語訳 / マタイによる福音書 12:47]
(그러자 어떤 사람이 예수에게 말했다 "보십시오. 선생님의 어머님과 형제분들이 선생님에게 이야기하려고 밖에 서 계십니다.") 〈어떤 사람이 예수에게〉[마태복음 12:47]

---

74) 李成圭(2018c) 『일본어 구어역 마가복음의 언어학적 분석 I』 시간의물레. P. 18에서 인용.

そのとき、ペテロがイエスに答(こた)えて言(い)った、「ごらんなさい、わたしたちはいっさいを捨(す)てて、あなたに従(したが)いました。については、何(なに)がいただけるでしょうか」。[口語訳 / マタイによる福音書 19:27]
(그때에 베드로가 예수에게 대답하여 말했다. "보십시오, 저희들은 모든 것을 버리고, 선생님을 따랐습니다. 그러하오니 저희가 어떤 것을 받겠습니까?")〈베드로가 예수에게〉[마태복음 19:27]

ペテロがイエスに言(い)い出(だ)した、「ごらんなさい、わたしたちはいっさいを捨(す)てて、あなたに従(したが)って参(まい)りました」。[口語訳 / マルコによる福音書 10:28]
(베드로가 예수에게 말을 꺼냈다. "보십시오, 저희들은 모든 것을 버리고 선생님을 따라왔습니다.")〈베드로가 예수에게〉[마가복음 10:28]

そこで、ペテロは思(おも)い出(だ)してイエスに言(い)った、「先生(せんせい)、ごらんなさい。あなたがのろわれたいちじくが、枯(か)れています」。[口語訳 / マルコによる福音書 11:21]
(그래서 베드로는 지난 일을 생각해 내서 예수에게 말했다. "선생님, 보십시오. 선생님께서 저주하신 무화과나무가 말라 버렸습니다.")〈베드로가 예수에게〉[마가복음 11:21]

ペテロが言(い)った、「ごらんなさい、わたしたちは自分(じぶん)のものを捨(す)てて、あなたに従(したが)いました」。[口語訳 / ルカによる福音書 18:28]
(베드로가 말했다. "보십시오, 저희들은 자기 것을 버리고 선생님을 따랐습니다.")〈베드로가 예수에게〉[누가복음 18:28]

イエスが宮(みや)から出(で)て行(い)かれるとき、弟子(でし)のひとりが言(い)った、「先生(せんせい)、ごらんなさい。なんという見事(みごと)な石(いし)、なんとい

う立派(りっぱ)な建物(たてもの)でしょう」。[口語訳 / マルコによる福音書 13:1]
(예수께서 성전을 떠나가실 때에, 한 제자가 말했다. "선생님, 보십시오, 이 얼마나 멋진 돌입니까! 이 얼마나 훌륭한 건물인가요.")〈한 제자가 예수에게〉[마가복음 13:1]

弟子(でし)たちが言(い)った、「主(しゅ)よ、ごらんなさい、ここにつるぎが二振(ふたふ)りございます」。イエスは言(い)われた、「それでよい」。[口語訳 / ルカによる福音書 22:38]
(제자들이 말했다. "주님, 보십시오, 여기에 칼이 두 자루 있습니다." 예수께서 말씀하셨다. "그것으로 족하다.")〈제자들이 예수에게〉[누가복음 22:38]

だから、機会(きかい)のあるごとに、だれに対(たい)しても、とくに信仰(しんこう)の仲間(なかま)に対(たい)して、善(ぜん)を行(おこな)おうではないか。[口語訳 / ガラテヤ人への手紙 6:10]
(그러므로 기회가 있는 때마다, 그 어느 누구에게도 특히 믿음이 있는 동료에게는 선을 행하려고 하지 않겠는가?)[갈라디아서 6:10]
「ごらんなさい。わたし自身(じしん)いま筆(ふで)をとって、こんなに大(おお)きい字(じ)で、あなたがたに書(か)いていることを。」[口語訳 / ガラテヤ人への手紙 6:11]
(보십시오. 내가 직접 지금 붓을 들고 이렇게 큰 글자로 여러분에게 쓰고 있는 것을.")〈사도가 일반인에게〉[갈라디아서 6:11][75]

---

75) 李成圭(2018c)『일본어 구어역 마가복음의 언어학적 분석Ⅰ』시간의물레. pp. 147-149에서 인용.

> それからこの弟子(でし)に言(い)われた、「[1]ごらんなさい。これはあなたの母(はは)です」。[2]そのとき以来(いらい)、[3]この弟子(でし)はイエスの母(はは)を自分(じぶん)の家(いえ)に引(ひ)き取(と)った。[ヨハネによる福音書 19:27]
> (그리고 나서 이 제자에게 말씀하셨다. "봐라! 이 사람이 네 어머니입니다." 그 때부터 이 제자는 예수 어머니를 자기 집에 맡았다.[19:27])

[1]ごらんなさい。これはあなたの母(はは)です : 봐라! 이 사람이 네 어머니입니다. 본절에서는「ごらんなさい」가 경어적 상위자인〈イエス〉가 하위자인〈弟子(でし)〉에게 사용되고 있다.

[例]そして、弟子(でし)たちの方(ほう)に手(て)をさし伸(の)べて言(い)われた、「<u>ごらんなさい</u>。ここにわたしの母(はは)、わたしの兄弟(きょうだい)がいる。」[口語訳 / マタイによる福音書 12:49]
(그리고 제자들을 손으로 가리키며 말씀하셨다. "보아라! 여기에 내 어머니와 내 형제들이 있다.")〈예수가 제자들에게〉[마태복음 12:49]

そして、自分(じぶん)をとりかこんで、すわっている人々(ひとびと)を見(み)まわして、言(い)われた、「<u>ごらんなさい</u>、ここにわたしの母(はは)、わたしの兄弟(きょうだい)がいる。」[口語訳 / マルコによる福音書 3:34]
(그리고 자기를 둘러싸고 앉아 있는 사람들을 둘러보고 말씀하셨다. "보아라! 여기에 내 어머니와 내 형제들이 있다.")〈예수가 제자들에게〉[마가복음 3:34]

両親(りょうしん)はこれを見(み)て驚(おどろ)き、そして母(はは)が彼(かれ)に言(い)った、「どうしてこんな事(こと)をしてくれたのです。<u>ごらんなさい</u>、おとう様(さま)もわたしも心配(しんぱい)して、あなたを捜(さが)していたのです」。[口語訳 / ルカによる福音書 2:48]

(부모들은 이것을 보고 놀라서, 어머니가 그(예수)에게 말했다. "어찌하여 이런 일을 했느냐? 봐! 아버님도 나도 걱정해서 너를 찾고 있었어.")〈어머니가 어린 예수에게〉[누가복음 2:48]

「……もうここにはおられない。かねて言(い)われたとおりに、よみがえられたのである。さあ、イエスが納(おさ)められていた場所(ばしょ)をごらんなさい。」[口語訳/マタイによる福音書 28:6]
("이제 여기에는 계시지 않는다. 전에 말씀하신 대로 부활하셨다. 자, 예수가 안치되어 있던 곳을 봐라!")〈천사가 마리아에게〉[마태복음 28:6]

するとこの若者(わかもの)は言(い)った、「驚(おどろ)くことはない。あなたがたは十字架(じゅうじか)につけられたナザレ人(びと)イエスを捜(さが)しているのであろうが、イエスはよみがえって、ここにはおられない。ごらんなさい、ここがお納(おさ)めした場所(ばしょ)である。」[口語訳/マルコによる福音書 16:6]
(그러자 그 젊은이는 말했다. "놀라지 마라. 그대들은 십자가에 매달린 나사렛 사람 예수를 찾고 있겠지만, 예수는 부활하여 여기에 계시지 않는다. 보아라! 그를 안장했던 곳이다.")〈천사가 여자들에게〉[마가복음 16:6]

イエスは彼(かれ)らに言(い)われた、「きてごらんなさい。そうしたらわかるだろう」。そこで彼(かれ)らはついて行(い)って、イエスの泊(と)まっておられる所(ところ)を見(み)た。そして、その日(ひ)はイエスのところに泊(と)まった。時(とき)は午後(ごご)四時(じ)ごろであった。[口語訳/ヨハネによる福音書 1:39]
(예수께서 그들에게 말씀하셨다. "와서 보아라! 그러면 알 것이다." 그래서 그들은 따라가서, 예수가 묵고 계시는 곳을 보았다. 그리고 그 날은 예수가 계신 곳에 묵었다. 때는 오후 네 시쯤이었다.)〈예수가 그들에게〉[요한복음 1:39]

ペテロはなおも幻(まぼろし)について、思(おも)いめぐらしていると、御霊(みたま)が言(い)った、「ごらんなさい、三人(にん)の人(ひと)たちが、あなたを尋(たず)ねてきている。[口語訳 / 使徒行伝 10:19]

(베드로가 계속해서 환상에 관해 곰곰이 생각하고 있자, 성령이 말했다. "보아라! 사람들 세 명이 너를 찾아 오고 있다.)〈성령이 베드로에게〉[사도행전 10:19][76]

[2]そのとき以来(いらい)、: 그때 이후. 그때부터. 「以来(いらい)」는 명사나 「동사의 テ형」에 접속되어 「그때부터 지금까지 / 이후」의 뜻을 나타내는 접미사이다.[77]

[3]この弟子(でし)はイエスの母(はは)を自分(じぶん)の家(いえ)に引(ひ)き取(と)った : 이 제자는 예수 어머니를 자기 집에 모셨다. 「引(ひ)き取(と)る」는 「떠맡다 / 인수하다 / 맡다」의 뜻을 나타내는데, 여기에서는 「맡았다」로 번역해 둔다.

　타 번역본에서는 이 부분을 어떻게 묘사하고 있는지 살펴보자.

[例]この時(とき)以来(いらい)、その弟子(でし)はイエスの母(はは)を自分(じぶん)の家(いえ)に引(ひ)き取(と)った。[塚本訳1963]

(이때부터 그 제자는 예수 어머니를 자기 집에 맡았다.)

その時(とき)から、この弟子(でし)は彼女(かのじょ)を自分(じぶん)の家(いえ)に引(ひ)き取(と)った。[新改訳1970]

(그때부터 이 제자는 그녀를 자기 집에 맡았다.)

このときからその弟子(でし)は彼女(かのじょ)をおのが家(いえ)に迎(むか)えた。[前田訳1978]

(이때부터 그 제자는 그녀를 자기 집에 모셔왔다.)

そのときから、この弟子(でし)はイエスの母(はは)を自分(じぶん)の家(いえ)に引

---

76) 李成圭 (2018c)『일본어 구어역 마가복음의 언어학적 분석Ⅰ』시간의물레. pp. 150-152에서 인용.

77) [ヨハネによる福音書 6:66] 설명을 참조.

(ひ)き取(と)った。[新共同訳1987]

(그때부터 이 제자는 예수 어머니를 자기 집에 맡았다.)

その時(とき)から、弟子(でし)は彼女(かのじょ)を自分(じぶん)のところに迎(む)かえ入(い)れた。[岩波翻訳委員会訳1995]

(그때부터 제자는 그녀를 자기 집에 맞아들였다.)

⑻ [ヨハネによる福音書 19:28 - 19:30]

そののち、イエスは[1]今(いま)や[2]万事(ばんじ)が終(おわ)ったことを知(し)って、「[3]わたしは、渇(かわ)く」と言(い)われた。それは、[4]聖書(せいしょ)が全(まっと)うされるためであった。[ヨハネによる福音書 19:28]
(그 후, 예수께서는 이제 모든 일이 끝난 것을 알고, "나는 목이 마르다."고 말씀하셨다. 그것은 성서가 이루어지기 위해서였다.[19:28])

[1]今(いま)や : 이제. 「今(いま)や」는 「いま」에 강의(強意)의 조사 「や」가 결합된 것으로, ①「지금이야말로 / 당장 / 바야흐로」, ②「이제 곧 / 막 / 조금 있으면」, ③「이제는 / 이미」의 뜻이 있는데, 본 절에서는 ③의 용법으로 쓰이고 있다.[78]

[2]万事(ばんじ)が終(おわ)ったことを知(し)って、: 모든 일이 끝난 것을 알고. 「万事(ばんじ)」는 「만사 / 모든 일」의 뜻을 나타내는데, 여기에서는 「모든 일」로 번역해 둔다.
[例]イエスは言(い)われた、「確(たし)かに、エリヤが先(さき)に来(き)て、万事(ばんじ)を元(もと)どおりに改(あらた)める。しかし、人(ひと)の子(こ)について、彼(かれ)が多(おお)くの苦(くる)しみを受(う)け、かつ恥(は)ずかしめられると、書(か)いて

---

78) [ヨハネによる福音書 13:31]설명을 참조.

あるのはなぜか。[口語訳 / マルコによる福音書 9:12]
(예수께서 말씀하셨다. "확실히 엘리야가 먼저 와서 모든 일을 원래대로 돌려놓는다. 그러나 인자에 관해 그가 많은 고난을 받고 또한 모욕을 당할 것이라"고 쓰여 있는 것은 어째서인가?)[마가복음 9:12]⁷⁹⁾

[3]わたしは、渇(かわ)く : 나는 목이 마르다. 「渇(かわ)く」와 같은 생리적 현상을 나타내는 동사의 현재형은 「지금 현재 목이 마르다」고 하는 현재의 상태가 아니라 「목마른 상태에 있다」와 같은 초시적(超時的) 용법이나 「(나중에) 목마르다」와 같은 미래 사실을 나타낸다.⁸⁰⁾

[4]聖書(せいしょ)が全(まっと)うされる : 성서가 이루어지다. 「全(まっと)うされる」는 「全(まっと)うする ; 완수하다 / 다하다」의 수동으로, 여기에서는 「이루어지다」의 뜻으로 번역해 둔다.
　[例]{任務(にんむ)・責任(せきにん)}を全(まっと)うする。
　　　({임무를・책임을} 완수하다.)
　　　天寿(てんじゅ)を全(まっと)うする。
　　　(천수를 다하다.)
　　　終(お)わりを全(まっと)うする。
　　　(유종의 미를 거두다.)
　　　こうした使命(しめい)に生(い)き、聖(せい)なる生涯(しょうがい)の全(まっと)うされることを願(ねが)って進(すす)む私(わたし)たちに、有益(ゆうえき)な示唆(しさ)を与(あた)えてくれる格好(かっこう)なテキストは、出(で)エジプト記(き)三章(さんしょう)のモーセの召命(しょうめい)経験(けいけん)に関(かん)する叙述(じょじゅつ)である。

---

79) 李成圭(2019a) 『일본어 구어역 마가복음의 언어학적 분석Ⅱ』 시간의물레. p. 187에서 인용.
80) [ヨハネによる福音書 7:37] 설명을 참조.

(이런 사명에 살고, 성스러운 생애가 이루어지는 것을 원하고 나아가는 우리에게 유익한 시사를 주는, 적당한 텍스트는 출애굽기 3장의 모세의 소명 체험에 관한 서술이다.)

그리고 타 번역본에서는 이 부분을 다음과 같이 묘사하고 있다.

[例](最後(さいご)に)聖書(せいしょ)の言葉(ことば)を成就(じょうじゅ)させるために、[塚本訳1963]

((마지막으로) 성서의 말씀이 이루어지게 하기 위해,)

聖書(せいしょ)が成就(じょうじゅ)するために、[新改訳1970]

(성서가 이루어지기 위해,)

聖書(せいしょ)が成就(じょうじゅ)するように、[前田訳1978]

(성서가 이루어지기 위해,)

聖書(せいしょ)の言葉(ことば)が実現(じつげん)した。[新共同訳1987]

(성서의 말씀이 실현되었다.)

聖書(せいしょ)が成就(じょうじゅ)されるためには、[岩波翻訳委員会訳1995]

(성서가 이루어지기 위해서는)

そこに、[1]酢(す)い[2]ぶどう酒(しゅ)がいっぱい入(い)れてある[3]器(うつわ)が置(お)いてあったので、人々(ひとびと)は、[4]このぶどう酒(しゅ)を含(ふく)ませた[5]海綿(かいめん)を[6]ヒソプの茎(くき)に結(むす)び付(つ)けて、[7]イエスの口(くち)もとに差(さ)し出(だ)した。[ヨハネによる福音書 19:29]
(거기에 신 포도주가 가득 담겨 있는 그릇이 놓여 있어서, 사람들은 이 포도주를 적신 해면을 히솝[hyssop] 줄기에 매어 예수의 입가에 내밀었다.[19:29])

[1]酢(す)いぶどう酒(しゅ) : 신 포도주.

[例]一人(ひとり)の人(ひと)が走(はし)って行(い)き、海綿(かいめん)に酢(す)いぶどう酒(しゅ)を含(ふく)ませて葦(あし)の棒(ぼう)につけ、イエスに飲(の)ませようとして言(い)った、「待(ま)て、エリヤが彼(かれ)を下(お)ろしに来(く)るかどうか、見(み)ていよう」。[口語訳 / マルコによる福音書 15:36]

(어떤 한 사람이 달려가서 해면에 신 포도주를 푹 적셔서 갈대에 매달아 예수에게 마시게 하려고 하면서 말했다. "기다려라! 엘리야가 그를 내려 주려고 올지 어떨지 지켜보자.")[마가복음 15:36][81]

[2] ぶどう酒(しゅ)がいっぱい入(い)れてある器(うつわ) : 포도주가 가득 담긴 그릇. 「入(い)れてある」는 「入(い)れる」에 결과의 상태를 나타내는 「〜てある」가 접속된 것으로, 여기에서는 「들어 있다 → 담겨 있다」로 번역해 둔다.

[例]トランクなどの荷物(にもつ)は、コインロッカーに入(い)れてあるという。

(대형 여행 가방 등의 짐은 코인로커에 들어 있다고 한다.)

わたしは、ヒュッという音(おと)で目覚(めざ)めた。二階(にかい)にある自分(じぶん)の部屋(へや)。八畳(はちじょう)の和室(わしつ)だ。そこにベッドを入(い)れてある。

(나는 휴 하는 소리에 잠을 깼다. 2층에 있는 내 방. 8조 크기의 일본식 방이다. 거기에 침대가 놓여 있다.)

[3] 器(うつわ)が置(お)いてあったので、: 그릇이 놓여 있어서. 「置(お)いてあったので」는 「置(お)く」에 결과의 상태를 나타내는 「〜てある」가 접속된 「置(お)いてある」의 과거 「置(お)いてあった」에, 원인・이유를 나타내는 「〜ので」가 후접한 것이다.

[例]そんなお店(みせ)のラーメンが、コンビにに置(お)いてあったので、買(か)って食(た)べてみた。

(그런 가게 라면이 편의점에 놓여 있어서 사서 먹어 보았다.)

---

81) [口語訳 / マルコによる福音書 15:36]에서 인용.

裏手(うらて)の窓際(まどぎわ)に木製(もくせい)の椅子(いす)が置(お)いてあったので、彼(かれ)は一晩中(ひとばんじゅう)起(お)きていたのだとわかった。
(뒤쪽 창가에 목제 의자가 놓여 있어서, 그는 밤새 일어나 있었다고 알았다.)

본 절에서는 「入(い)れてある」「置(お)いてあった」와 같이 「～てある」가 2회 연속해서 사용되고 있는데, 타 번역본에서는 어떻게 표현하고 있는지 살펴보자.
[例] 酸(す)っぱい葡萄酒(ぶどうしゅ)の一ぱい入(はい)った器(うつわ)がそこに置(お)いてあった。[塚本訳1963]
(신 포도주가 가득 들어 있는 그릇이 거기에 놓여 있었다.)
酸(す)いぶどう酒(しゅ)のいっぱいはいった入(い)れ物(もの)が置(お)いてあった。[新改訳1970]
(신 포도주가 가득 들어 있는 용기가 놓여 있었다.)
すっぱいぶどう酒(しゅ)を満(み)たした器(うつわ)がそこに置(お)いてあった。[前田訳1978]
(신 포도주를 가득 채운 그릇이 거기에 놓여 있었다.)
酸(す)いぶどう酒(しゅ)を満(み)たした器(うつわ)が置(お)いてあった。[新共同訳1987]
(신 포도주를 가득 채운 그릇이 놓여 있었다.)
酢(す)を満(み)たした器(うつわ)が置(お)いてあった。[岩波翻訳委員会訳1995]
(초를 가득 채운 그릇이 놓여 있었다.)

[4] このぶどう酒(しゅ)を含(ふく)ませた海綿(かいめん) : 이 포도주를 적신 해면. 「含(ふく)ませる」는 「배게 하다 / 적시다」의 뜻을 나타낸다.
[例] 砂(すな)の見分(みわ)け方(かた)は簡単(かんたん)。砂(すな)に水(みず)を含(ふく)ませて、手(て)で握(にぎ)ってみる。
(모래를 구별하는 방식은 간단하다. 모래에 물을 적셔 손으로 쥐어 본다.)

意識(いしき)の戻(もど)った状態(じょうたい)のときにビールを含(ふく)ませたスポンジを父(とう)さんの口(くち)に近(ちか)づけて「はい、ビール」と言(い)って差(さ)し出(だ)した。

(의식이 돌아온 상태일 때, 맥주를 적신 스펀지를 아버지 입에 가까이 대고 "자, 맥주입니다."라고 하고 내밀었다.)[82]

[5] 海綿(かいめん)を : 해면을. 「海綿(かいめん)」은 예수께서 십자가에 달렸을 때 신포도주를 적셔 마시게 했던 갯솜(막 15:36)으로 개역한글판은 '해융'이라 했다.[83]

[6] ヒソプの茎(くき)に結(むす)び付(つ)けて、: 히솝[hyssop] 줄기에 매어. 「結(むす)び付(つ)けて」는 「結(むす)ぶ」의 연용형에 「付(つ)ける」가 결합된 복합동사 「結(むす)び付(つ)ける ; 연결시키다 / 묶다 / 매다」의 테형이다.

[예] ある者(もの)はズボンを首(くび)に巻(ま)き付(つ)け、濡(ぬ)れたパンツやシャツを小枝(こえだ)に結(むす)び付(つ)けてかざして歩(ある)いている。

(어떤 사람은 바지를 목에 친친 둘러 감고, 젖은 팬티와 셔츠를 작은 가지에 매어 달고 걷고 있다.)

これは、少(すこ)し曲(ま)がって先端(せんたん)の尖(とが)った鉄(てつ)の棒(ぼう)に、木(き)の柄(え)が、十字形(じゅうじけい)に結(むす)び付(つ)けてあるものだ。

(이것은 조금 구부러지고 끝이 뾰족한 쇠막대기에 나무 손잡이가 십자 모양으로 매여있는 것이다.)

[7] イエスの口(くち)もとに差(さ)し出(だ)した : 예수의 입가에 내밀었다. 「差(さ)し出(だ)した」는 「差(さ)す」의 연용형에 공간적 이동을 나타내는 후항동사 「出(だ)す」가 결합된 복합동사 「差(さ)し出(だ)す」의 과거이다.

---

82) [マルコによる福音書 15:36]에서 인용.

83) 라이프성경사전. https://terms.naver.com/entry.nhn?docId=2397242&cid=50762&categoryId=51387에서 인용.

[例]そしてイエスに、没薬(もつやく)を混(ま)ぜたぶどう酒(しゅ)を差(さ)し出(だ)したが、お受(う)けにならなかった。[口語訳/マルコによる福音書 15:23]
(그리고 예수에게 몰약을 탄 포도주를 내밀었지만, [예수께서는] 받지 않으셨다.[마가복음 15:23])[84]

すると、[1]イエスはそのぶどう酒(しゅ)を受(う)けて、「すべてが終(おわ)った」と言(い)われ、[2]首(くび)を垂(た)れて[3]息(いき)を引(ひ)き取(と)られた。[ヨハネによる福音書 19:30]
(그러자 예수께서는 그 포도주를 받고, "모든 것이 끝났다."고 말씀하시고, 머리를 늘어뜨리고 숨을 거두셨다.[19:30])

[1]イエスはそのぶどう酒(しゅ)を受(う)けて、: 예수께서는 그 포도주를 받고. 이 부분에 관해 한국어 성서에서는 [개역개정]「예수께서 신 포도주를 받으신 후에」, [개역한글]「예수께서 신 포도주를 받으신 후」, [공동번역]「예수께서는 신 포도주를 맛보신 다음」, [표준새번역]「예수께서 신 포도주를 드시고」, [우리말성경]「예수께서 신 포도주를 받으시고」와 같이 나와 있다.

한편 일본어 타 번역본에서는 다음과 같이 표현하고 있다.

[例]イエスは酸(す)っぱい葡萄酒(ぶどうしゅ)を受(う)けると、[塚本訳1963]
　　(예수께서는 신 포도주를 받자,)
　　イエスは、酸(す)いぶどう酒(しゅ)を受(う)けられると、[新改訳1970]
　　(예수께서는 신 포도주를 받으시자,)
　　すっぱいぶどう酒(しゅ)を受(う)けると、[前田訳1978]
　　(신 포도주를 받자,)
　　イエスは、このぶどう酒(しゅ)を受(う)けると、[新共同訳1987]
　　(예수께서는 이 포도주를 받자,)

---

84) [口語訳/マルコによる福音書 15:23]에서 인용.

酢(す)を受(う)けると、[岩波翻訳委員会訳1995]
　　　(초를 받자,)

　　여기에서는 구어역 일본어 표현에 따라「예수께서는 그 포도주를 받고」로 번역해 둔다.

[2] 首(くび)を垂(た)れて : 머리를 늘어뜨리고.「垂(た)れる」는 자타 양용동사인데 자동사로 쓰일 때는「늘어지다 / 드리워지다 / 끝이 처지다」의 뜻을, 타동사로 쓰일 때는「늘어뜨리다 / 드리우다」=「垂(た)らす」의 뜻을 나타내는데, 본 절에서는「首(くび)を垂(た)れて」와 같이 타동사로 쓰이고 있다.

　[예]最後(さいご)に、彼女(かのじょ)はもう一度(いちど)、禮(れい)を述(の)べ、深々(ふかぶか)と頭(あたま)を垂(た)れた。
　　(마지막으로 그녀는 다시 한 번 고맙다는 인사를 하고, 깊숙이 머리를 늘어뜨렸다.)

　　頭(あたま)を垂(た)れて二人(ふたり)の男(おとこ)たちが彼(かれ)らの神(かみ)に近(ちか)づいた。
　　(머리를 늘어뜨리고 남자 2명이 그들의 하나님에게 가까이 갔다.)

　　少年(しょうねん)は頭(あたま)を垂(た)れ、指(ゆび)で腰布(こしぬの)をいじりまわしてもじもじしている。
　　(소년은 머리를 늘어뜨리고, 손가락으로 허리에 감은 천을 이리저리 만지작거리며 머뭇머뭇하고 있다.)

[3] 息(いき)を引(ひ)き取(と)られた : 숨을 거두셨다.「息(いき)を引(ひ)き取(と)られた」는「息(いき)を引(ひ)き取(と)る」의 レル형 경어「息(いき)を引(ひ)き取(と)られる」의 과거이다.

　[예]イエスは声(こえ)高(たか)く叫(さけ)んで、ついに息(いき)を引(ひ)き取(と)られ

た。[口語訳 / マルコによる福音書 15:37]

(예수께서는 소리 높여 부르짖으며 결국 숨을 거두셨다.)[마가복음 15:37][85]

お亡(な)くなりになられました。いま息(いき)を引(ひ)き取(と)られたと記録(きろく)しておきます。

(돌아가셨습니다. 지금 숨을 거두셨다고 기록해 두겠습니다.)

ノブコさんは、最期(さいご)はスーッと静(しず)かに息(いき)を引(ひ)き取(と)られました。

(노부코 씨는 마지막은 쓱 조용하게 숨을 거두셨습니다.)[86]

⦅89⦆ [ヨハネによる福音書 19:31 - 19:37]

さてユダヤ人(じん)たちは、[1]その日(ひ)が準備(じゅんび)の日(ひ)であったので、安息日(あんそくにち)に[2]死体(したい)を十字架(じゅうじか)の上(うえ)に残(のこ)しておくまいと、[特(とく)にその安息日(あんそくにち)は大事(だいじ)な日(ひ)であったから]、ピラトに願(ねが)って、[3]足(あし)を折(お)った上(うえ)で、[4]死体(したい)を取(と)り下(お)ろすことにした。[ヨハネによる福音書 19:31]

(그런데 유대인들은 그 날이 준비일이었기 때문에 안식일에 시체를 십자가 위에 남겨두지 않으려고 [특히 그 안식일은 중요한 날이었기에], 빌라도에게 부탁하여 다리를 꺾고 나서 시체를 내려놓기로 했다.[19:31])

---

85) [口語訳 / マルコによる福音書 15:37]에서 인용.
86) [口語訳 / マルコによる福音書 15:37]에서 인용.

[1]その日(ひ)が準備(じゅんび)の日(ひ)であったので、: 그 날이 준비일이었기 때문에.

타 번역본에서는 이 부분을 다음과 같이 묘사하고 있다.

[例]その日(ひ)は支度日(したくび)、(すなわち安息日(あんそくにち)の前(まえ)の日(ひ)[金曜日(きんようび)])であったので——(ことに)その安息(あんそく)の日(ひ)は(過越(すぎこし)の祭(まつ)りの第一日(だいいちにち)で)大切(たいせつ)な日(ひ)であったから[塚本訳1963]

(그 날은 준비일, (즉 안식일 전날[금요일]이었기 때문에 - (특히) 그 안식일은 유월절의 첫날로) 중요한 날이었기에)

その日(ひ)は備(そな)え日(び)であったため、ユダヤ人(じん)たちは安息日(あんそくにち)(その安息日(あんそくにち)は大(おお)いなる日(ひ)であったので)、[新改訳1970]

(그 날은 준비일이었기 때문에 유대인들은 안식일 (그 안식일은 큰 날이었기 때문에),)

その日(ひ)は準備日(じゅんびび)であったので、[前田訳1978]

(그 날은 준비일이었기 때문에,)

その日(ひ)は準備(じゅんび)の日(ひ)で、翌日(よくじつ)は特別(とくべつ)の安息日(あんそくび)であったので、[新共同訳1987]

(그 날은 준비일로 다음날은 특별한 안식일이었기 때문에,)

〔その日(ひ)は〕準備(じゅんび)の日(ひ)だったので、その週(しゅう)の〔安息(あんそく)〕日(び)は大(だい)〔祭(さい)〕日(じつ)であったから、[岩波翻訳委員会訳1995]

([그 날은] 준비일이었기 때문에, 그 주의 〔안식〕일은 대축제일이었기 때문에,)

[2]死体(したい)を十字架(じゅうじか)の上(うえ)に残(のこ)しておくまいと、: 시체를 십자가 위에 남겨두지 않으려고. 「残(のこ)しておくまいと」는 「残(のこ)す」에 보조동사 「〜ておく」가 접속한 「残(のこ)しておく」에, 부정 의지를 나타내는 「〜まい」

193

와 인용의 격조사「～と」가 후접한 것으로「남겨두지 않으려고」의 뜻을 나타낸다.

그리고 타 번역본에서는 이 부분을 다음과 같이 표현하고 있다.

[例](三人(さんにん)の体(からだ)を十字架(じゅうじか)の上(うえ)にのこしておかないために、[塚本訳1963]

((3명)의 신체를 십자가 위에 남겨 두지 않기 위해,)

死体(したい)を十字架(じゅうじか)の上(うえ)に残(のこ)しておかないように、[新改訳1970]

(시체를 십자가 위에 남겨 두지 않도록,)

死体(したい)を十字架上(じゅうじかじょう)に残(のこ)したくなかった。[前田訳1978]

(시체를 십자가 위에 남겨 두고 싶지 않았다.)

遺体(いたい)を十字架(じゅうじか)の上(うえ)に残(のこ)しておかないために、[新共同訳1987]

(유체를 십자가 위에 남겨 두고 싶지 않도록,)

それらの体(からだ)が安息日(あんそくにち)に十字架(じゅうじか)の上(うえ)に残(のこ)らないよう、[岩波翻訳委員会訳1995]

(그들 신체가 안식일에 십자가 위에 남지 않도록,)

[3]足(あし)を折(お)った上(うえ)で、: 다리를 꺾고 나서.「上(うえ)」는「足(あし)を折(お)った上(うえ)で」의「～上(うえ)[で]」와 같이 형식명사로 쓰이면,「～한 후 / ～한 뒤 / ～한 결과」와 같은 뜻을 나타낸다.[87]

[4]死体(したい)を取(と)り下(お)ろすことにした: 시체를 내려놓기로 했다.「取(と)り下(お)ろす」는「取(と)る」의 연용형에 공간적 이동을 나타내는 후항동사「下(お)ろす」가 결합한 복합동사로 ①「위에 있는 것을 내려놓다」②「긴 머리 등을 자

---

87) ヨハネによる福音書 7:51설명 인용.

르다」 ③「윗사람 앞에 있는 것을 자기 앞에 놓다 / 또는 다른 곳으로 물리다」의 뜻을 나타내는데, 본 절에서는 ①의 용법으로 쓰이고 있다.

[例]壁(かべ)から猟銃(りょうじゅう)を取(と)り下(お)ろすと、博士(はかせ)は大股(おおまた)に小屋(こや)を出(で)た。

(벽에서 엽총을 내려놓자, 박사는 성큼성큼 오두막을 나왔다.)

自分(じぶん)たちの飯米(はんまい)は船(ふね)から取(と)り下(お)ろすので、介抱(かいほう)してくれるようにと申(もう)し出(で)がありました。

(자기들 밥쌀은 배에서 내려놓을 테니, 간호해 달라고 부탁이 있었습니다.)

「あの連中(れんちゅう)が、もうじき死体(したい)を取(と)り下(お)ろしますよ」と、警視(けいし)が説明(せつめい)した。「あの上(うえ)にいる男(おとこ)は、船乗(ふなの)りですよ。死体(したい)を取(と)り下(お)ろす前(まえ)に、結(むす)び目(め)を見(み)てもらいたいのです」。

("저 무리가 곧 시체를 내려놓을 것입니다."라고 경시(경감)가 설명했다. "그 위에 있는 남자는 뱃사람이에요. 시체를 내려놓기 전에 매듭을 보아 주었으면 합니다.")

そこで兵卒(へいそつ)らが来(き)て、イエスと一緒(いっしょ)に十字架(じゅうじか)につけられた初(はじ)めの者(もの)と、[1]もう一人(ひとり)の者(もの)との足(あし)を折(お)った。[ヨハネによる福音書 19:32]

(그래서 병사들이 와서 예수와 함께 십자가에 매달린 첫 번째 사람과 다른 한 사람의 다리를 꺾었다.[19:32]

---

[1]もう一人(ひとり)の者(もの)との足(あし)を折(お)った : 다른 한 사람의 다리를 꺾었다. 「足(あし)を折(お)った」는 「다리를 꺾었다」인데, 타 번역본에서는 다음과 같이 「脛(すね)を折(お)った ; 정강이를 꺾었다」의 표현도 나온다.

[例]もう一人(ひとり)の者(もの)との脛(すね)を折(お)った。[塚本訳1963]

(다른 한 사람의 정강이를 꺾었다.)

もうひとりの者(もの)とのすねを折(お)った。[新改訳1970]

(다른 한 사람의 정강이를 꺾었다.)

第一(だいいち)のものの脛(すね)を折(お)り、もうひとりのものもそうした。[前田訳1978]

(첫 번째 사람의 정강이를 꺾고, 다른 한 사람의 것도 그렇게 했다.)

もう一人(ひとり)の男(おとこ)との足(あし)を折(お)った。[新共同訳1987]

(다른 한 남자의 다리를 꺾었다.)

またもう一人(ひとり)の者(もの)の足(あし)を折(お)った。[岩波翻訳委員会訳1995]

(그리고 다른 한 사람의 다리를 꺾었다.)

> しかし、彼(かれ)らがイエスのところに来(き)た時(とき)、[1]イエスはもう死(し)んでおられたのを見(み)て、[2]その足(あし)を折(お)ることはしなかった。[ヨハネによる福音書 19:33]
> (그러나 그들이 예수에게 왔을 때, 예수께서 이미 돌아가셨다는 것을 보고, 그 다리를 꺾지는 않았다.[19:33])

[1]イエスはもう死(し)んでおられたのを見(み)て、: 예수께서 이미 돌아가셨다는 것을 보고.「死(し)んでおられた」는「死(し)んでいる」의 レル형 경어「死(し)んでおられる」의 과거로「돌아가셨다」에 상당하는 뜻을 나타낸다.

그리고「死(し)ぬ」의 경우, 구어역 신약성서에서는 レル형 경어「死(し)なれる」가 5회 등장하고 있다.

[例]もし食物(しょくもつ)のゆえに兄弟(きょうだい)を苦(くる)しめるなら、あなたは、もはや愛(あい)によって歩(ある)いているのではない。あなたの食物(しょくもつ)によって、兄弟(きょうだい)を滅(ほろ)ぼしてはならない。キリストは彼(かれ)のためにも、死(し)なれたのである。[口語訳/ローマ人への手紙 14:15]

(만일 음식 때문에 형제를 괴롭힌다면, 너는 더 이상 사랑에 의해 걷고 있는 것이 아니다. 네 음식으로 인해, 형제를 멸망시켜서는 안 된다. 그리스도께서 그 사람을 위해서도 죽으셨다.)[로마서 14:15]

するとその弱(よわ)い人(ひと)は、あなたの知識(ちしき)によって滅(ほろ)びることになる。この弱(よわ)い兄弟(きょうだい)のためにも、キリストは死(し)なれたのである。[口語訳 / コリント人への第一の手紙 8:11]
(그러면 그 약한 사람은 네 지식에 의해 멸망하게 된다. 이 약한 형제를 위해서도 그리스도는 죽으셨다.)[고린도전서 8:11]

キリストがわたしたちのために死(し)なれたのは、覚(さ)めていても眠(ねむ)っていても、わたしたちが主(しゅ)と共(とも)に生(い)きるためである。[口語訳 / テサロニケ人への第一の手紙 5:10]
(그리스도께서 우리를 위해 죽으신 것은, 깨어 있어도 자고 있어도, 우리가 주와 함께 살기 위해서이다.)[데살로니가전서 5:10]

それだから、キリストは新(あたら)しい契約(けいやく)の仲保者(ちゅうほしゃ)なのである。それは、彼(かれ)が初(はじ)めの契約(けいやく)のもとで犯(おか)した罪過(ざいか)をあがなうために死(し)なれた結果(けっか)、召(め)された者(もの)たちが、約束(やくそく)された永遠(えいえん)の国(くに)を受(う)け継(つ)ぐためにほかならない。[口語訳 / ヘブル人への手紙 9:15]
(그러므로 그리스도께서는 새 계약의 중보자이다. 그것은, 그는 첫 계약 아래에서 저지른 죄과를 속죄하기 위해 죽으신 결과, 부르심을 받은 사람들이, 다름 아니라 약속된 영원한 나라를 이어받기 위해서다.)[히브리서 9:15]

キリストも、あなたがたを神(かみ)に近(ちか)づけようとして、自(みずか)らは義(ぎ)なる方(かた)であるのに、不義(ふぎ)なる人々(ひとびと)のために、ひとたび罪(つみ)のゆえに死(し)なれた。ただし、肉(にく)においては殺(ころ)されたが、霊(れい)においては生(い)かされたのである。[口語訳 / ペテロの第一の手紙 3:18]
(그리스도도 너희를 하나님께 인도하게 하려고 당신께서는 의인인데도 불의의 사람을 위해, 한 번 죄로 인해 죽으셨다. 단지, 육에 있어서는 죽음을 당했지만, 의에 있어서는 산 것이다.)[베드로전서 3:18]

[2]その足(あし)を折(お)ることはしなかった : 그 다리를 꺾지는 않았다. 「折(お)ることはしなかった」는 직역하면 「꺾는 것은 하지 않았다」인데 여기에서는 「꺾지는 않았다」로 번역해 둔다.

[例]けれども、それをポケットにしまうことはしなかった。
(하지만, 그것을 호주머니에 집어넣지는 않았다.)
だが、そこで会(あ)うことはしなかった。小(ちい)さな町(まち)なので、すぐ噂(うわさ)になってしまうからである。
(하지만, 거기에서 만나지는 않았다. 작은 도시이어서 금방 소문이 나기 때문이다.)
上司(じょうし)はさすがに「ソークラテースの弁明(べんめい)」をゴミ箱(ばこ)へ捨(す)てることはしなかった。
(상사는 역시 "소크라테스의 변명"을 휴지통에 버리지는 않았다.)

しかし、一人(ひとり)の兵卒(へいそつ)が槍(やり)で[1]その脇(わき)を突(つ)き刺(さ)すと、[2]すぐ血(ち)と水(みず)とが流(なが)れ出(で)た。[ヨハネによる福音書 19:34]
(그러나 병사 하나가 창으로 그 옆구리를 푹 찌르자, 금방 피와 물이 흘러나왔다.[19:34])

[1]その脇(わき)を突(つ)き刺(さ)すと、: 그 옆구리를 푹 찌르자. 「突(つ)き刺(さ)す」는 「突(つ)く」의 연용형에 「刺(さ)す」가 결합된 복합동사이다. 그리고 「突(つ)き刺(さ)すと」의 「～と」는 문말의 과거형과 호응하여 이유·계기를 나타낸다.

[例]そしてトリストラム卿(きょう)は二人(ふたり)の騎士(きし)のうち一人(ひとり)を突(つ)き刺(さ)すと、相手(あいて)は倒(たお)れ死(し)んでしまった。

(그리고 트리스트럼경은 2명의 기사 중에서 한 사람을 푹 찌르자, 상대는 쓰러져 죽고 말았다.)

偽(にせ)の吟遊詩人(ぎんゆうしじん)の背中(せなか)に、大男(おおおとこ)が短剣(たんけん)を突(つ)き刺(さ)した。

(거짓 음유시인의 등을, 덩치가 큰 남자가 단검으로 푹 찔렀다.)

刀(かたな)を抜(ぬ)き、足(あし)で蹴(け)って仰向(あおむ)けに返(かえ)し、古坂(こさか)の息(いき)の根(ね)が止(と)まるまで何度(なんど)でも胸(むね)や腹(はら)を突(つ)き刺(さ)した。

(칼을 빼고, 발로 차고 뒤로 잦히고, 고사카의 숨통이 멈출 때까지 몇 번이고 가슴과 배를 푹 찔렀다.)

[2]すぐ血(ち)と水(みず)とが流(なが)れ出(で)た: 금방 피와 물이 흘러나왔다. 「流(なが)れ出(で)た」는 「流(なが)れる」의 연용형에 「出(で)る」가 결합된 복합동사 「流(なが)れ出(で)る」의 과거형이다.

[例]涙(なみだ)がとめどもなく流(なが)れ出(で)た。

(눈물이 한 없이 흘러나왔다.)

脛動脈(けいどうみゃく)から血(ち)がトクトクと流(なが)れ出(で)た。

(경동맥으로부터 피가 뚝뚝 흘러나왔다.)

彼(かれ)は顔(かお)で身体(しんたい)全体(ぜんたい)を支(ささ)えるはめになり、「ゴツン」という音(おと)と共(とも)に鼻血(はなぢ)が流(なが)れ出(で)た。

(그는 얼굴로 몸 전체를 지탱하게 되고, 탁 하는 소리와 함께 코피가 흘러

나왔다.)

> それを見(み)た者(もの)が証(あか)しをした。そして、[1]その証(あか)しは真実(しんじつ)である。[2]その人(ひと)は、自分(じぶん)が真実(しんじつ)を語(かた)っていることを知(し)っている。それは、あなたがたも信(しん)ずるようになるためである。[ヨハネによる福音書 19:35]
> (그것을 본 사람은 증언을 했다. 그리고 그 증언은 진실하다. 그 사람은 자기가 진실을 이야기하고 있는 것을 알고 있다. 그것은 너희도 믿게 되기 위해서이다.[19:35])

[1]その証(あか)しは真実(しんじつ)である : 그 증언은 진실하다.「真実(しんじつ)」는 명사술어와 형용동사의 용법을 겸비하고 있는데, 본 절의「真実(しんじつ)である」는 형용동사의 용법으로 쓰이고 있다.

[例]彼(かれ)らは来(き)てイエスに言(い)った、「先生(せんせい)、わたしたちはあなたが真実(しんじつ)な方(かた)で、だれをも、憚(はばか)らないことを知(し)っています。あなたは人(ひと)に分(わ)け隔(へだ)てをなさらないで、真理(しんり)に基(もと)づいて神(かみ)の道(みち)を教(おし)えてください。ところで、カイザルに税金(ぜいきん)を納(おさ)めてよいでしょうか、いけないでしょうか。納(おさ)めるべきでしょうか、納(おさ)めてはならないのでしょうか」。[口語訳 / マルコによる福音書 12:14]

(그들은 와서 예수에게 말했다. "선생님, 저희는 선생님이 진실한 분이고 아무도 꺼려하지 않는 것을 알고 있습니다. 선생님은 사람에 차별을 두시지 않고, 진리에 입각하여 하나님의 길을 가르쳐 주십니다. 그런데 로마 황제에게 세금을 바쳐도 좋을까요? 안 되는 것일까요? 바쳐야 할까요? 바쳐서는 안 되는 것일까요?")[마가복음 12:14][88]

---

88) [口語訳 / マルコによる福音書 12:14]

すなわち内(うち)なるバアル主義(しゅぎ)を克服(こくふく)して、神(かみ)との真実(しんじつ)な関係(かんけい)に立(た)ち返(かえ)ることができない。
(즉 내부에 있는 바알(Baal)주의를 극복해서, 하나님과의 진실한 관계에 되돌아올 수가 없다.)[89]

[2] その人(ひと)は、自分(じぶん)が真実(しんじつ)を語(かた)っていることを知(し)っている : 그 사람은 자기가 진실을 이야기하고 있는 것을 알고 있다. 「真実(しんじつ)を語(かた)っている」의 「真実(しんじつ)」는 명사적 용법으로 쓰이고 있다.
[例] それが真実(しんじつ)であることを確信(かくしん)いたします。
(그것이 진실이란 것을 확신합니다.)
それは流行(りゅうこう)の問題(もんだい)というよりも、ワインの見方(みかた)の問題(もんだい)なのだ。芸術(げいじゅつ)における真実(しんじつ)は、ワインにおいても真実(しんじつ)である。
(그것은 유행의 문제라고 하기보다도, 와인을 보는 방식의 문제인 것이다. 예술에 있어서의 진실은 와인에 있어서도 진실이다.)

そんなわけで、今日(きょう)も真実(しんじつ)を語(かた)ることができず、ぼくは嘘(うそ)をついてしまった。
(그런 연유로 오늘도 진실을 말하지 못하고, 나는 거짓말을 하고 말았다.)
真実(しんじつ)を語(かた)ることは倫理的(りんりてき)義務(ぎむ)である、ただし、現実(げんじつ)のなかに凝固(ぎょうこ)した義務(ぎむ)である。
(진실을 말하는 것은 윤리적 의무이다. 다만 현실 속에 응고된 의무이다.)
お母(かあ)さんが亡(な)くなったみたいですが、真実(しんじつ)を知(し)って自殺(じさつ)でもしたのですか?
(어머니가 돌아가신 것 같습니다만, 진실을 알고 자살이라도 한 것입니까?)

---

89) [口語訳 / マルコによる福音書 12:14] 설명에서 인용.

> これらのことが起(お)ったのは、「[1]その骨(ほね)は砕(くだ)かれないであろう」[2]との聖書(せいしょ)の言葉(ことば)が、成就(じょうじゅ)するためである。[ヨハネによる福音書 19:36]
> (이런 일이 생긴 것은 "그 뼈는 부러지지 않을 것이다."라고 하는 성서의 말씀이 실현되기 위해서이다.[19:36])

[1]その骨(ほね)は砕(くだ)かれないであろう : 그 뼈는 부러지지 않을 것이다. 「砕(くだ)かれないであろう」는 「砕(くだ)く」의 수동인 「砕(くだ)かれる」의 부정 「砕(くだ)かれない」에 추측을 나타내는 「〜であろう」가 접속된 것이다.

    이 부분을 타 번역본에서는 어떻게 다루고 있는지 살펴보자.

    [例] "彼(かれ)の骨(ほね)は砕(くだ)かれない"[塚本訳1963]

      ("그의 뼈는 부러지지 않는다.")

      彼(かれ)の骨(ほね)は一(ひと)つも砕(くだ)かれない。[新改訳1970]

      (그의 뼈는 하나도 부러지지 않는다.)

      彼(かれ)の骨(ほね)はくだかれまい[前田訳1978]

      (그의 뼈는 부러지지 않을 것이다.)

      その骨(ほね)は一(ひと)つも砕(くだ)かれない[新共同訳1987]

      (그 뼈는 하나도 부러지지 않는다.)

      その骨(ほね)が打(う)ち砕(くだ)かれることはないであろう[岩波翻訳委員会訳1995]

      (그 뼈가 맞아 부러지는 일은 없을 것이다.)

[2]との聖書(せいしょ)の言葉(ことば)が、: 라고 하는 성서의 말씀. 「〜との[聖書(せいしょ)]」는 인용을 나타내는 격조사 「〜と」에 연체격 조사 「〜の」가 결합된 소위 복합조사로 「〜라고 하는」에 상당하는 뜻을 나타낸다.

    [例] 小泉(こいずみ)は、二十五周年(にじゅうごしゅうねん)の表彰(ひょうしょう)は<u>断(ことわ)ろうとの提案(ていあん)</u>をした。

(고이즈미는 25주년의 표창은 거절하겠다는 제안을 했다.)

1年(いちねん)七％(ななパーセント)増大(ぞうだい)するだろうとの見込(みこ)みで設定(せってい)しているのですが、実際(じっさい)は一十％(じゅっパーセント)増(ぞう)になっています。

(1년에 7퍼센트 증대할 것이라는 전망으로 설정했습다만, 실제로는 10퍼센트 증으로 되어 있습니다.)

将来(しょうらい)の経済的(けいざいてき)便益(べんえき)については、日本(にほん)及(およ)びアメリカと同様(どうよう)に、多様(たよう)な形態(けいたい)を示(しめ)すであろうとの認識(にんしき)がなされている。

(미래의 경제적 편익에 관해서는, 일본 및 미국과 마찬가지로 다양한 형태를 보일 것이라는 인식이 이루어지고 있다.)

投資(とうし)機会(きかい)が少(すく)なく金利(きんり)も低(ひく)い日本(にほん)にマネーが溢(あふ)れれば、行(ゆ)きどころのなくなったマネーは自(おの)ずと米国(べいこく)に向(む)かわざるを得(え)ないであろうとの発想(はっそう)である。

(투자 기회가 적고 금리도 낮은 일본에 돈이 넘친다면, 갈 곳이 없어진 돈은 저절로 미국을 향하지 않을 수 없을 것이라는 발상이다.)

그리고「〜との」에는 명사에 공동격조사「〜と」와 연체격 조사「〜の」가 결합된 복합조사도 있다.

[例]北海道(ほっかいどう)の東部(とうぶ)では、土壌(どじょう)と気候(きこう)との関係(かんけい)で、米(こめ)はほとんどできません。

(훗카이도 동부에서는 토양과 기후 관계로 쌀은 거의 나지 않습니다.)

就職(しゅうしょく)も決(き)まり、念願(ねんがん)の彼女(かのじょ)との結婚(けっこん)もかなったので、これ以上(いじょう)望(のぞ)むものはないんです。

(취직도 정해지고 염원하던 그녀와의 결혼도 이루어졌기 때문에 더 이상 바랄 것은 없습니다.)

> また聖書(せいしょ)のほかのところに、「彼(かれ)らは[1]自分(じぶん)が刺(さ)し通(とお)した者(もの)を見(み)るであろう」[2]とある。[ヨハネによる福音書 19:37]
> (또 성서 다른 곳에 "그들은 자기가 찔러 꿰뚫는 사람을 보게 될 것이다."라고 쓰여 있다.[19:37])

[1]自分(じぶん)が刺(さ)し通(とお)した者(もの)を見(み)るであろう : 자기가 찔러 꿰뚫는 사람을 보게 될 것이다. 「刺(さ)し通(とお)した」는 「刺(さ)す」의 연용형에 강의를 나타내는 후항동사 「通(とお)す」가 결합된 복합동사 「刺(さ)し通(とお)す」의 과거이다.

[例]イエス・キリストは、微動(びどう)だにせず、しばし無言(むごん)のままで対応(たいおう)し、やがて「罪(つみ)のない者(もの)が、最初(さいしょ)に彼女(かのじょ)に石(いし)を投(な)げなさい。」と毅然(きぜん)と語(かた)り、彼(かれ)らの偽善(ぎぜん)と悪意(あくい)とに満(み)ちた心(こころ)を鋭(するど)く刺(さ)し通(とお)したのです。

(예수 그리스도는 미동조차 하지 않고, 잠시 무언인 채로 대응하고, 이윽고 "죄가 없는 사람이 먼저 그녀에게 돌을 던져라."라고 의연하게 말하고, 그들의 위선과 악의로 가득 찬 마음을 예리하게 꿰뚫었던 것입니다.)

鱗(うろこ)はそのままで結構(けっこう)ですから、串(くし)を頭(あたま)から入(い)れて尾(お)まで刺(さ)し通(とお)してください。

(비늘은 그대로 됐으니, 꼬챙이를 머리에서 넣어 꼬리까지 꿰뚫어 주세요.)

そしてこれらのうその罪人(ざいにん)たちには、熱(あつ)い鉄(てつ)の針(はり)で唇(くちびる)と舌(した)を刺(さ)し通(とお)す、あるいは熱(あつ)い鉄(てつ)ばさみで舌(した)を抜(ぬ)く、という刑罰(けいばつ)が加(くわ)えられる。

(그리고 이들 거짓 죄인들에게는 뜨거운 쇠바늘로 입술과 혀를 꿰뚫거나, 혹은 뜨거운 쇠 가위로 혀를 뽑는다고 하는 형벌이 가해진다.)

[2]とある : 라고 쓰여 있다. 「とある」는 인용을 나타내는 「～と」에 「ある」가 결합되어, 「～と書(か)いてある ; ～라고 쓰여 있다」「～という ; ～라고 하다」「～ということだ ; ～라고 하다」에 상당하는 뜻을 나타낸다.

[例]死人(しにん)が甦(よみがえ)ることについては、モーセの書(しょ)の柴(しば)の篇(へん)で、神(かみ)がモーセに仰(おお)せられた言葉(ことば)を読(よ)んだことがないのか。『わたしはアブラハムの神(かみ)、イサクの神(かみ)、ヤコブの神(かみ)である』<u>とある</u>ではないか。[口語訳 / マルコによる福音書 12:26]
(죽은 사람이 살아나는 것에 관해서는 모세의 책 떨기나무 편에서 하나님께서 모세에게 말씀하신 말을 읽은 적이 없느냐? '나는 아브라함의 하나님, 이삭의 하나님, 야곱의 하나님'이라고 쓰여 있지 않느냐?)[마가복음 12:26][90]

A : 受付(うけつけ)はどこでしょうか。
   (접수하는 데는 어디인가요?)
B : 受付(うけつけ)ですか。あ、あそこに「受付(うけつけ)」<u>とあり</u>ますね。
   (접수 말입니까? 아, 저기 "접수"라고 쓰여 있네요.)

壁(かべ)に「廊下(ろうか)は走(はし)るな」<u>とあり</u>ますね。
(벽에 "복도에서는 달리지 마세요."라고 쓰여 있군요.)
診察(しんさつ)受付(うけつけ)の窓口(まどぐち)に内科(ないか)は月曜日(げつようび)休診(きゅうしん)<u>とあり</u>ますね。
(진찰 접수창구에 내과는 월요일 휴진이라고 표시되어 있군요.)
病院(びょういん)は全館(ぜんかん)禁煙(きんえん)<u>とあり</u>ますから、おタバコは外(そと)で吸(す)ってください。
(병원은 전관 금연이라고 표시되어 있으니, 담배는 밖에서 피우세요.)[91]

---

90) [口語訳 / マルコによる福音書 12:26]에서 인용.
91) 李成圭等著(1997)『홍익일본어독해1』홍익미디어. p. 123에서 인용.

([90]) [ヨハネによる福音書 19:38 - 19:42]

> そののち、[1]ユダヤ人(じん)を憚(はばか)って、[2]ひそかにイエスの弟子(でし)となったアリマタヤのヨセフという人(ひと)が、[3]イエスの死体(したい)を取(と)り下(お)ろしたいと、[4]ピラトに願(ねが)い出(で)た。ピラトはそれを許(ゆる)したので、彼(かれ)はイエスの死体(したい)を取(と)り下(お)ろしに行(い)った。[ヨハネによる福音書 19:38]
> (그 후, 유대인을 꺼려, 몰래 예수의 제자가 된 아리마대의 요셉이라는 사람이 예수의 시신을 내려놓고 싶다고, 빌라도에게 청했다. 빌라도가 그것을 허락해서 그는 예수의 시신을 내려놓으려고 갔다.[19:38])

[1]ユダヤ人(じん)を憚(はばか)って、: 유대인을 꺼려.「憚(はばか)る」는「거리끼다 / 꺼리다」의 뜻을 나타낸다.

  [例]乃木(のぎ)はそれ以上(いじょう)は口(くち)に出(だ)さず、大(おお)きい目(め)を向(む)けて、マルビシの社員(しゃいん)の顔(かお)を見(み)てうなずいた。後(あと)は周囲(しゅうい)をはばかって、目(め)と目(め)の会話(かいわ)だ。

  (노기는 더 이상은 입 밖에 내지 않고, 큰 눈을 돌려서 마루비시 사원의 얼굴을 보고 끄덕이었다. 그 다음은 주위를 꺼려 눈과 눈의 대화다.)

  「そうだけど、あの時(とき)僕(ぼく)は、これを手(て)に持(も)っていたんだぞ」隆之(たかゆき)はあたりの人(ひと)をはばかって、バッグの上(うえ)に軽(かる)く手(て)を当(あ)てて見(み)せた。

  ("그렇지만, 그 때 나는 이것을 손에 들고 있었다." 다카유키는 주위 사람을 꺼려 백 위에 가볍게 손을 대고 보였다.)

[2]ひそかにイエスの弟子(でし)となった : 몰래 예수의 제자가 되었다.「ひそかに[密かに]」는「가만히 / 몰래 / 넌지시 / 슬며시」의 뜻을 나타낸다.

[例]譬(たとえ)によらないでは語(かた)られなかったが、自分(じぶん)の弟子(でし)たちには、ひそかにすべてのことを解(と)き明(あ)かされた。[口語訳 / マルコによる福音書 4:34]

(비유에 의하지 않고는 말씀하시지 않았지만, 자기 제자들에게는 넌지시 모든 것을 설명하셨다.)[마가복음 4:34][92]

オリブ山(やま)で、宮(みや)に向(む)かって座(すわ)っておられると、ペテロ、ヤコブ、ヨハネ、アンデレが、ひそかにお尋(たず)ねした。[口語訳 / マルコによる福音書 13:3]

(그리고 올리브 산에서 성전을 향해 앉아 계시자, 베드로, 야고보, 요한, 안드레가 슬며시 여쭤보았다.)[마가복음 13:3][93]

[3]イエスの死体(したい)を取(と)り下(お)ろしたいと、 : 예수의 시신을 내려놓고 싶다고. 「取(と)り下(お)ろす」는 「取(と)る」의 연용형에 공간적 이동을 나타내는 후항동사 「下(お)ろす」가 결합한 복합동사로 ①「위에 있는 것을 내려놓다」 ②「긴 머리 등을 자르다」 ③「윗사람 앞에 있는 것을 자기 앞에 놓다 / 또는 다른 곳으로 물리다」의 뜻을 나타내는데, 본 절에서는 ①의 용법으로 쓰이고 있다.[94]

[4]ピラトに願(ねが)い出(で)た : 빌라도에게 청했다. 「願(ねが)い出(で)た」는 「願(ねが)う」의 연용형에 「出(で)る」가 결합한 복합동사 「願(ねが)い出(で)る ; 출원하다 / 신청하다 / 청원하다」의 과거형이다.

[例]イエスが舟(ふね)に乗(の)ろうとされると、悪霊(あくれい)につかれていた人(ひと)がお供(とも)をしたいと願(ねが)い出(で)た。[口語訳 / マルコによる福音書 5:18]

---

92) 李成圭(2018c)『일본어 구어역 마가복음의 언어학적 분석Ⅰ』시간의물레. p. 181에서 인용.
93) [口語訳 / マルコによる福音書 13:3]에서 인용.
94) [口語訳 / ヨハネによる福音書 19:31]설명에서 인용.

(예수께서 배에 타려고 하실 때, 악령이 들린 사람이 모시고 따라가고 싶다고 간청했다.)[마가복음 5:18][95]

大塚(おおつか)はついに自分(じぶん)の気持(きもち)を納得(なっとく)させるために、署長(しょちょう)に、東京(とうきょう)出張(しゅっちょう)を願(ねが)い出(で)た。
(오쓰카는 결국 자기 기분을 납득시키기 위해, 서장에게 도쿄 출장을 신청했다.)

なぜ彼(かれ)は、あんたを手放(てばな)さない。なぜ離別(りべつ)しない。せっかくあんたのほうから願(ねが)い出(で)たというのに。
(왜 그는 당신을 놓아주지 않는 것인가? 왜 헤어지지 않는 것인가? 모처럼 당신 쪽에서 간청하고 있었는데.)

また、[1]前(まえ)に、夜(よる)、イエスのみもとに行(い)ったニコデモも、[2]没薬(もつやく)と沈香(じんこう)とを混(ま)ぜたものを百斤(ひゃっきん)ほど持(も)って来(き)た。[ヨハネによる福音書 19:39]
(또 전에, 밤에, 예수 곁에 갔던 니고데모도 몰약과 침향을 섞은 것을 백 근 정도 가지고 왔다.[19:39])

[1]前(まえ)に、夜(よる)、イエスのみもとに行(い)ったニコデモも、: 전에, 밤에, 예수 곁에 갔던 니고데모도. 「前(まえ)」는 공간적인 앞과 시간적인 앞을 가리키는 말인데, 본 절의 「前(まえ)に」는 「전에」와 같이 후자의 용법으로 쓰인 것이다.

[例] 前(まえ)に聞(き)いた話(はなし)。
(전에 들은 이야기.)

前(まえ)に、山田(やまだ)まりあがテレビで言(い)ってました。
(전에 야마다 마리아가 텔레비전에서 말했습니다.)

---

95) 李成圭(2018c)『일본어 구어역 마가복음의 언어학적 분석 I』시간의물레. p. 202에서 인용.

次郎(じろう)は、宿(やど)の女中(じょちゅう)にチップを渡(わた)し、<u>前(まえ)に</u>、彼(かれ)が来(き)たことがないかどうか写真(しゃしん)を見(み)せて調(しら)べてもらった。
(지로는 숙소 여관 종업원에게 팁을 건네고, 전에 그가 온 적이 없는지 어떤지 사진을 보여주고 조사를 시켰다.)
彼(かれ)とは、<u>前(まえ)に</u>、テキスタイルの会社(かいしゃ)で働(はたら)いていた時分(じぶん)に知(し)り合(あ)ったんだ。とても、いい奴(やつ)で、彼(かれ)が会社(かいしゃ)へ行(い)って滞在(たいざい)許可証(きょかしょう)とか労働(ろうどう)許可証(きょかしょう)の申請(しんせい)までしてくれてね。
(그와는 전에, 텍스타일(직물) 회사에서 일하고 있었을 때에 알게 되었다. 무척 좋은 친구로 그가 회사에 가서 체재허가증이라든가 노동허가증의 신청까지 해 주어서.)

그리고 한국어에서는 「밤에」와 같이 시간을 나타내는 말에 격조사 「〜에」가 붙지만, 일본어에서는 「夜(よる)」와 같이 특정 시점을 가리키지 않는 말에는 일반적으로 「〜に」가 붙지 않는다.

[例]お昼(ひる)は、家(うち)で作(つく)ったお弁当(べんとう)。<u>夜(よる)</u>、バイトに行(い)くのですが、その前(まえ)に夕飯(ゆうはん)として何(なに)を食(た)べたらいいのでしょうか?
(점심은 집에서 만든 도시락. 밤에 아르바이트에 갑니다만, 그 전에 저녁으로 무엇을 먹으면 좋을까요?)
<u>夜(よる)</u>、家(いえ)で僕(ぼく)がテレビを見(み)ていたとき、番組(ばんぐみ)が面白(おもしろ)くて時間(じかん)を気(き)にしないでずっと見(み)ていた。
(밤에 집에서 내가 텔레비전을 보고 있었을 때, 프로그램이 재미있어서 시간을 신경을 쓰지 않고 죽 보고 있었다.)

[2]没薬(もつやく)と沈香(じんこう)とを混(ま)ぜたものを : 몰약과 침향을 섞은 것을.
「混(ま)ぜる・交(ま)ぜる」는 「섞다 / 섞어 넣다」의 뜻을 나타내는 타동사인데, 대응하는 자동사에는 「混(ま)じる・交(ま)じる」가 있다.

[例]この二(ふた)つを混(ま)ぜた土(つち)は、基本的(きほんてき)にどんな性質(せいしつ)の植物(しょくぶつ)にも使(つか)えます。
(이 두 개를 섞은 흙은, 기본적으로 어떤 성질의 식물에도 사용할 수 있습니다.)

私(わたし)が葡萄糖(ぶどうとう)とビタミン十(じゅう)何種(なんしゅ)かを混(ま)ぜた注射(ちゅうしゃ)をしてあげましょう。
(내가 포도당과 비타민 10 몇 종인가를 섞은 주사를 놓아 주겠습니다.)

卵(たまご)と牛乳(ぎゅうにゅう)、砂糖(さとう)を混(ま)ぜた液(えき)に食(しょく)パンをつけてフライパンで焼(や)き、はちみつや粉砂糖(こなざとう)をかけていただきます。
(달걀과 우유, 설탕을 섞은 액을 식빵에 바르고 프라이팬으로 구워, 꿀과 가루설탕을 뿌려 먹습니다.)

彼(かれ)らは、イエスの死体(したい)を取(と)り下(お)ろし、[1]ユダヤ人(じん)の埋葬(まいそう)の習慣(しゅうかん)にしたがって、[2]香料(こうりょう)を入(い)れて亜麻布(あまぬの)で巻(ま)いた。[ヨハネによる福音書 19:40]
(그들은 예수의 시신을 내려놓고 유대인의 매장 관습에 따라, 향료를 넣고 아마 천으로 감았다.[19:40])

[1]ユダヤ人(じん)の埋葬(まいそう)の習慣(しゅうかん)にしたがって、: 「埋葬(まいそう)の習慣(しゅうかん)にしたがって」의 「〜にしたがって」 격조사 「〜に」에 「従(したが)う」의 テ형인 「したがって」가 접속되어 복합조사화한 말로 「〜에 따라」에 상당하는 뜻을 나타낸다.

[例]イエスはこのような多(おお)くの譬(たとえ)で、人々(ひとびと)の聞(き)く力(ちから)にしたがって、御言(みことば)を語(かた)られた。[口語訳 / マルコによる福音書 4:33]
(예수께서는 이와 같은 많은 비유로 사람들의 들을 수 있는 힘에 따라 하나님의 말씀을 전파하셨다.)[마가복음 4:33][96]

そこで、パリサイ人(びと)と律法(りっぽう)学者(がくしゃ)たちとは、イエスに尋(たず)ねた、「なぜ、あなたの弟子(でし)たちは、昔(むかし)の人(ひと)の言伝(いいつた)えに従(したが)って歩(あゆ)まないで、不浄(ふじょう)な手(て)でパンを食(た)べるのですか」。[口語訳 / マルコによる福音書 7:5]
(그래서 바리새파 사람들과 율법학자들은 예수에게 물었다. "왜 당신 제자들은 옛사람의 구전에 따라 생활하지 않고 깨끗하지 못한 손으로 빵을 먹습니까?")[마가복음 7:5][97]

[2]香料(こうりょう)を入(い)れて亜麻布(あまぬの)で巻(ま)いた : 향료를 넣고 아마 천으로 감았다. 「亜麻布(あまぬの)で」의 「~で」는 수단·방법을 나타내는 격조사로 「亜麻布(あまぬの)で巻(ま)く」는 「아마 천으로 감다」의 뜻을 나타낸다.

[例]そこで、ヨセフは亜麻布(あまぬの)を買(か)い求(もと)め、イエスを取(と)り下(お)ろして、その亜麻布(あまぬの)に包(つつ)み、岩(いわ)を掘(ほ)って造(つく)った墓(はか)に納(おさ)め、墓(はか)の入口(いりぐち)に石(いし)を転(ころ)がしておいた。[口語訳 / マルコによる福音書 15:46]
(그래서 요셉은 아마 천을 사 가지고 와서 예수를 내리고 그 아마 천에 싸서 바위를 파서 만든 무덤에 안치하고 무덤 입구에 돌을 굴려 놓았다.)[마가복음 15:46][98]

---

96) 李成圭(2018c)『일본어 구어역 마가복음의 언어학적 분석Ⅰ』시간의물레. p. 181에서 인용.
97) 李成圭(2019a)『일본어 구어역 마가복음의 언어학적 분석Ⅱ』시간의물레. p. 73에서 인용.
98) [口語訳 / マルコによる福音書 15:46]에서 인용.

이에 관해 타 번역본에서는 다음과 같이 기술하고 있다.

[例]香料(こうりょう)をふりかけた亜麻布(あまぬの)でこれを巻(ま)いた。[塚本訳1963]

(향료를 뿌린 아마 천으로 이것을 감았다.)

それを香料(こうりょう)といっしょに亜麻布(あまぬの)で巻(ま)いた。[新改訳1970]

(그것을 향료와 함께 아마 천으로 감았다.)

香料(こうりょう)を加(くわ)えて亜麻布(あまぬの)で包(つつ)んだ。[前田訳1978]

(향료를 더해 아마 천으로 쌌다.)

香料(こうりょう)を添(そ)えて亜麻布(あまぬの)で包(つつ)んだ。[新共同訳1987]

(향료를 더해 아마 천으로 쌌다.)

香料(こうりょう)と一緒(いっしょ)に亜麻(あま)の布切(ぬのぎ)れでそれを縛(しば)った。[岩波翻訳委員会訳1995]

(향료와 함께 아마 천 조각으로 그것을 묶었다.)

> [1]イエスが十字架(じゅうじか)にかけられた所(ところ)には、一(ひと)つの園(その)があり、そこには[2]まだだれも葬(ほうむ)られたことのない新(あたら)しい墓(はか)があった。[ヨハネによる福音書 19:41]
> (예수께서 십자가에 매달린 곳에는 동산 하나가 있고, 거기에는 아직 아무도 매장된 적이 없는 새 무덤이 있었다.[19:41])

[1]イエスが十字架(じゅうじか)にかけられた所(ところ)には、: 예수께서 십자가에 매달린 곳에는.「十字架(じゅうじか)にかけられる」는「十字架(じゅうじか)にかける ; 십자가에 걸다[매달다]」의 수동이다.

[例]近(ちか)づくにつれていよいよはっきりと、十字架(じゅうじか)にかけられた男(おとこ)の姿(すがた)が目(め)に見(み)えてくる。

(가까이 감에 따라 점점 확실히 십자가에 매달린 남자의 모습이 눈에 보이기 시작한다.)

彼(かれ)は私(わたし)たちの罪(つみ)のために、私(わたし)たちの身代(みが)わりとして、十字架(じゅうじか)にかけられたのです。それゆえに、私(わたし)たちは、この方(かた)によって救(すく)いを受(う)けることができるのです。
(그는 우리 죄 때문에, 우리 대신 십자가에 매달린 것입니다. 그러므로 우리는 이 분에 의해 구원을 받을 수 있습니다.)

祭司(さいし)やパリサイ派(は)はイエスをローマに対(たい)する反逆者(はんぎゃくしゃ)として総督(そうとく)ピラトに訴(うった)え、彼(かれ)は十字架(じゅうじか)にかけられ処刑(しょけい)された。
(제사장과 바리새파는 예수를 로마에 대한 반역자로서 총독 빌라도에게 고발하여 그는 십자가에 매달려 처형당했다.)

[2] まだだれも葬(ほうむ)られたことのない新(あたら)しい墓(はか)があった : 아직 아무도 매장된 적이 없는 새 무덤이 있었다. 「葬(ほうむ)られる」는 「葬(ほうむ)る;매장하다」의 수동으로 「매장되다」의 뜻을 나타낸다. 「葬(ほうむ)られたことのない」는 「매장된 적이 없다」의 뜻으로 「葬(ほうむ)られた」에 과거의 경험을 나타내는 「～ことがない」가 접속되어 연체수식절로 쓰이고 있는 것이다.

[例] それは、かつて論(ろん)じられたことのないタイプ、「消費(しょうひ)資本主義(しほんしゅぎ)」というべきものだ、ということなのである。
(그것은 이전에 논해진 적이 없는 타입, "소비 자본주의"라고 해야 할 것이다, 라는 것이다.)

しかし、いまだかつてこのような問答(もんどう)をかけられたことのない僧侶(そうりょ)たちは、ただなすすべもなく立往生(たちおうじょう)するばかりであった。
(그러나, 지금까지 이와 같은 문답을 받은 적이 없는 승려들은 그냥 어찌할 바를 몰라 쩔쩔 맬 뿐이었다.)

まだ一度(いちど)も作(つく)られたことのない国家(こっか)をめざす。まだ一度(いちど)も想像(そうぞう)されたことのない武器(ぶき)を持(も)つ。まだ一度(いちど)も話(はな)されたことのない言語(げんご)で戦略(せんりゃく)する。まだ一度(いちど)も記述(きじゅつ)されたことのない歴史(れきし)と出会(であ)う。
(아직 한 번도 만들어진 적이 없는 국가를 지향한다. 아직 한 번도 상상된 적이 없는 무기를 갖는다. 아직 한 번도 이야기된 적이 없는 언어로 전략을 짠다. 아직 한 번도 기술된 적이 없는 역사와 만난다.)

[1]その日(ひ)はユダヤ人(じん)の準備(じゅんび)の日(ひ)であったので、その墓(はか)が近(ちか)くにあったため、[2]イエスをそこに納(おさ)めた。[ヨハネによる福音書 19:42]
(그 날은 유대인의 준비일이었고, 그 무덤이 근처에 있었기 때문에 예수를 거기에 안장했다.[19:42])

[1]その日(ひ)はユダヤ人(じん)の準備(じゅんび)の日(ひ)であったので、その墓(はか)が近(ちか)くにあったため、: 그 날은 유대인의 준비일이었고, 그 무덤이 근처에 있었기 때문에. 「準備(じゅんび)の日(ひ)であったので」의 「～ので」와 「その墓(はか)が近(ちか)くにあったため」의 「～ため」는 모두 이유·원인을 나타내는 접속조사이다. 즉, 「～ので、～ため、」와 같이 원인을 나타내는 2개의 부사절이 등위 접속 관계로 쓰이고 있다.

　타 번역본에서는 이 부분을 어떻게 다루고 있는지 살펴보면 다음과 같다.

[例]その日(ひ)はユダヤ人(じん)の支度日(したくび)であった<u>ので</u>、その墓(はか)が近(ちか)いのをさいわい、(安息日(あんそくにち)が始(はじ)まらないうちにと、急(いそ)いで)[塚本訳1963]
(그 날은 유대인의 준비일이었기 때문에 그 무덤이 가까운 것을 다행스럽게 생각하고, (안식일이 시작되기 전에 하고, 서둘러서))

その日(ひ)がユダヤ人(じん)の備(そな)え日(び)であったため、墓(はか)が近(ちか)かったので、[新改訳1970]

(그 날이 유대인의 준비일이고, 무덤이 가까웠기 때문에,)

ユダヤ人(じん)の準備日(じゅんびび)であったし、墓(はか)が近(ちか)くにあったので、[前田訳1978]

(유대인의 준비일이었고, 무덤이 근처에 있었기 때문에,)

その日(ひ)はユダヤ人(じん)の準備(じゅんび)の日(ひ)であり、この墓(はか)が近(ちか)かったので、[新共同訳1987]

(그 날은 유대인의 준비일이고, 이 무덤이 가까웠기 때문에,)

それで、ユダヤ人(じん)たちの準備(じゅんび)の日(ひ)であったから、その墓(はか)が近(ちか)かったので、[岩波翻訳委員会訳1995]

(그래서 유대인들의 준비일이고, 그 무덤이 가까웠기 때문에,)

[2] イエスをそこに納(おさ)めた : 예수를 거기에 안장했다. 「そこ」는 앞에 나오는 「墓(はか)」를 가리키고 「納(おさ)める」는 「墓(はか)に納(おさ)める」로 쓰여 「묘에 넣다 / 묘에 안치하다 / 무덤에 안장하다」의 상당하는 뜻을 나타낸다.

[例] ヨハネの弟子(でし)たちはこのことを聞(き)き、その死体(したい)を引(ひ)き取(と)りに来(き)て、墓(はか)に納(おさ)めた。[口語訳 / マルコによる福音書 6:29]

(요한 제자들은 이 소식을 듣고 그 시신을 인수하러 와서 무덤에 안장했다.)[마가복음 6:29][99]

納骨(のうこつ)と遺骨(いこつ)を墓(はか)に納(おさ)めることを「納骨(のうこつ)」、遺体(いたい)を墓地(ぼち)に葬(ほうむ)ることを「埋葬(まいそう)」といいます。

(납골과 유골을 묘에 안치하는 것을 "납골", 유체를 무덤에 안장하는 것을 "매장"이라고 합니다.)

---

99) 李成圭(2019a)『일본어 구어역 마가복음의 언어학적 분석 II』시간의물레. p. 40에서 인용.

しかし、ほとんどが火葬(かそう)となっている現代(げんだい)は、埋葬(まいそう)とは遺骨(いこつ)をお墓(はか)に納(おさ)めることを指(さ)すと考(かんが)えてよいでしょう。

(그러나 거의 대부분 화장으로 되어 있는 현대는 매장은 유골을 묘에 안치하는 것을 가리킨다고 생각해도 좋겠지요.)[100]

---

[100] 李成圭(2019a) 『일본어 구어역 마가복음의 언어학적 분석Ⅱ』 시간의물레. p. 41에서 인용.

ヨハネによる福音書
- 第20章 -

《91》[ヨハネによる福音書 20:1 - 20:10]

> さて、[1]一週(いっしゅう)の初(はじ)めの日(ひ)に、朝(あさ)早(はや)く[2]まだ暗(くら)いうちに、マグダラのマリヤが墓(はか)に行(い)くと、[3]墓(はか)から石(いし)が取(と)りのけてあるのを見(み)た。[ヨハネによる福音書 20:1]
> (일주의 첫날, 아침 일찍 아직 어두울 때, 막달라의 마리아가 무덤에 가니, 무덤에서 돌이 치워 있는 것을 보았다.[20:1])

[1]一週(いっしゅう)の初(はじ)めの日(ひ)に、: 일주의 첫날. 이 부분에 관해 한국어 성서에서는 [개역개정]「안식 후 첫날」, [개역한글]「안식 후 첫날」, [공동번역]「안식일 다음날」, [표준새번역]「주간의 첫날」, [우리말성경]「그 주간의 첫날」와 같이 되어 있다. 여기에서는 구어역의 일본어 표현을 반영하여「일주의 첫날」로 번역해 둔다.

[2]まだ暗(くら)いうちに、: 아직 어두울 때.「うち」는 명사나 용언의 수식을 받아 어떤 한정된 시간 내에 어떤 동작이 일어나는 것을 나타내는 말, 즉 형식명사[사이, 동안]인데 한국어는 정해진 대응어가 없기 때문에 전후 문맥에 맞게 적절

히 번역하는 것이 바람직하다.[101]

[예] 夕方(ゆうがた)のまだ明(あか)るいうちに、岩崎(いわさき)はレストランのある所(ところ)に、ジープで戻(もど)った。

(저녁 아직 밝은 시간에, 이와사키는 레스토랑이 있는 곳에 지프로 돌아왔다.)

いずれ値上(ねあ)がりすると思(おも)うなら、安(やす)いうちに買(か)っておくべきだろう。

(근간 가격이 오를 것이라고 생각한다면 쌀 때 사 두어야 할 것이다.)

一九○二年(ねん)、オランダに帰国(きこく)すると、マルガレータは娘(むすめ)を置(お)いて夫(おっと)の家(いえ)を出(で)た。まだ若(わか)いうちに人生(じんせい)をやり直(なお)そうと決心(けっしん)していた。

(1902년 네덜란드에 귀국하자, 마르가레타는 딸을 남겨두고, 남편이 있는 집을 나왔다. 아직 젊은 때, 인생을 다시 시작하겠다고 결심하고 있었다.)

[3] 墓(はか)から石(いし)が取(と)りのけてあるのを見(み)た : 무덤에서 돌이 치워 있는 것을 보았다.

「取(と)りのける」는 「取(と)る」의 연용형에 「のける」가 결합한 복합동사로 「없애다 / 치우다 / 제거하다」의 뜻을 나타내는데, 여기에서는 결과의 상태를 나타내는 「~てある」가 후접한 것이다.

[예] 主(しゅ)イエスは常(つね)に神(かみ)を「父(ちち)」と呼(よ)び、ゲッセマネでも十字架(じゅうじか)でもそう祈(いの)られました。「アッバ、父(ちち)よ、あなたは何(なん)でもおできになります。この杯(さかずき)をわたしから取(と)りのけてください。」

(주 예수는 항상 하나님을 "아버지"라고 부르고, 겟세마네[Gethsemane]에서도 십자가에서도 그렇게 기도하셨습니다. "아빠, 아버지여, 당신은 무엇이든지 하실 수 있습니다. 이 잔을 제게서 치워 주십시오.")

---

101) 李成圭 (2018c) 『일본어 구어역 마가복음의 언어학적 분석 I』 시간의물레. p. 157에서 인용.

「父(ちち)よ、みこころならば、どうぞ、この杯(さかずき)をわたしから取(と)りのけてください。しかし、わたしの思(おも)いではなく、みこころが成(な)るようにしてください」。[口語訳 / ルカによる福音書 22:42]

("아버지여, 아버지의 뜻이라면, 부디 이 잔을 제게서 치워 주십시오. 그러나 제 생각이 아니라, 아버지의 뜻대로 되도록 해 주십시오.")[누가복음 22:42][102]

> そこで走(はし)って、シモン・ペテロと[1]イエスが愛(あい)しておられた、もう一人(ひとり)の弟子(でし)のところへ行(い)って、彼(かれ)らに言(い)った、「[2]だれかが、主(しゅ)を墓(はか)から取(と)り去(さ)りました。[3]どこへ置(お)いたのか、わかりません」。[ヨハネによる福音書 20:2]
> (그래서 달려서, 시몬 베드로와 예수께서 사랑하셨던 또 다른 제자에게 가서, 그들에게 말했다. "누가 주님을 무덤에서 가져갔습니다. 어디에 두었는지 모르겠습니다."[20:2])

[1] イエスが愛(あい)しておられた、もう一人(ひとり)の弟子(でし) : 예수께서 사랑하셨던 또 다른 제자.

「愛(あい)しておられた」는 「愛(あい)している」의 レル형 경어 「愛(あい)しておられる」의 과거로 〈イエス〉를 높이는 데에 사용하고 있다.

[2] だれかが、主(しゅ)を墓(はか)から取(と)り去(さ)りました : 누가 주님을 무덤에서 가져갔습니다.

「取(と)り去(さ)る」는 「取(と)る」의 연용형에 「去(さ)る」가 결합한 복합동사인데 여기에서는 전항동사와 후항동사의 각각의 의미가 보존되어 있다는 점을 고려하여 「가져가다 / 데리고 가다」로 번역한다.

---

102) [口語訳 / マルコによる福音書 14:36] 설명에서 인용.

219

[3]どこへ置(お)いたのか、わかりません : 어디에 두었는지 모르겠습니다. 현대어에서 「置(お)く」라는 동사는 일반적으로 「どこに置(お)く」와 같이 「～に」를 취하는데, 본 절에서는 「どこへ」와 같이 「～へ」와 같이 쓰이고 있다.

타 번역본에서는 어떻게 쓰이고 있는지 살펴보자.

[例]どこに置(お)いたのかわかりません。[塚本訳1963]

(어디에 두었는지 모르겠습니다.)

主(しゅ)をどこに置(お)いたのか、私(わたし)たちにはわかりません。[新改訳1970]

(주를 어디에 두었는지, 우리는 모르겠습니다.)

どこに置(お)かれたかわかりません」と。[前田訳1978]

(어디에 놓였는지 모르겠습니다.」라고.)

どこに置(お)かれているのか、わたしたちには分(わ)かりません。[新共同訳1987]

(어디에 놓여 있는지 우리는 모르겠습니다.)

どこに置(お)いたのか、私(わたし)たちにはわかりません」。[岩波翻訳委員会訳1995]

(어디에 두었는지 우리는 모르겠습니다.".)

「に」와「へ」

「に」와「へ」는 각각 격조사로 유사한 의미를 지니고 있는데, 약간 함의하는 의미의 범위가 다르다. 「に」는 목적지, 도착지를 좁은 범위에서 구체적으로 나타내고, 목적격이나 대격(対格)이라고 불리는 기능이 있다. 한편, 「へ」는 「辺(へ)」가 어원이라는 점에서도 목적지, 진행방향을 넓은 범위에서 나타내고, 향격(向格)이나 여격(与格)이라고 불리는 기능이 있다.

[例]東京(とうきょう)に行(い)くバス。

(도쿄에 가는 버스.)

東京(とうきょう)へ行(い)くバス。

(도쿄로 가는 버스.)

「東京(とうきょう)に行(い)くバス」는 「東京(とうきょう)」라는 목적지에 가는 것을 나타내고, 도쿄역이나 신주큐, 이케부쿠로 등 비교적 한정된 장소를 가리키지만, 「東京(とうきょう)へ行(い)くバス」는 도쿄 방향을 향하는 것을 나타내며, 도쿄역이나 신주쿠 등에 한정하지 않고, 요코하마나 도쿄디즈니랜드 등 비교적 광역도 포함한다. 즉 범위의 차이가 있는 셈이다.

「大阪(おおさか)に行(い)く電車(でんしゃ) ; 오사카에 가는 전철」과 「大阪(おおさか)へ行(い)く電車(でんしゃ) ; 오사카로 가는 전철」에서는, 전자는 「오사카・우메다역 또는 오사카환상선(大阪環状線)이 접속하는 역에 가는 전철」을 가리키지만, 후자는 신오사카(新大阪)일지도 모르고, 아마가사키(尼崎 ; あまがさき)나 사쿠라지마(桜島 ; さくらじま), 간사이국제공항일지도 모른다. 「に」는 목적지이고, 「へ」는 어디까지 방향인 것이다.

「病院(びょういん)に行(い)く ; 병원에 가다」이면, 병원에서 진찰받기 위해 그곳에 가는 의미가 되지만, 「病院(びょういん)へ行(い)く ; 병원에 가다」인 경우에는, 병원 건물 근처에 가는 일이 되고, 건물을 안표로 나가는지, 병문안인지 목적을 알 수 없다. 「に」라는 격조사에는 그 곳에 가는 목적도 어느 정도 포함한다. 그러나 거의 같은 의미로 사용되고 있는 것도 사실이다. 이 경우, 의미가 아니라 음(音)으로 구별해서 사용하는 경우도 있는 것 같다.

예를 들어,

[例] 私(わたし)が一番(いちばん)好(す)きな歌手(かしゅ)が一位(いちい)になった。
　　(내가 가장 좋아하는 가수가 1위가 되었다.)

라는 문을,

[例]私(わたし)の一番(いちばん)好(す)きな歌手(かしゅ)が一位(いちい)になった。
(내가 가장 좋아하는 가수가 1위가 되었다.)

라는 식으로, 「が」의 연속을 피해, 「が」를 「の」로 치환하는 경우도 있는 것 같다. 마찬가지로,

[例]買(か)い物(もの)に河原町(かわらまち)に行(い)く。
(장을 보기 위해 가와라마치에 가다.)를
[例]買い物に河原町(かわらまち)へ行く。
(장을 보기 위해 가와라마치로 가다.)로,

[例]友達(ともだち)に会(あ)いに花時計(はなどけい)に行く。
(친구를 만나러 하나도케이에 가다.)를
[例]友達(ともだち){と・へ}会いに花時計(はなどけい)へ行く。
({친구와・친구를} 만나러 하나도케이에 가다.)

와 같이 조사를 구별해서 사용함으로써 읽기가 용이해지는 일은 종종 있다. 의미의 차이도 있지만, 의미의 차이는 그다지 신경 쓰이지 않기 때문에 의미가 아니라 음으로 구별해서 사용해 보는 것도 좋을지도 모른다.[103]

> そこでペテロともう一人(ひとり)の弟子(でし)は出(で)かけて、[1]墓(はか)へ向(む)かって行(い)った。[ヨハネによる福音書 20:3]
> (그래서 베드로와 또 다른 제자는 나가서, 무덤을 향해 갔다.[20:3])

[1]墓(はか)へ向(む)かって行(い)った : 무덤을 향해 갔다. 이 부분에 관해 타 번역본

---

103) https://detail.chiebukuro.yahoo.co.jp/qa/question_detail/q1131819166에서 인용하여 적의 번역함.

에서는 다음과 같이 표현하고 있다.

[例]墓(はか)へと急(いそ)いだ。[塚本訳1963]

   (무덤으로 서둘러 갔다.)

   墓(はか)のほうへ行(い)った。[新改訳1970]

   (무덤 쪽으로 갔다.)

   墓(はか)に行(い)った。[前田訳1978]

   (무덤에 갔다.)

   墓(はか)へ行(い)った。[新共同訳1987]

   (무덤으로 갔다.)

   墓(はか)に行(い)こうとした。[岩波翻訳委員会訳1995]

   (무덤에 가려고 했다.)

> [1]二人(ふたり)は一緒(いっしょ)に走(はし)り出(だ)したが、そのもう一人(ひとり)の弟子(でし)の方(ほう)が、ペテロよりも早(はや)く走(はし)って[2]先(さ)に墓(はか)に着(つ)き、[ヨハネによる福音書 20:4]
> (두 사람은 함께 달리기 시작했지만, 그 다른 제자 쪽이 베드로보다도 빨리 달려 먼저 무덤에 도착해서,[20:4])

[1]二人(ふたり)は一緒(いっしょ)に走(はし)り出(だ)したが、: 두 사람은 함께 달리기 시작했지만.「走(はし)り出(だ)した」는「走(はし)る」의 연용형에 개시상을 나타내는「出(だ)す」가 결합한 복합동사「走(はし)り出(だ)す」의 과거형이다.

  [例]彼等(かれら)は山(やま)の斜面(しゃめん)を走(はし)り出(だ)した。

    (그들은 산의 경사면을 달리기 시작했다.)

    招待(しょうたい)選手(せんしゅ)たちが一斉(いっせい)に走(はし)り出(だ)した。

    (초대 선수들이 일제히 달리기 시작했다.)

    彼女(かのじょ)はまた笑(わら)った目(め)を見(み)せると、急(きゅう)に走(はし)り

出(だ)した。でも砂(すな)に足(あし)をとられてすぐに倒(たお)れてしまった。
(그녀는 다시 웃는 눈을 보이고, 급히 달리기 시작했다. 하지만 모래에 다리가 걸려서 금방 쓰러지고 말았다.)

[2]先(さき)に墓(はか)に着(つ)き、: 먼저 무덤에 도착해서. 「先(さき)に」는 「먼저」와 같이 시간적 개념으로 사용되고 있다.

[例]ゴールがあるから、そこまでいかに速(はや)く、人(ひと)より先(さき)に着(つ)くか努力(どりょく)できるし、工夫(くふう)もできる。
(골이 있으니까, 거기까지 얼마나 빠르게 남보다 먼저 도착할 것인지 노력할 수 있고, 궁리도 할 수 있다.)

11時(じゅういちじ)近(ちか)くまで飲(の)んで、熱海(あたみ)まで帰(かえ)らなければならない浅井(あざい)は、先(さき)に帰(かえ)ることになった。
(11시 가까이까지 마시고 아타미에 돌아가지 않으면 안 되는 아자이는 먼저 돌아가게 되었다.)

山内(やまうち)は、そう説明(せつめい)してから、先(さき)に着(つ)いてた四人(よにん)に、「もう、お会(あ)いになりましたか?」と、聞(き)いた。
(야마우치는 그렇게 설명하고 나서, 먼저 도착해 있던 4명에게 "이미 만나셨습니까?"라고 물었다.)

そして[1]身(み)を屈(かが)めてみると、[2]亜麻布(あまぬの)がそこに置(お)いてあるのを見(み)たが、中(なか)へは入(はい)らなかった。[ヨハネによる福音書 20:5]
(그리고 몸을 굽혀 보았더니, 아마 천이 거기에 놓여 있는 것을 보았지만, 안에는 들어가지 않았다.[20:5])

[1]身(み)を屈(かが)めてみると、: 몸을 굽혀 보았더니. 「屈(かが)めてみると」는

「屈(かが)める ; 굽히다 / 구부리다」에 시행을 나타내는 「〜てみる」가 접속된 「屈(かが)めてみる」에, 발견을 나타내는 「〜と」가 후접된 것이다.

[例]ホテルに戻(もど)ってみると、彼(かれ)の母親(ははおや)からメッセージが届(と)いていた。

(호텔에 돌아와 보니, 그의 어머니로부터 메시지가 도착해 있었다.)

しかもよく聞(き)いてみると、そのときの彼(かれ)についた女(おんな)の子(こ)は、なんと理沙(りさ)のようなのだ。

(게다가 잘 들어 보니, 그때 그에게 매달렸던 여자 아이는 아니 이게 리사인 것 같다.)

しかし、いろいろ調(しら)べてみると、この著者(ちょしゃ)の略歴(りゃくれき)があまり明確(めいかく)に書(か)かれていなかった。

(그러나 여러 가지로 조사해 보니, 이 저자 약력이 별로 명확하게 쓰여 있지 않았다.)

그리고 타 번역본에서는 이 부분을 어떻게 다루고 있는지 살펴보자.

[例]身(み)をかがめると、[塚本訳1963]

(몸을 굽히자,)

からだをかがめてのぞき込(こ)み、[新改訳1970]

(몸을 굽히고 들여다보고,)

かがむと[前田訳1978]

(몸을 굽히자,)

身(み)をかがめて中(なか)をのぞくと、[新共同訳1987]

(몸을 굽히고 안을 들여다보니,)

かがみこんでみると、[岩波翻訳委員会訳1995]

(몸을 구부려 웅크려 보니,)

[2]亜麻布(あまぬの)がそこに置(お)いてあるのを見(み)たが、: 아마 천이 거기에 놓여 있는 것을 보았지만. 「置(お)いてある」는 「置(お)く」에 결과의 상태를 나타내는 「~てある」가 접속된 것이고, 「置(お)いてあるのを見(み)た」의 「~を見(み)た」의 「見(み)る」는 본동사로 쓰인 것이다.

[例]私(わたし)は彼(かれ)がやってくるのを見(み)たが、声(こえ)はまだ何(なに)も聞(き)こえなかった。

(나는 그가 다가오는 것을 보았지만, 소리는 아직 아무 것도 들리지 않았다.)

フロントガラスの前(まえ)で、そのお兄(にい)ちゃんが何(なに)かを落(お)とすのを見(み)たが、それが俺(おれ)の灰皿(はいざら)だったとは。

(프런트 글라스(자동차의 정면 유리창) 앞에서 그 형이 무엇인가를 떨어뜨리는 것을 보았지만, 그것이 내 재떨이였다니.)

警部(けいぶ)はデスクの引(ひ)き出(だ)しを開(あ)けて、その中(なか)にあるものを見(み)たが、すぐに引(ひ)き出(だ)しを閉(し)めてしまった。

(경부는 데스크 서랍을 열고 그 안에 있는 것을 보았지만, 금방 서랍을 닫아 버렸다.)

[1]シモン・ペテロも続(つづ)いて来(き)て、墓(はか)の中(なか)に入(はい)った。彼(かれ)は亜麻布(あまぬの)がそこに置(お)いてあるのを見(み)たが、
[ヨハネによる福音書 20:6]
(시몬 베드로도 뒤따라와서 무덤 안에 들어왔다. 그는 아마 천이 거기에 놓여 있는 것을 보았지만, [20:6])

[1]シモン・ペテロも続(つづ)いて来(き)て、墓(はか)の中(なか)に入(はい)った: 시몬 베드로도 뒤따라와서 무덤 안에 들어왔다. 「続(つづ)いて来(き)て」는 「続(つづ)く」에 「来(く)る」가 접속조사 「~て」를 매개로 해서 순차동작으로 연결된 것이다.

[例]堀内(ほりうち)が耐(た)えられなくなって笑(わら)い出(だ)した。森(もり)も続(つ

づ)いて笑(わら)う。

(호리쿠치가 참지 못하고 웃음을 터뜨렸다. 모리도 뒤따라 웃는다.)

私(わたし)たちも続(つづ)いて行(い)くと、新婦(しんぷ)の家(いえ)は日干(ひぼ)しレンガ造(づく)りの半地下式(はんちかしき)になっていた。

(우리도 뒤따라가니, 신부 집은 햇볕에 말린 벽돌로 지은 반 지하 식으로 되어 있었다.)

最初(さいしょ)に階段(かいだん)を上(あ)がり切(き)ったヨシが声(こえ)をあげた。四郎(しろう)も続(つづ)いて上(あ)がって目(め)を丸(まる)くした。

(먼저 계단을 다 올라간 요시가 소리를 질렀다. 시로도 뒤따라 올라와서 놀라 눈을 똥그랗게 떴다.)

浴室(よくしつ)へ行(い)き、フロに浸(つ)かる。犯人(はんにん)も続(つづ)いて浴室(よくしつ)に入(はい)った。そして彼(かれ)を刺(さ)した。この時(とき)のナイフは、あらかじめ用意(ようい)したものだ。

(욕실에 가서, 욕조에 몸을 담근다. 범인도 뒤따라 욕실에 들어갔다. 그리고 그를 찔렀다. 이때의 칼은 미리 준비한 것이다.)

[1]イエスの頭(あたま)に巻(ま)いてあった布(ぬの)は亜麻布(あまぬの)のそばにはなくて、離(はな)れた別(べつ)の場所(ばしょ)に[2]くるめてあった。[ヨハネによる福音書 20:7]

(예수의 머리에 감겨 있던 천[수건]은 아마 천 옆에가 아니라, 떨어진 다른 곳에 개켜 있었다.[20:7])

[1]イエスの頭(あたま)に巻(ま)いてあった布(ぬの) : 예수의 머리에 감겨 있던 천. 「巻(ま)いてあった」「巻(ま)く ; 감다 / 말다」에 결과의 상태를 나타내는 「〜てある」가 접속된 「巻(ま)いてある」의 과거인데, 여기에서는 「감겨 있다」로 번역해 둔다.

[例]ラッパーというのは、本(ほん)の外側(そとがわ)に巻(ま)いてある、通称(つうしょ

う)"カバー"のことだ。

(래퍼(wrapper)라는 것은 책 바깥쪽에 감겨 있는 통칭 "커버"를 말한다.)

彼(かれ)は低(ひく)くかがんで、チェーンがしっかり巻(ま)いてあるかどうか調(しら)べた。

(그는 낮게 구부려서 체인이 제대로 감겨 있는지 어떤지를 조사했다.)

そのやかんの持(も)ち手(て)の部分(ぶぶん)に布(ぬの)が巻(ま)いてあったもので、過熱(かねつ)によって発火(はっか)し、それが畳(たたみ)に落(お)ちた。

(그 주전자 손잡이 부분에 천이 감겨 있어서, 과열에 의해 발화해서 그것이 다다미에 떨어졌다.)

그리고「巻(ま)いてあった布(ぬの)」에 관해서는 타 번역본에서는 다음과 같이 기술되어 있다.

[例]頭(あたま)をつつんだ手拭(てぬぐい)[塚本訳1963]

(머리를 싼 수건)

イエスの頭(あたま)に巻(ま)かれていた布切(ぬのぎ)れは、[新改訳1970]

(예수 머리에 감겨 있었던 천 조각은,)

頭(あたま)にかけた手拭(てぬぐい)も[前田訳1978]

(머리에 덮인 수건도)

イエスの頭(あたま)を包(つつ)んでいた覆(おお)いは、[新共同訳1987]

(예수 머리를 싸고 있었던 씌우개는,)

彼(かれ)の頭(あたま)のところにあった、あの汗(あせ)ふき布(ぬの)が、[岩波翻訳委員会訳1995]

(그 머리 부근에 있었던, 그 땀을 닦는 천이,)

[2]くるめてあった : 개켜 있었다.「くるめてあった」「くるめる ; 하나로 뭉뚱그리다 / 한데 합치다」에 결과의 상태를 나타내는「～てある」가 접속된「くるめてある」의

과거인데, 여기에서는 「개켜 있었다」로 번역해 둔다. 이 부분은 타 번역본에서는 다음과 같이 묘사되어 있다.

[例]包(つつ)んだまま(の形(かたち))になっていた。[塚本訳1963]

　　(싼 채(의 모양)로 되어 있었다.)

　　巻(ま)かれたままになっているのを見(み)た。[新改訳1970]

　　(감긴 채로 되어 있는 것을 보았다.)

　　まるめてあった。[前田訳1978]

　　(뭉쳐 있었다.)

　　丸(まる)めてあった。[新共同訳1987]

　　(뭉쳐 있었다.)

　　まるめられているのを〔看(み)る〕。[岩波翻訳委員会訳1995]

　　(뭉쳐져 있는 것을 〔본다〕.)

[1]すると、先(さき)に墓(はか)に着(つ)いたもう一人(ひとり)の弟子(でし)も入(はい)って来(き)て、これを見(み)て信(しん)じた。[ヨハネによる福音書 20:8]
(그러자, 먼저 무덤에 도착한 또 다른 제자도 들어와서 이것을 보고 믿었다.[20:8])

[1]すると : 그러자. [동사 「する」의 종지형 + 접속조사 「と」]에서 접속사로 전성된 것으로

①계기하는 사항을 나타낸다. 그러자.

　「すると、突然(とつぜん)真(ま)っ暗(くら)になった。」

　(그러자 갑자기 날이 아주 어두워졌다.) →「そうすると」

②전건에서 판단한 결과를 이끈다. 그러면.

　「すると、君(きみ)は知(し)っていたのか。」

(그러면, 자네는 알고 있었나?) → 「それでは」[104]
의 의미를 나타내는데, 본 절의「すると」는 ①의 용법으로 쓰인 것이다.

[例]すると、彼(かれ)らはすぐに網(あみ)を捨(す)てて、イエスに従(したが)った。[口語訳 / マルコによる福音書 1:18]
(그러자 그들은 금방 그물을 버리고 예수를 따랐다.)[마가복음 1:18][105]

すると、汚(けが)れた霊(れい)は彼(かれ)をひきつけさせ、大声(おおごえ)をあげて、その人(ひと)から出(で)て行(い)った。[口語訳 / マルコによる福音書 1:26]
(그러자, 악령은 그에게 경련을 일으키게 만들고, 큰소리를 내며 그 사람에게서 나갔다.)[마가복음 1:26][106]

すると、人々(ひとびと)が一人(ひとり)の中風(ちゅうぶ)の者(もの)を四人(よにん)の人(ひと)に運(はこ)ばせて、イエスのところに連(つ)れて来(き)た。[口語訳 / マルコによる福音書 2:3]
(그러자 사람들이 중풍에 걸린 한 사람을 네 사람에게 들게 해서 예수에게 데리고 왔다.)[마가복음 2:3][107]

しかし、彼(かれ)らは死人(しにん)のうちから[1]イエスが蘇(よみがえ)るべきことをしるした聖句(せいく)を、[2]まだ悟(さと)っていなかった。[ヨハネによる福音書 20:9]
(그러나 그들은 죽은 자 가운데에서 예수께서 살아나야 한다는 것을 적은 성구를 아직 깨닫지 못하고 있었다.[20:9])

---

104) 李成圭 (2018c) 『일본어 구어역 마가복음의 언어학적 분석Ⅰ』 시간의물레. pp. 18-19에서 인용.
105) 李成圭 (2018c) 『일본어 구어역 마가복음의 언어학적 분석Ⅰ』 시간의물레. p. 25에서 인용.
106) 李成圭 (2018c) 『일본어 구어역 마가복음의 언어학적 분석Ⅰ』 시간의물레. p. 39에서 인용.
107) 李成圭 (2018c) 『일본어 구어역 마가복음의 언어학적 분석Ⅰ』 시간의물레. p. 71에서 인용.

[1]イエスが蘇(よみがえ)るべきことをしるした聖句(せいく)を、: 예수께서 살아나야 한다는 것을 적은 성구를.「蘇(よみがえ)るべきこと」는「蘇(よみがえ)る」에 의무나 당위성을 나타내는「べき」가 접속된「蘇(よみがえ)るべき」가 뒤에 오는 형식명사「こと」를 수식하고 있다.

 타 번역본에서는 다음과 같이 기술되어 있다.

[例]イエスは死人(しにん)の中(なか)から復活(ふっかつ)されねばならないという聖書(せいしょ)の言葉(ことば)が、[塚本訳1963]

(예수께서 죽은 자 가운데에서 부활되지 않으면 안 된다고 하는 성서의 말이,)

イエスが死人(しにん)の中(なか)からよみがえらなければならないという聖書(せいしょ)を、[新改訳1970]

(예수께서 죽은 자 가운데에서 살아나지 않으면 안 된다고 하는 성서를,)

「彼(かれ)は死人(しにん)の中(なか)から復活(ふっかつ)されねばならぬ」という聖書(せいしょ)のことばが、[前田訳1978]

(그는 죽은 자 가운데에서 부활되지 않으면 안 된다."라고 하는 성서의 말이,)

イエスは必(かなら)ず死者(ししゃ)の中(なか)から復活(ふっかつ)されることになっているという聖書(せいしょ)の言葉(ことば)を、[新共同訳1987]

(예수께서 반드시 죽은 자 가운데에서 부활되게 되어 있다고 하는 성서의 말을,)

彼(かれ)が死人(しにん)たちの中(なか)から甦(よみがえ)らなければならないという聖書(せいしょ)が、[岩波翻訳委員会訳1995]

(그가 죽은 자 가운데에서 살아나지 않으면 안 된다고 하는 성서가,)

[2]まだ悟(さと)っていなかった: 아직 깨닫지 못하고 있었다.「悟(さと)っていなかった」는「悟(さと)る」에 결과의 상태를 나타내는「〜ている」의 부정 과거「〜ていなかった」가 접속된 것이다.

[例]父(ちち)には、まだ会社(かいしゃ)のことを話(はな)していなかったのだ。
(아버지에게는 아직 회사 일을 이야기하지 않았던 것이다.)
車(くるま)で出発(しゅっぱつ)していたら、まだここにたどりついていなかったかもしれないわね。
(차로 출발했더라면, 아직 여기에 도착해 있지 않았을지도 몰라.)
彼(かれ)は、まだ帰宅(きたく)していなかった。聡美(さとみ)はためらいながらも、マンションの前(まえ)で彼(かれ)を待(ま)つことにした。
(그는 아직 집에 돌아와 있지 않았다. 사토미는 주저하면서도 맨션 앞에서 그를 기다리기로 했다.)

> それから、二人(ふたり)の弟子(でし)たちは自分(じぶん)の家(いえ)に[1]帰(かえ)って行(い)った。[ヨハネによる福音書 20:10]
> (그리고 나서 2명의 제자들은 자기 집에 돌아갔다.[20:10])

[1]帰(かえ)って行(い)った : 돌아갔다. 「帰(かえ)って行(い)った」는 「帰(かえ)る」에 접속조사 「〜て」를 매개로 하여 「行(い)く」가 접속된 「帰(かえ)って行(い)く」의 과거이다.

[例]列車(れっしゃ)の出発(しゅっぱつ)十分前(じゅっぷんまえ)に、カップルは手(て)を振(ふ)りながら帰(かえ)って行(い)った。
(열차 출발 십분 전에 커플은 손을 흔들면서 돌아갔다.)
交渉(こうしょう)委員(いいん)が本社(ほんしゃ)へ社長(しゃちょう)に会(あ)いに行(い)った。職工(しょっこう)は5時(ごじ)になると帰(かえ)って行(い)った。
(교섭 위원이 본사로 사장을 만나러 갔다. 직공은 5시가 되자, 돌아갔다.)
中国(ちゅうごく)大陸(たいりく)を支配(しはい)していたモンゴル兵(へい)は、土地(とち)に執着(しゅうちゃく)せず、風(かぜ)のように騎馬(きば)で北(きた)の草原(そうげん)へ帰(かえ)って行(い)った。

(중국 대륙을 재배했던 몽골병은 토지에 집착하지 않고 바람처럼 기마로 북쪽 초원에 돌아갔다.)

⟪92⟫ [ヨハネによる福音書 20:11 - 20:18]

しかし、マリヤは墓(はか)の外(そと)に立(た)って泣(な)いていた。[1]そして泣(な)きながら、[2]身(み)をかがめて墓(はか)の中(なか)を覗(のぞ)くと、[ヨハネによる福音書 20:11]
(그러나 마리아는 무덤 밖에 서서 울고 있었다. 그리고 울면서 몸을 굽혀서 무덤 안을 들여다보니,[20:11])

[1] そして泣(な)きながら、: 그리고 울면서.「泣(な)きながら」의「～ながら」는 동시진행을 나타내는 접속조사로 쓰이고 있다.
 [例] 兄(あに)は泣(な)きながら、園内(えんない)を駆(か)け回(まわ)った。
  (형은 울면서 원내를 이리저리 뛰어다녔다.)
  私(わたし)も声(こえ)を合(あ)わせて笑(わら)いながら、ときどき指先(ゆびさき)で目尻(めじり)の涙(なみだ)を拭(ぬぐ)った。
  (나도 소리를 맞추어, 웃으면서 가끔 손가락 끝으로 눈가의 눈물을 닦았다.)
  やがて列車(れっしゃ)は、水上(みなかみ)を過(す)ぎ、深夜(しんや)の長岡駅(ながおかえき)の案内(あんない)をかすかに耳(みみ)にしながら、私(わたし)は眠(ねむ)りに落(お)ちていきました。
  (드디어 열차는 미나카미를 지나, 심야의 나가오카역 안내를 희미하게 들으면서 나는 잠에 빠지고 말았다.)

[2] 身(み)をかがめて墓(はか)の中(なか)を覗(のぞ)くと、: 몸을 굽혀서 무덤 안을 들

여다보니.「身(み)をかがめる[屈める]」는「몸을 굽히다 / 몸을 구부리다」의 뜻이고,「中(なか)を覗(のぞ)く」의「覗(のぞ)く」는「좁은 틈이나 구멍으로 {엿보다 / 들여다보다}」의 뜻을 나타낸다.

    타 번역본에서는 이 부분을 어떻게 다루고 있는지 살펴보면 다음과 같다.

[例]かがんで墓(はか)の中(なか)をのぞくと、[塚本訳1963]

    (몸을 굽혀서 무덤 안을 들여다보니,)

からだをかがめて墓(はか)の中(なか)をのぞき込(こ)んだ。[新改訳1970]

    (몸을 굽혀서 무덤 안을 들여다보았다.)

墓(はか)にかがみ込(こ)むと、[前田訳1978]

    (무덤에 몸을 구부려 웅크리니,)

身(み)をかがめて墓(はか)の中(なか)を見(み)ると、[新共同訳1987]

    (몸을 굽혀서 무덤 안을 보니,)

身(み)をかがめてみた。[岩波翻訳委員会訳1995]

    (몸을 굽혀 보았다.)

[1]白(しろ)い衣(ころも)を着(き)た二人(ふたり)の御使(みつかい)が、[2]イエスの死体(したい)の置(お)かれていた場所(ばしょ)に、一人(ひとり)は頭(あたま)の方(ほう)に、一人(ひとり)は足(あし)の方(ほう)に、座(すわ)っているのを見(み)た。[ヨハネによる福音書 20:12]
(흰 옷을 입은 천사 2명이 예수의 시신이 놓여 있던 곳에, 한 사람은 머리맡에, 한 사람은 발치에 앉아 있는 것을 보았다.[20:12])

[1]白(しろ)い衣(ころも)を着(き)た二人(ふたり)の御使(みつかい)が、: 흰 옷을 입은 천사 2명이.「衣(ころも)」는 현대어에서「옷 / 의복」의 문장어로 쓰인다.

    [例]墓(はか)の中(なか)に入(はい)ると、右手(みぎて)に真白(まっしろ)な長(なが)い衣(ころも)を着(き)た若者(わかもの)が座(すわ)っているのを見(み)て、非常(ひ

じょう)に驚(おどろ)いた。[口語訳 / マルコによる福音書 16:5]

(무덤 안에 들어가서 오른쪽에 새하얀 긴 옷을 입은 젊은이가 앉아 있는 것을 보고 매우 놀랐다.)[마가복음 16:5][108]

[2]イエスの死体(したい)の置(お)かれていた場所(ばしょ)に、: 예수의 시신이 놓여 있던 곳에. 「死体(したい)の置(お)かれていた」の「～の」는 연체수식절 내의 주격으로 쓰이고 있고, 「置(お)かれていた」는 「置(お)く」의 수동 「置(お)かれる」에 과거 시점에 있어서의 결과의 상태를 나타내는 「～ていた」가 접속된 것이다.

[例]無理(むり)でしょうね。鍵(かぎ)の置(お)かれていたテーブルは、扉(とびら)からかなり離(はな)れていましたからね。どうやって戻(もど)すことができるんですか。

(무리이겠지요. 열쇠가 놓여 있던 테이블은 문짝에서 상당히 떨어져 있었으니까요. 어떻게 돌려놓을 수 있습니까?)

ここでは、ダンテは彼(かれ)の置(お)かれていた、ヨーロッパ中世(ちゅうせい)世界(せかい)の言語(げんご)だったキリスト教(きょう)の知識(ちしき)を、ギリシアの思想(しそう)に照合(しょうごう)しながら、はりつめた言語(げんご)を組(く)み合(あ)わせて、彼(かれ)にもまたすべてが掴(つか)めない、あたらしい世界(せかい)の解明(かいめい)をこころみている。

(여기에서는 단테는 그가 놓여 있었던, 유럽 중세 세계의 언어였던 기독교의 지식을 그리스 사상에 조합하면서, 긴장된 언어를 짜 맞추어서 그 역시 모든 것을 잡을 수 없는, 새로운 세계의 해명을 시도하고 있다.)

彼(かれ)は、舞台(ぶたい)の上(うえ)に最初(さいしょ)から置(お)かれていた聖子(せいこ)さんの死体(したい)を、おれたちの視界(しかい)から、みごとに消(け)してみせたんだ。

(그는 무대 위에 처음부터 놓여 있던 세이코 씨의 시신을 우리들 시계에서 멋지게 지워 보였던 것이다.)

---

108) [口語訳 / マルコによる福音書 16:5]에서 인용.

> すると、彼(かれ)らはマリヤに、「[1]女(おんな)よ、なぜ泣(な)いているのか」と言(い)った。マリヤは彼(かれ)らに言(い)った、「だれかが、わたしの主(しゅ)を取(と)り去(さ)りました。そして、[2]どこに置(お)いたのか、わからないのです」。[ヨハネによる福音書 20:13]
>
> (그러자, 그들은 마리아에게 "여인아, 왜 울고 있느냐?"라고 말했다. 마리아는 그들에게 말했다. "누군가가 주님을 가져갔습니다. 그리고 어디에 두었는지 모르겠습니다."[20:13])

[1]女(おんな)よ、なぜ泣(な)いているのか : 여인아, 왜 울고 있느냐? 「女(おんな)よ」의 「~よ」는 호격(呼格) 조사이다. 그리고 이 부분은 타 번역본에서는 다음과 같이 쓰이고 있다.

[例]「女(おんな)の人(ひと)、なぜ泣(な)くのか。」[塚本訳1963]

   ("여자여, 왜 우느냐?")

「なぜ泣(な)いているのですか。」[新改訳1970]

   ("왜 울고 있는 것입니까?")

「女(おんな)の人(ひと)、なぜ泣(な)くのか」と。[前田訳1978]

   ("여자여, 왜 우느냐?"하고)

「婦人(ふじん)よ、なぜ泣(な)いているのか」[新共同訳1987]

   ("부인이여, 왜 울고 있느냐?")

「女(おんな)よ、何(なに)を泣(な)いているのか」[岩波翻訳委員会訳1995]

   ("여인아, 무엇을 울고 있느냐?")

[2]どこに置(お)いたのか、わからないのです : 어디에 두었는지 모르겠습니다. 본 절에서는 「どこに置(お)いたのか」의 「どこに」와 같이 도착점을 나타내는 「~に」가 쓰이고 있지만, [ヨハネによる福音書 20:2]에서는 「どこへ置(お)いたのか、わかりません。」의 「どこへ」와 같이 동작의 방향을 나타내는 「~へ」가 쓰이고 있다. 그

리고 [ヨハネによる福音書 20:2]에서는 객관적 서술을 나타내는「わかりません」
이 쓰이고 있는데, 본 절에서는「わからないのです」와 같이「わからない」에 어떤
사실이 틀림없다고 단언을 나타내는「〜のです」가 접속된 형태가 쓰이고 있
어, 울고 있는 이유에 관해 설명을 하고 있다.

> そう言(い)って、[1]後(うし)ろを振(ふ)り向(む)くと、そこに[2]イエスが立(た)っておられるのを見(み)た。しかし、[3]それがイエスであることに気(き)がつかなかった。[ヨハネによる福音書 20:14]
> (그렇게 말하고, 뒤를 돌아보자, 거기에 예수께서 서 계신 것을 보았다. 그러나 그 사람이 예수인 것을 알아차리지 못했다.[20:14])

[1]後(うし)ろを振(ふ)り向(む)くと、: 뒤를 돌아보자.「振(ふ)り向(む)く」는「振(ふ)る」의 연용형에「向(む)く」가 결합한 복합동사로「돌아보다」의 뜻을 나타낸다.「振(ふ)り向(む)くと」의「〜と」는「어떤 행동을 한 결과, 다음과 같은 사실을 알게 되었다」는 발견의 용법으로 쓰이고 있다.

[예]あわてて振(ふ)り向(む)くと、三十(さんじゅう)メートル前方(ぜんぽう)に車(くるま)が停(と)まっていた。
(당황해서 뒤돌아보자, 30미터 전방에 차가 서 있었다.)

いきなり振(ふ)り向(む)くと、ソファーの後(うし)ろの壁(かべ)に彼(かれ)の肖像画(しょうぞうが)が掛(か)けられていた。
(갑자기 뒤돌아보자, 소파 뒤의 벽에 그의 초상화가 걸려 있었다.)

思(おも)わず振(ふ)り向(む)くと、ロビーの隅(すみ)のほうに若(わか)いフィリピン女性(じょせい)が二十人(にじゅうにん)近(ちか)く集(あつ)められていた。
(무의식중에 뒤돌아보자, 로비 구석에 젊은 필리핀 여성이 20명 정도 모여 있었다.)

「土方(どかた)さんではないか」と声(こえ)をかけられて振(ふ)り向(む)くと、そこに

佐々木(ささき)が立(た)っていた。

("도카타 씨가 아닌가?"하는 소리가 나서 뒤돌아보니, 거기에 사사키가 서 있었다.)

[2]イエスが立(た)っておられるのを見(み)た : 예수께서 서 계신 것을 보았다. 「立(た)っておられる」는 「立(た)っている」의 레르형 경어로 〈イエス〉에 관해 쓰이고 있다.

[例]敵意(てきい)に満(み)ちた群衆(ぐんしゅう)の前(まえ)でイエスは衣服(いふく)をはがれ、裸(はだか)のままゴルゴタの丘(おか)に立(た)っておられる姿(すがた)をわたしたちは眺(なが)めます。

(적의에 찬 군중 앞에서 예수는 의복이 벗겨지고, 알몸 상태로 골고다 언덕에 서 계신 모습을 우리는 바라다봅니다.)

坂口(さかぐち)監督(かんとく)も黒(くろ)いロングコート姿(すがた)で立(た)っておられました。

(사카구치 감독도 검은 롱 코트 모습으로 서 계셨습니다.)

[3]それがイエスであることに気(き)がつかなかった : 그 사람이 예수인 것을 알아차리지 못했다. 「~に気(き)がつかなかった」의 「気(き)がつかなかった」는 「気(き)がつく; 깨닫다 / 눈치 채다 / 알아차리다」의 부정 과거로 「알아차리지 못했다」 「알지 못했다」에 상당하는 뜻을 나타낸다.

[例]いったいいつから泣(な)いていたんだか、全然(ぜんぜん)気(き)がつかなかった。

(도대체 언제부터 울고 있었는지 전혀 알아차리지 못했다.)

浦山(うらやま)が深夜(しんや)、あなたのマンションを抜(ぬ)け出(だ)したとしても、全然(ぜんぜん)気がつかなかったというわけですね。

(우라야마가 심야, 당신의 맨션을 빠져 나갔다고 하더라도, 전혀 알아차리지 못했다는 셈입니다.)

これまでは特(とく)に注意(ちゅうい)して見(み)なかったので、相似点(そうじて

ん)に気(き)がつかなかったのである。

(지금까지는 특별히 주의해서 보지 않았기 때문에 유사점을 알지 못했던 것이다.)

> イエスは女(おんな)に言(い)われた、「女(おんな)よ、なぜ泣(な)いているのか。だれを捜(さが)しているのか」。マリヤは、[1]その人(ひと)が園(その)の番人(ばんにん)だと思(おも)って言(い)った、「もしあなたが、[2]あの方(かた)を移(うつ)したのでしたら、どこへ置(お)いたのか、[3]どうぞ、おっしゃって下(くだ)さい。[4]わたしがその方(かた)を引(ひ)き取(と)ります」。[ヨハネによる福音書 20:15]
> (예수께서 여자에게 말씀하셨다. "여인아, 왜 울고 있느냐? 누구를 찾고 있느냐?" 마리아는 그 사람이 동산을 지키는 사람이라고 생각해서 말했다. "만일 당신이 그 분을 옮겼다면, 어디에 두었는지, 부디 말씀해 주십시오. 제가 그 분을 모시겠습니다."[20:15])

[1]その人(ひと)が園(その)の番人(ばんにん)だと思(おも)って言(い)った、: 그 사람이 동산을 지키는 사람이라고 생각해서 말했다. 「園(その)」는 「동산」「정원 / 뜰」의 뜻을, 「番人(ばんにん)」은 「지키는 사람 / 파수꾼」의 뜻을 나타낸다.

그런데 「園(その)の番人(ばんにん)」에 대해 타 번역본에서는 [塚本訳1963・前田訳1978・新共同訳1987]「園丁(えんてい) ; 정원사」, [新改訳1970]「園(その)の管理人(かんりにん) ; 동산의 관리인 / 정원사」, [岩波翻訳委員会訳1995]「庭師(にわし) ; 정원사」와 같이 표현하고 있다.

한편 한국어 성서에서는 [개역개정]「동산지기」, [개역한글]「동산지기」, [공동번역]「동산지기」, [표준새번역]「동산지기」, [우리말성경]「동산지기」로 되어 있다. 여기에서는 구어역의 「園(その)の番人(ばんにん)」에 따라 「동산을 지키는 사람」으로 번역해 둔다.

[2] あの方(かた)を移(うつ)したのでしたら、: 그 분을 옮겼다면.「あの方(かた); 그 분」의「あの」는 문맥지시 용법으로 쓰인 것이고,「移(うつ)したのでしたら」는「移(うつ)す; 옮기다」의 과거「移(うつ)した」에,「〜のです」에 가정조건을 나타내는「〜たら」가 접속된「〜のでしたら」가 후접한 것이다.

[例] そちらでこれがいいと言(い)って決(き)まったのでしたら、もう一度(いちど)建築(けんちく)の方(かた)と話(はな)したほうがいいと思(おも)います。

(그쪽에서 이것이 좋다고 해서 정해졌다면, 다시 한 번 건축하는 분과 이야기하는 편이 좋을 것 같습니다.)

貴方(あなた)が仲介(ちゅうかい)して知(し)り合(あ)ったのでしたら、そういったときの話(はなし)をすればいいのではないでしょうか。

(당신이 중개해서 알게 되었다면, 그 때의 이야기를 하면 좋지 않을까요?)

今(いま)は親(おや)にお年玉(としだま)をあげる人(ひと)も居(い)なくなりましたが、成人(せいじん)して結婚(けっこん)したのでしたら、逆(ぎゃく)にあげるのがマナーですよ。

(지금은 부모에게 세뱃돈을 주는 사람도 없어졌지만, 성인으로서 결혼했다면, 거꾸로 주는 것이 매너이에요.)

[3] どうぞ、おっしゃって下(くだ)さい : 부디 말씀해 주십시오.「おっしゃって下(くだ)さい」는「言(い)う」의 특정형 경어「おっしゃる」에 의뢰표현「〜て下(くだ)さい」가 접속된 것이다.

[例] ご用件(ようけん)をおっしゃってください。私(わたし)は通訳(つうやく)です。

(용건을 말씀해 주십시오. 저는 통역입니다.)

彼(かれ)に、わたしは彼女(かのじょ)の弁護士(べんごし)だとおっしゃってください。

(그에게 나는 그녀의 변호사라고 말씀해 주십시오.)

もし仮(かり)にいま、投票(とうひょう)するとすれば何党(なにとう)の候補者(こうほしゃ)になりそうですか。政党(せいとう)の名前(なまえ)を一(ひと)つだけおっし

やってください。

(만일 가령 지금 투표한다고 하면 어느 당의 후보자가 될 것 같습니까? 정당의 이름을 하나만 말씀해 주십시오.)

[4]わたしがその方(かた)を引(ひ)き取(と)ります : 제가 그 분을 모시겠습니다. 앞에서「あの方(かた)」라고 말한 다음, 화자는 청자가 해당 인물에 관해 이미 알고 있다고 판단하여,「その方(かた)」를 사용한 것이다.「引(ひ)き取(と)る」는「떠맡다 / 인수하다 / 맡다」의 뜻을 나타내는데, [ヨハネによる福音書 19:27]와 마찬가지로 여기에서도「떠맡다 → 모시다」로 번역해 둔다.

イエスは彼女(かのじょ)に「マリヤよ」と言(い)われた。[1]マリヤは振(ふ)り返(かえ)って、イエスに向(む)かってヘブル語(ご)で[2]「ラボニ」と言(い)った。それは、先生(せんせい)という意味(いみ)である。[ヨハネによる福音書 20:16]
(예수께서 그녀에게 "마리아야!"라고 말씀하셨다. 마리아는 되돌아보고, 예수를 향해 히브리어로 "랍오니"라고 말했다. 그것은 선생님이라는 의미이다.[20:16])

[1]マリヤは振(ふ)り返(かえ)って、 : 마리아는 되돌아보고.「振(ふ)り返(かえ)って」는「振(ふ)る」의 연용형에「返(かえ)る」가 결합된「振(ふ)り返(かえ)る ; (뒤를) 돌아다보다」의 テ형이다.

[2]「ラボニ」と言(い)った : "랍오니"라고 말했다. 구어역의「ラボニ」에 관해, [塚本訳 1963 · 新改訳 1970 · 前田訳 1978 · 新共同訳 1987]에서는「ラボニ」, [岩波翻訳委員会訳1995]에서는「ラッブーニ」와 같이 표기의 이동(異同)이 보인다.
한편 한국어 성서에서는 [개역개정]「랍오니」, [개역한글]「랍오니」, [공동번역]「라뽀니」, [표준새번역]「라부니」, [우리말성경]「랍오니」로 되어 있고, [라

이프성경사전]에서도 「랍오니」를 표제어로 삼고 있어, 여기에서는 「랍오니」 로 번역해 둔다.

⬜ 랍오니[Rabboni] : '큰 선생님'이란 뜻. 같은 의미를 가진 '라브'나 '랍비'보다 더 극존칭이다. 막달라 마리아가 부활하신 예수님을 부를 때(요 20:16), 여리고의 소경 바디매오가 눈 뜨기를 소원하며 예수님을 향해 부를 때(막 10:51, 개역한글판에서는 단순히 '선생님'으로 번역됨) 사용되었다. [네이버 지식백과] 랍오니 [Rabboni] (라이프성경사전, 2006. 8. 15., 생명의말씀사)[109]

⬜ ラボニ(Rabboni) :「내 스승」이라고 하는 의미의 셈어[110]의 말.(マル 10:51)「ラボニ」는「스승」을 의미하는「ラビ」라고 하는 경칭(敬称)보다도 더 경의가 있는 형이었는지, 혹은 더욱 개인적인 따뜻함을 전하는 말이었는지 모른다.(ヨハ 1:38) 그러나, 요한은 이것을 단순히「스승」이라고 하는 의미로밖에 번역하지 않아서, 요한이 쓴 시기에는 아마도, 이 말의 제1칭 접미사 (i)는, 이 칭호에 있어서의 그 특별한 의미를 소실했는지 모른다. (ヨハ 20:16)[111]

イエスは彼女(かのじょ)に言(い)われた、「[1]わたしに触(さわ)ってはいけない。[2]わたしは、まだ父(ちち)のみもとに上(のぼ)っていないのだから。ただ、わたしの兄弟(きょうだい)たち[112]の所(ところ)に行(い)って、『わたしは、わたしの父(ちち)またあなたがたの父(ちち)であって、[3]わたしの神(かみ)またあなたがたの神(かみ)であられる方(かた)のみもとへ上(のぼ)って行(い)く』と、

---

109) https://terms.naver.com/entry.nhn?docId=2391734&cid=50762&categoryId=51387에서 인용.
110) 보다 자세히 아람어(Lingua Aramaica). 아람어는 전에 시리아 지방, 메소포타미아에서 기원전 1,000년경부터 기원 600년경까지 쓰이고 있었고, 또한 현재도 레바논 등에서 쓰이고 있는 아프로·아시아어족 셈어파의 언어이다. https://ja.wikipedia.org/wiki/%E3%82%A2%E3%83%A9%E3%83%A0%E8%AA%9E에서 인용하여 일부 번역.
111) https://wol.jw.org/ja/wol/d/r7/lp-j/1200003615에서 인용하여 번역함.
112) [フランシスコ会訳(1984)]에서는「兄弟(きょうだい)たち」는 제자들을 가리킨다고 주를 달고 있다. 이상은 フランシスコ 会聖書研究所(1984)『新約聖書』サンパウロ. p. 393 주(5)에 의함.

> 彼(かれ)らに伝(つた)えなさい」。[ヨハネによる福音書 20:17]
> (예수께서 그녀에게 말씀하셨다. "내게 손을 대서는 안 된다. 나는 아직 아버지에게 올라가지 않았기 때문에. 그냥 내 형제들에게 가서 '나는 내 아버지 그리고 너희 아버지이고, 내 하나님 그리고 너희 하나님이신 분에게 올라간다.'고 그들에게 전하라."[20:17])

[1]わたしに触(さわ)ってはいけない : 내게 손을 대서는 안 된다. 「触(さわ)ってはいけない」는 「触(さわ)る ; 손을 대다 / 가볍게 닿다」에 금지를 나타내는 「〜てはいけない」가 접속된 것이다.

  [例]盲導犬(もうどうけん)にさわってはいけない、ということを知(し)らないのか、ロディの頭(あたま)をなでる人(ひと)もいます。

    (맹도견을 만져서는 안 된다, 라고 하는 것을 모르는가? 로디의 머리를 쓰다듬는 사람도 있습니다.)

  警察(けいさつ)の指示(しじ)がないかぎり、救貧院(きゅうひんいん)の入居者(にゅうきょしゃ)や看護婦(かんごふ)などが勝手(かって)に遺体(いたい)に触(さわ)ってはいけない、と彼(かれ)は前(まえ)の事件(じけん)のときに注意(ちゅうい)している。

    (경찰 지시가 없는 한, 구빈원의 입주자나 간호부 등이 멋대로 시신에 손을 대서는 안 된다고 그는 이전의 사건 때 주의를 주었다.)

[2]わたしは、まだ父(ちち)のみもとに上(のぼ)っていないのだから : 나는 아직 아버지에게 올라가지 않았기 때문에. 「まだ〜上(のぼ)っていない」의 「まだ〜ていない」는 미완료(미실현)을 나타낸다.

  [例]これをどうするかはこのときはまだ考(かんが)えていない。

    (이것을 어떻게 할 것인가는 이때는 아직 생각하지 않았다.)

  こうした信念(しんねん)をもつほか、彼(かれ)がどんな信念(しんねん)をもってい

るか、ぼくには<u>まだわかっていない</u>。
(이런 신념을 갖는 것 이외, 그가 어떤 신념을 가지고 있는지 나는 아직 몰랐다.)
わたしは、この高名(こうめい)なイタリアの演出家(えんしゅつか)の作品(さくひん)を<u>まだ</u>わずか三本(さんぼん)しか<u>見(み)ていない</u>。
(나는 이 고명한 이탈리아 연출가의 작품을 아직 불과 3편밖에 보지 않았다.)

그리고 「上(のぼ)っていないのだから」의 「〜のだから」는 선행하는 절(節)을 받아, 거기에서 서술된 내용이 사실이라고 인정하고, 그 사실이 원인·이유가 되어 그 다음에 오는 사항이 도출되는 것을 나타내는 접속조사가 종조사적으로 사용된 것이다. [ヨハネによる福音書 13:10] 설명 참조.

[例] 何(なん)といっても、あと少(すこ)しで人生(じんせい)が<u>変(か)わるのだから</u>。
(뭐라고 해도, 이제 조금만 있으면 인생이 바뀌기 때문에.)
私(わたし)たちには「こうでなければならない」というようなもの<u>はないのだから</u>。
(우리에게는 "이렇게 되지 않으면 안 된다."고 하는 그런 것은 없으니까.)
しかもその阻止(そし)効果(こうか)は、開発(かいはつ)に携(たずさ)わる人々(ひとびと)でさえ完全(かんぜん)であるとは<u>信(しん)じていないのだから</u>。
(게다가 그 저지 효과는 개발에 관여하는 사람들조차 완전하다고는 믿고 있지 않고 있기 때문에.)

[3] わたしの神(かみ)またあなたがたの神(かみ)であられる方(かた)のみもとへ上(のぼ)って行(い)く : 내 하나님 그리고 너희 하나님이신 분에게 올라간다. 「神(かみ)であられる方(かた)」의 「〜であられる」는 단정의 「〜である」의 レル형 경어로 〈神(かみ)〉에 관해 쓰이고 있다.

[例] 神(かみ)は<u>創造主(そうぞうしゅ)</u>であられるので、すべての被造物(ひぞうぶつ)が神(かみ)に服従(ふくじゅう)するしかありません。

(하나님께서는 창조주이시기 때문에 모든 피조물이 하나님께 복종하는 수밖에 없습니다.)

全地(ぜんち)は神(かみ)を賛美(さんび)せずにはいられません。イスラエルの贖(あがな)い主(しゅ)であられる神(かみ)は、万物(ばんぶつ)を創造(そうぞう)された無限(むげん)な御力(みちから)によって贖(あがな)いをなされます。

(온 세상은 하나님을 찬미하지 않고는 있을 수 없습니다. 이스라엘의 속죄주이신 하나님께서는 만물을 창조하신 무한한 힘에 의해 속죄를 하십니다.)

コリントにある神(かみ)の教会(きょうかい)、すなわち、わたしたちの主(しゅ)イエス・キリストの御名(みな)を至(いた)る所(ところ)で呼(よ)び求(もと)めているすべての人々(ひとびと)と共(とも)に、キリスト・イエスにあって清(きよ)められ、聖徒(せいと)として召(め)された方(かた)がたへ。このキリストは、わたしたちの主(しゅ)であり、また彼(かれ)らの主(しゅ)であられる。[口語訳 / コリント人への第一の手紙 1:2]

(고린도에 있는 하나님의 교회, 즉 우리 주 예수 그리스도 이름을 도처에서 불러 구하고 있는 모든 사람들과 함께 그리스도 예수 안에서 거룩해지고, 성도로서 부름을 받고 있는 분들에게. 이 그리스도께서는 우리의 주님이고, 또한 그들의 주님이시다.)[고린도전서 1:2]

それだから、あなたがたの天(てん)の父(ちち)が完全(かんぜん)であられるように、あなたがたも完全(かんぜん)な者(もの)となりなさい。[口語訳 / マタイによる福音書 5:48]

(그러므로 너희의 하늘에 계신 아버지께서 완전하신 것과 같이, 너희도 완전한 사람이 되어라.)[마태복음 5:48]

그리고 「あられる」는 「ある」의 レル형 경어로 「いらっしゃる」보다 다소 격식을 차리는 말씨인데, 「いる」「ある」의 존경어로 사용된다.

[例]お子様(こさま)が二人(ふたり)あられる。

(자제 분이 두 사람 계신다.)

生物(せいぶつ)学者(がくしゃ)であられる。

(생물학자이시다.)

マグダラのマリヤは弟子(でし)たちのところに行(い)って、自分(じぶん)が主(しゅ)に会(あ)ったこと、またイエスが[1]これこれのことを自分(じぶん)に[2]仰(おお)せになったことを、報告(ほうこく)した。[ヨハネによる福音書 20:18]
(막달라의 마리아는 제자들에게 가서, 자기가 주를 만난 것과 예수께서 이러저런 것을 자기에게 말씀하신 것을 보고했다.[20:18])

[1]これこれのことを : 이러저런 것을. 「これこれ」는 화제로 되어 있는 것을 하나하나 열거할 때 쓰는 말로 한국어의 「이러이러(함) / 여차여차(함)」에 상당하는 뜻을 나타낸다. ＝「斯々(かくかく)」「然々(しかじか)」

[例]これこれの理由(りゆう)で来(こ)られないそうだ。

(이러저런 이유로 올 수 없다고 한다.)

「物理(ぶつり)ではこれこれの成績(せいせき)、その他(た)数学(すうがく)と化学(かがく)ではどちらかにこれこれの成績(せいせき)を含(ふく)んでいなくてはいけない」というようなものだ。

("물리에서는 이러저런 성적, 그 밖의 수학과 화학에서는 어느 쪽인가에 이러저런 성적을 포함하고 있지 않으면 안 된다."고 하는 것과 같은 것이다.)

そこで王(おう)が、これこれを要求(ようきゅう)する、これこれのことに同意(どうい)する、これこれのことを決定(けってい)すると言(い)えば、それで事(こと)足(た)りるのです。

(그러자 왕이 이러저런 것을 요구한다. 이러저런 것에 동의한다. 이러저런 것을 결정한다고 하면, 그것으로 충분한 것입니다.)

[2]仰(おお)せになったことを、: 말씀하신 것을. 발화동사 「言(い)う」의 특정형 경어에는 「仰(おお)せになる」「仰(おお)せられる」「おっしゃる」가 있다.

「仰(おお)せになる」는 「言(い)う」의 존경어인 「仰(おお)す」의 연용형 「仰(おお)せ」에 다시 「~になる」가 접속하여, 존경의 의미가 강조된 형태이다. 「仰せになる」는 ナル형 경어로 「仰(おお)す」의 미연형 「仰(おお)せ」에 존경의 조동사 「~れる」가 접속한 レル형 경어 「仰(おお)せられる」에 대응하고 있다.[113] 구어역 신약성서에서 [지문]에서, 경어 주체가 <神(かみ)=主(しゅ)=父(ちち)>〈신적 예수=主(しゅ)〉이고, 당해 발화 행위가 심대하고 추상도가 높고 또한 대규모적인 사항을 나타낼 경우에는 최고위경어 「仰せになる」가 사용된다.[114]

[例]ダビデ自身(じしん)が聖霊(せいれい)に感(かん)じて言(い)った、『主(しゅ)はわが主(しゅ)に仰(おお)せになった、あなたの敵(てき)をあなたの足(あし)もとに置(お)くときまでは、わたしの右(みぎ)に座(ざ)していなさい』。[口語訳 / マルコによる福音書 12:36]

(다윗 자신이 성령에 감동받아 말했다. '주께서 내 주께 말씀하셨다. 네 적을 네 발밑에 둘 때까지는 내 오른쪽에 앉아 있어라')[마가복음 12:36][115]

---

113) 李成圭(2018b)「發話動詞〈言う〉の尊敬語の使用実態 - 日本語口語訳新約聖書を対象として-」『日本言語文化』第43輯, 韓国日本言語文化学会. p. 107에서 인용하여 적의 번역함.

114) 李成圭(2018b)「發話動詞〈言う〉の尊敬語の使用実態 - 日本語口語訳新約聖書を対象として-」『日本言語文化』第43輯, 韓国日本言語文化学会. p. 113에서 인용하여 적의 번역함.

115) [口語訳 / マルコによる福音書 12:36]에서 인용.

《93》[ヨハネによる福音書 20:19 - 20:23]

> その日(ひ)、すなわち、一週(しゅう)の初(はじ)めの日(ひ)の夕方(ゆうがた)、弟子(でし)たちはユダヤ人(じん)を恐(おそ)れて、[1]自分(じぶん)たちのおる所(ところ)の戸(と)をみな閉(し)めていると、イエスが入(はい)って来(き)て、彼(かれ)らの中(なか)に立(た)ち、[2]「安(やす)かれ」と言(い)われた。[ヨハネによる福音書 20:19]
> (그 날, 즉 일주의 첫날 저녁때, 제자들은 유대인을 두려워하여, 자기들이 있는 곳의 문을 전부 닫고 있었는데, 예수께서 들어와서 그들 가운데에 써서 "너희에게 평강이 있을지어다!"라고 말씀하셨다.[20:19])

[1]自分(じぶん)たちのおる所(ところ)の戸(と)をみな閉(し)めていると、: 자기들이 있는 곳의 문을 전부 닫고 있었는데.「戸(と)をみな閉(し)めていると」는「문을 전부 닫고 있었는데」의 뜻으로「閉(し)めている」는 동작의 진행을, 그리고「~と」는 기정조건을 나타내는 것으로 해석된다.

  타 번역본에서는 이 부분을 어떻게 묘사하고 있는지 살펴보면 다음과 같다.

[例]弟子(でし)たちのおる部屋(へや)の戸(と)には(皆(みな))鍵(かぎ)がかけてあったのに、[塚本訳1963]
(제자들이 있는 방문에는 (모두) 열쇠가 잠겨 있었는데,)

弟子(でし)たちがいた所(ところ)では、ユダヤ人(じん)を恐(おそ)れて戸(と)がしめてあったが、[新改訳1970]
(제자들이 있던 곳에서는 유대인을 두려워해서 문이 잠겨 있었지만,)

弟子(でし)たちのいるところにはユダヤ人(じん)をおそれて戸(と)に鍵(かぎ)がかけてあったが、[前田訳1978]
(제자들이 있는 곳에는 유대인을 두려워해서 문에 열쇠가 잠겨 있었지만,)

自分(じぶん)たちのいる家(いえ)の戸(と)に鍵(かぎ)をかけていた。そこへ、[新共

同訳1987]

(자기들이 있는 집의 문에 열쇠를 잠그고 있었다. 거기에,)

弟子(でし)たちがいたところは、ユダヤ人(じん)たちに対(たい)する恐(おそ)れのゆえに〔すべての〕戸(と)が閉(と)じられていた。それなのに、[岩波翻訳委員会訳1995]

(제자들이 있던 곳은 유대인들에 대한 두려움 때문에〔모든〕문이 잠겨 있었다. 그럼에도 불구하고,)

[2]「安(やす)かれ」: 「安(やす)い」의 고전어「安(やす)し」의 명령형이 관용적으로 쓰이고 있는 예로「너희에게 평강이 있을지어다!」에 상당하는 뜻을 나타낸다.
[例]霊(れい)よ、安(やす)かれ。
(영령이여 고이 잠드소서.)

타 번역본에서는 다음과 같이 표현되고 있다.
[例]「平安(へいあん)あれ」[塚本訳1963]
("평안하소서")
「平安(へいあん)があなたがたにあるように。」[新改訳1970]
("평안이 여러분께 있기를.")
「ごきげんよう」[前田訳1978]
("안녕하십니까?")
「あなたがたに平和(へいわ)があるように」[新共同訳1987]
("너희에게 평화가 있기를.")
「あなたがたに平和(へいわ)」[岩波翻訳委員会訳1995]
("너희에게 평화가 있기를.")

한편 한국어 성서에서는 [개역개정]「너희에게 평강이 있을지어다」, [개역한글]「너희에게 평강이 있을지어다」, [공동번역]「너희에게 평화가 있기를!」, [표준새번역]「너희에게 평화가 있기를!」, [우리말성경]「너희에게 평강이 있을지어다!」로 되어 있고, 여기에서는「너희에게 평강이 있을지어다!」로 번역해 둔다.

そう言(い)って、[1]手(て)と脇(わき)とを、彼(かれ)らにお見(み)せになった。弟子(でし)たちは主(しゅ)を見(み)て喜(よろこ)んだ。[ヨハネによる福音書 20:20]
(그렇게 말하고, 손과 옆구리를 그들에게 보이셨다. 제자들은 주를 보고 기뻐했다.[20:20])

[1]手(て)と脇(わき)とを、彼(かれ)らにお見(み)せになった : 손과 옆구리를 그들에게 보이셨다. 「お見(み)せになった」는「見(み)せる」의 ナル형「お見(み)せになる」의 과거이다.

[例]今(いま)あなたはその意欲(いよく)をお見(み)せになられました―もっとも心(こころ)の底(そこ)からのものではありませんが…。
(지금 당신께서는 그 의욕을 보이셨습니다 – 그렇다고 하더라도 마음속에서 나온 것은 아닙니다만….)
神(かみ)はそのように、基本的(きほんてき)には父性的(ふせいてき)な方(かた)ですが、あるときは非常(ひじょう)に母性的(ぼせいてき)な愛(あい)をお見(み)せになります。
(하나님께서는 그와 같이 기본적으로는 부성적인 분입니다만, 어떨 때는 대단히 모성적이 사랑을 보이십니다.)
真(ま)っすぐにその光(ひかり)の方(ほう)へ目(め)を向(む)けられ、その光(ひかり)の中(なか)にメッセージを読(よ)み取(と)っておられた。しかし、次(つぎ)にお見(み)せになった所作(しょさ)に吾々(われわれ)は大(おお)いに驚(おどろ)かされた。

(곧바로 그 빛 쪽에 눈을 돌리시고, 그 빛 속에 담긴 메시지를 읽어내고 계셨다. 그러나 다음에 보이신 태도에 우리들은 크게 놀랐다.)

> イエスはまた彼(かれ)らに言(い)われた、「安(やす)かれ。[1]父(ちち)がわたしをお遣(つか)わしになったように、わたしもまたあなたがたを遣(つか)わす」。[ヨハネによる福音書 20:21]
> (예수께서 다시 그들에게 말씀하셨다. "너희에게 평강이 있을지어다! 아버지께서 나를 보내신 것처럼 나도 또한 너희를 보낸다."[20:21])

[1]父(ちち)がわたしをお遣(つか)わしになったように、: 아버지께서 나를 보내신 것처럼. 「お遣(つか)わしになった」는 「遣(つか)わす」의 ナル형 경어인 「お遣(つか)わしになる」의 과거로 〈父(ちち)〉에 관해 쓰이고 있다.

> そう言(い)って、[1]彼(かれ)らに息(いき)を吹(ふ)きかけて仰(おお)せになった、「[2]聖霊(せいれい)を受(う)けよ。[ヨハネによる福音書 20:22][116]
> (이렇게 말하고, 그들에게 숨을 내뿜고 말씀하셨다. "성령을 받아라."[20:22])

[1]彼(かれ)らに息(いき)を吹(ふ)きかけて : 그들에게 숨을 내뿜고. 「吹(ふ)きかけて」는 「吹(ふ)く」의 연용형에 「かける」가 결합한 복합동사 「吹(ふ)きかける ; 세차게 내뿜다」의 テ형으로 순차동작을 나타낸다.

[예]鏡(かがみ)に息(いき)を吹(ふ)きかけて磨(みが)く。
(거울에 입김을 불어 닦다.)

消毒(しょうどく)の済(す)んだ背中(せなか)に、軽(かる)く息(いき)を吹(ふ)き掛

---

116) 본 절은 요한복음에 있어서의 「성령(聖靈)강림(降臨)」이라도 불리는 중요한 곳이다. 이상은 フランシスコ会訳(1984) 『新約聖書』 サンパウロ. p. 393 주(6)에 의함.

(か)けてやる。
(소독이 끝난 등에 가볍게 입김을 불어 준다.)
聞(き)いているのかいないのか、彼(かれ)は口(くち)を突(つ)き出(だ)し、熱(あつ)くもない白湯(さゆ)に息(いき)を吹(ふ)きかけて飲(の)んでいる。
(듣지 있는지 어떤지, 그는 입을 내밀고, 뜨겁지 않은 백탕에 입김을 불어 마시고 있다.)

[2]聖霊(せいれい)を受(う)けよ : 성령을 받아라.「受(う)けよ」는「受(う)ける」의 문장체 명령형이다.

[例]わたしの個人的(こじんてき)見解(けんかい)はこうだ。マスコミと共(とも)に仕事(しごと)をし、できるかぎり世間(せけん)からの援助(えんじょ)を受(う)けよ。
(내 개인적 견해는 이렇다. 매스컴과 함께 일을 하고, 가능한 한 세상의 원조를 받아라.)

> あなたがたが赦(ゆる)す罪(つみ)は、[1]だれの罪(つみ)でも赦(ゆる)され、[2]あなたがたが赦(ゆる)さずにおく罪(つみ)は、[3]そのまま残(のこ)るであろう」。[ヨハネによる福音書 20:23]
> (너희가 사하는 죄는 누구의 죄이든 사해질 것이고, 너희가 사하지 않고 내버려 두는 죄는 그대로 남아 있을 것이다.[20:23])

[1]だれの罪(つみ)でも赦(ゆる)され、: 누구의 죄이든 사해질 것이고.「赦(ゆる)され、」는「赦(ゆる)す」의 수동인「赦(ゆる)される」의 연용중지법으로 단순 연결의 용법으로 쓰이고 있다.

[例]そんな悪人(あくにん)の彼(かれ)でも、もしイエス・キリストを救(すく)い主(ぬし)として受(う)け入(い)れたなら、その罪(つみ)は赦(ゆる)され、天国(てんごく)に行(い)くことができたのです。

(그런 악인인 그도 만일 예수 그리스도를 구세주로서 받아들였다면, 그 죄는 사해지고, 천국에 갈 수 있었던 것입니다.)

[2] あなたがたが赦(ゆる)さずにおく罪(つみ)は、: 너희가 사하지 않고 내버려 두는 죄는. 「赦(ゆる)さずにおく」는 「赦(ゆる)す」의 미연형 「赦(ゆる)さ」에 부정의 「〜ずに」와 보조동사 「おく」가 접속된 것으로, 「〜ずにおく」는 [어떤 동작을 하지 않고 원래의 상태로 해 두다]의 뜻을 나타내는데, 한국어로는 「(…ㄴ 채) 그냥 두다 / 〜하지 않고 내버려 두다」에 상당한다. 그리고 「〜ずにおく」는 「〜ないでおく」로도 표현할 수 있다.

[例] 見(み)ずに置(お)く。
　　(보지 않는 채로 그냥 두다.)
　　仕事(しごと)をやらずに置(お)く。
　　(일을 안 하고 그냥 내버려 두다.)
　　必(かなら)ず捕(つか)まえてぐうと言(い)わせずには置(お)かない。
　　(반드시 붙잡아 찍소리도 못하게 만들고 말 것이다.)[117]
　　うちではその日(ひ)まで子供(こども)たちには知(し)らせずにおくつもりでいた。
　　(집에서는 그 날까지 어린이들에게는 알리지 않고 내버려 둘 생각으로 있었다.)
　　父(ちち)に電話(でんわ)がかかってきたが、疲(つか)れてよく寝(ね)ているようだったので起(お)こさずにおいた。
　　(아버지에게 전화가 걸려 왔지만, 피곤해서 잘 자고 있는 것 같아서 깨우지 않고 그냥 내버려 두었다.)
　　彼女(かのじょ)がショックを受(う)けると可愛(かわい)そうだから、このことは当分(とうぶん)言(い)わずにおきましょう。
　　(그녀가 쇼크를 받으면 불쌍하니까, 이 일은 당분간은 말을 하지 말고 내

---

117) https://ja.dict.naver.com/entry/jk/JK000000010349.nhn에서 인용하여 적의 번역함.

버려둡시다.)

明日(あした)病院(びょういん)で検査(けんさ)を受(う)けるなら、夕飯(ゆうはん)は食(た)べずにおいたほうがいいんじゃないですか。[118]

(내일 병원에서 검사를 받을 생각이라면, 저녁밥은 먹지 않고 내버려 두는 것이 좋지 않겠습니까?)

[3] そのまま残(のこ)るであろう : 그대로 남아 있을 것이다. 「そのまま」는 연체사 「その」에 형식명사 「まま」가 접속한 것으로, 「(그냥) 그대로」의 뜻을 나타낸다.

[例] 彼(かれ)には何(なに)が残(のこ)るだろうか。どんな会議(かいぎ)、習慣(しゅうかん)、報酬(ほうしゅう)、コミュニケーション方法(ほうほう)がそのまま残(のこ)るだろうか。

(그에게는 무엇이 남을까? 어떤 회의, 습관, 보수, 커뮤니케이션 방법이 그대로 남을 것인가?)

ところが、地方(ちほう)に帰(かえ)るお金(かね)を無(な)くしちゃって、そのまま残(のこ)る人(ひと)が多(おお)いんです。

(그런데, 지방에 돌아갈 돈을 잃어버리고 그대로 남는 사람이 많습니다.)

自己中心(じこちゅうしん)は、ある意味(いみ)自然(しぜん)な態度(たいど)です。そのまま、成長(せいちょう)しないで大人(おとな)になるのが問題(もんだい)でしょう。

(자기중심은 어떤 의미에서는 자연스러운 태도입니다. 그대로 성장하지 않고, 어른이 되는 것이 문제이겠지요.)

気(き)に入(い)った男性(だんせい)がいますが、おとなしい人(ひと)で、あまり会話(かいわ)もできずに連絡先(れんらくさき)も聞(き)かずそのまま、その場(ば)が終(お)わってしまいました。

(마음에 든 남성이 있습니다만, 얌전한 사람으로 별로 대화도 하지 못하고 연락처도 묻지 않은 채, 그 자리가 끝나고 말았습니다.)

---

[118] http://v5jp.com/html/fuxi/n1xjyf36.html에서 인용하여 적의 번역함.

《94》 [ヨハネによる福音書 20:24 - 20:29]

> 十二弟子(じゅうにでし)の一人(ひとり)で、[1]デドモと呼(よ)ばれているトマスは、[2]イエスが来(こ)られたとき、彼(かれ)らと一緒(いっしょ)にいなかった。[ヨハネによる福音書 20:24]
> (열두 제자 중의 한 사람으로 디두모(쌍둥이)라고 불리는 도마는 예수가 오셨을 때, 그들과 함께 있지 않았다.[20:24])

[1]デドモと呼(よ)ばれているトマスは、「デドモ」는「디두모(Didymus)」로 '쌍둥이'라는 뜻이고,[119]「~と呼(よ)ばれている」는「~と呼(よ)ぶ」의 수동인「~と呼(よ)ばれる」에「~ている」가 접속된 것이다.

  [例]名字(みょうじ)が遠山(とおやま)なので、金(きん)さんと呼(よ)ばれている支配人(しはいにん)を、悦子(えつこ)は大声(おおごえ)で呼(よ)び立(た)てた。
  (성이 '도야마'이기 때문에, '긴상'이라고 불리고 있는 지배인을 에쓰코는 큰 소리로 불렀다.)
  こちらの反応(はんのう)を起(お)こす場合(ばあい)、燃焼(ねんしょう)材料(ざいりょう)として酸素(さんそ)が必要(ひつよう)となる為(ため)、有酸素(ゆうさんそ)運動(うんどう)と呼(よ)ばれている。
  (이쪽 반응을 일으키는 경우, 연소 재료로서 산소가 필요해지기 때문에, 유산소운동이라고 불린다.)
  このことは、一般(いっぱん)に意味(いみ)と呼(よ)ばれているものが形式化(けいしきか)できないということと関係(かんけい)しているのだろうが、ここではこれ以上(いじょう)の追求(ついきゅう)を控(ひか)えておく。
  (이 일은 일반적으로 의미라고 불리는 것이 형식화할 수 없다는 것과 관계되어 있겠지만, 여기에서는 더 이상의 추구를 삼가 둔다.)

---

119) '쌍둥이'란 뜻. 예수님의 제자 도마의 별칭 (요 11:16; 20:24; 21:2). [네이버 지식백과] 디두모 [Didymus] (라이프성경사전, 2006. 8. 15., 생명의말씀사)

[2]イエスが来(こ)られたとき、: 예수가 오셨을 때.「来(こ)られた」는「来(く)る」의 레루형 경어「来(こ)られる」의 과거로〈イエス〉에 관해 쓰이고 있다.

[例]私(わたし)もネットショッピングや仕事(しごと)関係(かんけい)で、たくさんの宅配便(たくはいびん)会社(がいしゃ)の方(かた)が来(こ)られます。

(저도 인터넷 쇼핑이나 일 관계로, 많은 택배 회사 분이 오십니다.)

国内(こくない)ばかりではない。海外(かいがい)の視察団(しさつだん)が来(く)ることもある。要人(ようじん)が来(こ)られた場合(ばあい)には、挨拶(あいさつ)はもちろん、所内(しょない)の案内役(あんないやく)も務(つと)めた。

(국내뿐만 아니다. 해외 시찰단이 오는 경우도 있다. 요인이 오신 경우에는 인사는 물론, 관내의 안내역을 맡았다.)

外来(がいらい)では種々(しゅじゅ)の疾患(しっかん)の患者(かんじゃ)さんが来(こ)られるが、その中(なか)でも比較的(ひかくてき)多(おお)いのは便秘(べんぴ)、乳児(にゅうじ)痔瘻(じろう)である。

(외래에서는 다양한 질환의 환자 분이 오시지만, 그 중에서도 비교적 많은 것은 변비, 유아치루이다.)

ほかの弟子(でし)たちが、彼(かれ)に「[1]わたしたちは主(しゅ)にお目(め)にかかった」と言(い)うと、トマスは彼(かれ)らに言(い)った、「わたしは、[2]その手(て)に釘(くぎ)あとを見(み)、[3]わたしの指(ゆび)をその釘(くぎ)あとに差(さ)し入(い)れ、また、[4]わたしの手(て)をその脇(わき)に差(さ)し入(い)れてみなければ、決(けっ)して信(しん)じない」。[ヨハネによる福音書 20:25]

(다른 제자들이 그에게 "우리는 주님을 만나 뵈었다."라고 말하자, 도마는 그들에게 말했다. "나는 그 손에 못 자국을 보고, 내 손가락을 그 못 자국에 넣고, 또 내 손을 그 옆구리에 넣어 보지 않으면 결코 믿지 않겠다."[20:25])

[1]わたしたちは主(しゅ)にお目(め)にかかった : 우리는 주님을 만나 뵈었다. 「お目(め)にかかった」는 「会(あ)う」의 특정형 겸양어Ⅰ「お目(め)にかかる」의 과거로, 〈主(しゅ)=イエス〉에 경의를 표하고 있다.

[例]あ、沢木(さわき)先生(せんせい)―わたし、以前(いぜん)お目(め)にかかったことのある冬子(ふゆこ)の姉(あね)です。

(아, 사와키 선생님 – 제가 전에 만나 뵌 적이 있는 후유키의 언니입니다.)

そのほか、ピカソの息子(むすこ)さんのクロード・ピカソさんなどにもお目(め)にかかりました。

(그 밖에 피카소의 아드님인 끌로드 피카소 씨 등도 만나 뵈었습니다.)

始(はじ)めてお目(め)にかかる御主人(ごしゅじん)の上沼(かみぬま)さんは、彼女(かのじょ)にお似合(にあ)いの好紳士(こうしんし)であった。

(처음으로 만나 뵙는 남편 가미누마 씨는 그녀에게 잘 어울리는 멋진 신사였다.)

[2]その手(て)に釘(くぎ)あとを見(み)、 : 그 손에 못 자국을 보고. 「釘(くぎ)あと」는 「釘(くぎ)」에 「あと[跡]」가 결합한 복합명사로 「못 자국」의 뜻을 나타낸다.

[例]しかしついにその主(しゅ)がトマス自身(じしん)の眼前(がんぜん)に立(た)ち、十字架(じゅうじか)の受難(じゅなん)において受(う)けられた御手(みて)と御足(みあし)の釘跡(くぎあと)を示(しめ)されたとき、彼(かれ)は不信仰(ふしんこう)を大(おお)いに恥(は)じ、畏(おそ)れおののきながら思(おも)わず、「私(わたし)の主(しゅ)。私(わたし)の神(かみ)」と言(い)って、御前(みまえ)にひれ伏(ふ)したのだった(ヨハネ二十・二六―二九)。

(그러나 결국 그 주께서 도마 자신의 눈앞에 서서, 십자가의 수난에서 받으신 손과 다리의 못 자국을 보이셨을 때, 그는 불신앙을 크게 부끄러이 여기고, 두려워하며 벌벌 떨면서 엉겁결에 "나의 주님. 나의 하나님."이라고 하며, 예수님 앞에 넙죽 엎드렸던 것이었다.)

타 번역본에서는「釘(くぎ)あと」이외에「釘(くぎ)の跡(あと)」의 형태도 등장한다.
[例]その手(て)に釘(くぎ)の跡(あと)を見(み)なければ、[塚本訳1963]

 (그 손에 못 자국을 보지 않으면,)

 その手(て)に釘(くぎ)の跡(あと)を見(み)、[新改訳1970]

 (그 손에 못 자국을 보고,)

 その手(て)に釘跡(くぎあと)を見(み)なければ、[前田訳1978]

 (그 손에 못 자국을 보지 않으면,)

 あの方(かた)の手(て)に釘(くぎ)の跡(あと)を見(み)、[新共同訳1987]

 (그 분의 손에 못 자국을 보고,)

 彼(かれ)の両手(りょうて)に釘(くぎ)の跡(あと)を見(み)て、[岩波翻訳委員会訳1995]

 (그의 양손에 못 자국을 보고,)

[3]わたしの指(ゆび)をその釘(くぎ)あとに差(さ)し入(い)れ、: 내 손가락을 그 못 자국에 넣고.「差(さ)し入(い)れ、」는「差(さ)す」의 연용형에「入(い)れる」가 결합된 복합동사「差(さ)し入(い)れる」의 연용중지법으로 단순 연결의 용법으로 쓰이고 있다.

[例]豊(ゆた)かな髪(かみ)に指(ゆび)を差(さ)し入(い)れ、地肌(じはだ)をさする。

 (숱이 많은 머리에 손가락을 넣어 맨 살갗을 가볍게 문지른다.)

 彼(かれ)は体(からだ)を起(お)こし、カンテラが置(お)かれてある壁(かべ)のくぼみに手(て)を差(さ)し入(い)れ、支(ささ)える。

 (그는 몸을 일으켜서, 칸델라(휴대용 석유등)가 놓여 있는 벽의 움푹 팬 곳에 손을 넣어 지탱한다.)

 道満(どうまん)は、懐(ふところ)に右手(みぎて)を差(さ)し入(い)れ、土器(どき)の杯(さかずき)を取(と)り出(だ)し、それを、水(みず)の流(なが)れる簀(す)の上(うえ)に置(お)いた。

 (도만은 품에 오른손을 넣어, 토기의 잔을 꺼내서 그것을 물이 흐르는 깔개 위에 놓았다.)

[4]わたしの手(て)をその脇(わき)に差(さ)し入(い)れてみなければ、: 내 손을 그 옆구리에 넣어 보지 않으면. 「差(さ)し入(い)れてみなければ」는 복합동사 「差(さ)し入(い)れる」에 시행을 나타내는 「～てみる」의 부정인 「～てみない」의 가정형 「～てみなければ」가 접속된 것이다.

[例]やってみなければ、わからない。やってみなければ、なにもかわらない。やってみなければ、はじまらない。

(해 보지 않으면 모른다. 해 보지 않으면 아무 것도 모른다. 해 보지 않으면 시작되지 않는다.)

いまの政治(せいじ)改革(かいかく)の問題(もんだい)にしろ、田中(たなか)時代(じだい)にまでさかのぼって政治(せいじ)を見直(みなお)してみなければ、本質的(ほんしつてき)な解決(かいけつ)はないということである。

(지금의 정치 개혁 문제이든, 다나카시대에까지 거슬러 올라가서, 정치를 재검토해 보지 않으면, 본질적인 해결은 없다는 것이다.)

家(いえ)に帰(かえ)ってみなければ、今後(こんご)の予定(よてい)はつかないということなのか、伊織(いおり)はまた霞(かすみ)の家(いえ)のことを思(おも)った。

(집에 돌아가 보지 않으면 앞으로의 예정은 잡을 수 없는 것일까, 이오리는 다시 가스미의 집에 관해 생각했다.)

八日(ようか)ののち、イエスの弟子(でし)たちはまた家(いえ)の内(うち)におり、トマスも一緒(いっしょ)にいた。[1]戸(と)はみな閉(と)ざされていたが、[2]イエスが入(はい)って来(こ)られ、中(なか)に立(た)って「安(やす)かれ」と言(い)われた。[ヨハネによる福音書 20:26]

(여드레 이후, 예수 제자들은 다시 집 안에 있었고, 도마도 함께 있었다. 문은 전부 닫혀 있었지만, 예수가 들어오셔서 가운데에 서서 "너희에게 평강이 있을지어다!"라고 말씀하셨다.[20:26])

[1]戸(と)はみな閉(と)ざされていたが、: 문은 전부 닫혀 있었지만.「閉(と)ざされていた」는「閉(と)ざす; 문을 닫다 / 잠그다」의 수동인「閉(と)ざされる」에「～ていた」가 접속된 것이다.

[例]マンションのゲートは背丈(せたけ)ほどの鉄扉(てっぴ)で閉(と)ざされていた。
(맨션의 게이트는 키 정도 되는 철문으로 닫혀 있었다.)

野村家(のむらけ)の門(もん)は、固(かた)く閉(と)ざされていた。邸内(ていない)で自殺(じさつ)があったことは、まだ付近(ふきん)に知(し)れていないようであった。
(노무라 집안의 문은 굳게 닫혀 있었다. 저택 내에서 자살이 있던 것은 아직 부근에 알려지지 않은 것 같았다.)

夫(おっと)に何人(なんにん)愛人(あいじん)がいたとしても妻(つま)には離婚権(りこんけん)は認(みと)められていなかった。もちろん、参政権(さんせいけん)もなかったし、大学(だいがく)の門戸(もんこ)は堅(かた)く閉(と)ざされていた。
(남편에게 애인이 몇 명 있다고 하더라도, 처에게는 이혼권은 인정되어 있지 않았다. 물론 참정권도 없었고, 대학의 문호는 굳게 닫혀 있었다.)

[2]イエスが入(はい)って来(こ)られ、: 예수가 들어오셔서.「入(はい)って来(こ)られ、」는「入(はい)って来(く)る」의 レル형 경어인「入(はい)って来(こ)られる」의 연용중지법으로〈イエス〉에 관해 쓰이고 있다.

[例]そして姫君(ひめぎみ)がそこに入(はい)って来(こ)られたら、そなたはどこかに身(み)をひそめていなさるのです。
(그리고 공주님께서 거기에 들어오시면, 그대는 어딘가에 숨어 계시는 것입니다.)

いつものように神学生(しんがくせい)たちよりも早(はや)く教室(きょうしつ)に入(はい)って来(こ)られた先生(せんせい)。
(여느 때와 마찬가지로 신학생들보다도 일찍 교실에 들어오신 선생님.)

> それからトマスに言(い)われた、「[1]あなたの指(ゆび)をここにつけて、わたしの手(て)を見(み)なさい。[2]手(て)を伸(の)ばしてわたしの脇(わき)に差(さ)し入(い)れてみなさい。[3]信(しん)じない者(もの)にならないで、信(しん)じる者(もの)になりなさい」。[ヨハネによる福音書 20:27]
> (그리고 나서 도마에게 말씀하셨다. "네 손가락을 여기에 대고 내 손을 보아라. 손을 펴서 내 옆구리에 넣어 보아라. 믿지 않는 사람이 되지 말고, 믿는 사람이 되어라."[20:27]

[1]あなたの指(ゆび)をここにつけて、: 네 손가락을 여기에 대고. 「つける」에는 「붙이다 / (바짝 갖다) 대다」의 뜻이 있고 「ここにつけて」는 「여기에 대고」의 뜻을 나타낸다.

  [例]ユキは目(め)を細(ほそ)め、そっと手(て)を伸(の)ばして僕(ぼく)の頬(ほお)に触(ふ)れた。その指先(ゆびさき)はやわらかく、滑(なめ)らかだった。彼女(かのじょ)は僕(ぼく)の頬(ほお)に指(ゆび)をつけたまま、匂(にお)いを嗅(か)ぐときのようにすうっと音(おと)を立(た)てて鼻(はな)から息(いき)を吸(す)い込(こ)んだ。
  (유키는 눈을 가늘게 뜨고, 살며시 손을 뻗어 내 볼에 닿았다. 그 손가락은 부드럽고 매끈매끈했다. 그녀는 내 볼에 손가락을 댄 채, 향기를 맡을 때처럼 휴 하고 소리를 내며 코를 통해 숨을 들여 마셨다.)

[2]手(て)を伸(の)ばしてわたしの脇(わき)に差(さ)し入(い)れてみなさい: 손을 펴서 내 옆구리에 넣어 보아라. 「手(て)を伸(の)ばす」는 「손을 펴다 / 손을 뻗다」의 뜻을 나타낸다.

  [例]彼(かれ)は虎蔵(とらぞう)の方(ほう)に手(て)を伸(の)ばしてきた。思(おも)わず虎蔵(とらぞう)も手(て)を伸(の)ばして相手(あいて)の手(て)をとろうとした。
  (그는 도라조 쪽에 손을 뻗었다. 엉겁결에 도라조도 손을 뻗어 상대 손을 잡으려고 했다.)

どんな色(いろ)をしているのか、興味(きょうみ)がどんどんわいてきます。そっと手(て)を伸(の)ばして上(うえ)からふんわりと押(お)さえてみました.
(어떤 색을 하고 있을까, 흥미가 계속 생겼다. 슬쩍 손을 뻗어 위에서 살짝 눌러 보았습니다.)

[3]信(しん)じない者(もの)にならないで、: 믿지 않는 사람이 되지 말고. 「〜者(もの)にならないで」는 「〜者(もの)になる」의 부정인 「〜者(もの)にならない」의 テ형으로 「〜사람이 되지 말고」의 뜻을 나타낸다.

[例]それが喜(よろこ)びにならないで、嘆(なげ)きとなり、不満(ふまん)となり、怒(いか)りとなる時(とき)は、徳(とく)の尽(つ)きている証拠(しょうこ)である。
(그것이 즐거움이 되지 않고, 한탄이 되고, 불만이 되고, 분노가 될 때는, 덕이 다한 증거이다.)

けれども、このときは、どうせ死(し)ぬのでも、寝(ね)たきりにならないで、この世(よ)を去(さ)りたい、と思(おも)いました。
(그러나, 이때는, 어차피 죽는 것이라고 해도, 누워 있는 채로 죽지 말고, 이 세상을 떠나고 싶다고 생각했습니다.)

日本(にほん)の国(くに)は、いろいろないきさつがありましたけれども、ある意味(いみ)で成熟(せいじゅく)した、責任(せきにん)ある行動(こうどう)がとれるということを、アメリカに言(い)われないで、アメリカの後(あと)につかないで、二番手(にばんて)にならないで、みずから率先(そっせん)して実行(じっこう)することが可能(かのう)ではないか。
(일본이라는 나라는 여러 가지 경위가 있었지만, 어떤 의미에서 성숙된, 책임 있는 행동을 취할 수 있다는 것을 미국에게 듣지 말고, 미국 뒤에 붙지 말고, 두 번째가 되지 않고, 직접 솔선하여 실행하는 것이 가능하지 않는가?)

> トマスはイエスに答(こた)えて言(い)った、「[1]わが主(しゅ)よ、わが神(かみ)よ」。[ヨハネによる福音書 20:28]
> (도마는 예수에게 대답하여 말했다. "나의 주님이여, 나의 하나님이여!"[20:28])

[1]わが主(しゅ)よ、わが神(かみ)よ : 나의 주님이여, 나의 하나님이여! [구어역 구약성서 시편 35:23]에는 「わが神(かみ)、わが主(しゅ)よ、; 나의 하나님, 나의 주님이여!」라고 나와 있다.

  [フランシスコ会訳(1984)]에 의하면 「저자는 그리스도의 신성(神性)을 알리는 것 같은 부름을 도마에게 말하게 해서, 이 복음서를 맺는다. 이렇게 해서 본 복음서는 말씀의 신성을 알리는 구[1:1-2]에서 시작되어, 다시 그것으로 본래의 부분이 끝난다. 이 신앙 선언은 도마 한 사람의 것이 아니라, 교회 전체의 것이다.」[120]로 설명하고 있다.

> イエスは彼(かれ)に言(い)われた、「あなたはわたしを[1]見(み)たので信(しん)じたのか。見(み)ないで信(しん)ずる者(もの)は、幸(さいわ)いである」。[ヨハネによる福音書 20:29]
> (예수께서 그에게 말씀하셨다. "너는 나를 보았기에 믿느냐? 보지 않고 믿는 사람은 복이 있다."[20:29])

[1]見(み)たので信(しん)じたのか。見(み)ないで信(しん)ずる者(もの)は、幸(さいわ)いである : 보았기에 믿느냐? 보지 않고 믿는 사람은 복이 있다. 본 절에서는 「見(み)たので」와 「見(み)ないで」, 「信(しん)じた」와 「信(しん)ずる」와 같이 긍정과 부정을 대응시켜 쓰이고 있다.

  한편 타 번역본에서는 이 부분을 어떻게 묘사하고 있는지 살펴보자.

---

120) 이상은 フランシスコ会聖書研究所(1984) 『新約聖書』 サンパウロ. p. 395 주(8)에 의함.

[例]「わたしを見(み)たので、信(しん)じたのか。幸(さいわ)いなのは、見(み)ないで信(しん)ずる人(ひと)たちである。」[塚本訳1963]

("나를 보았기에 믿느냐? 복이 있는 것은 보지 않고 믿는 사람들이다.")

「あなたはわたしを見(み)たから信(しん)じたのですか。見(み)ずに信(しん)じる者(もの)は幸(さいわ)いです。」[新改訳1970]

("당신은 나를 보았기 때문에 믿는 것입니까? 보지 않고 믿는 사람은 복이 있습니다.")

「わたしを見(み)たから信(しん)ずのか。さいわいなのは見(み)ないで信(しん)ずる人々(ひとびと)!」と。[前田訳1978]

("나를 보았기에 믿느냐? 복이 있는 것은 보지 않고 믿는 사람들!")

「わたしを見(み)たから信(しん)じたのか。見(み)ないのに信(しん)じる人(ひと)は、幸(さいわ)いである。」[新共同訳1987]

("나를 보았기에 믿느냐? 보지 않았는데 믿는 사람은 복이 있다.")

「私(わたし)を見(み)たから信(しん)じるようになったのか。見(み)たことがないのに信(しん)じている人々(ひとびと)は幸(さいわ)いだ」。[岩波翻訳委員会訳1995]

("″나를 보았기에 믿게 되었느냐? 본 적이 없는데 믿고 있는 사람들은 복이 있다.″)

〚95〛[ヨハネによる福音書 20:30 - 20:31]

> イエスは、[1]この書(しょ)に書(か)かれていないしるしを、ほかにも多(おお)く、[2]弟子(でし)たちの前(まえ)で行(おこな)われた。[ヨハネによる福音書 20:30]
> (예수께서는 이 책에 쓰여 있지 않은 표적을 그밖에도 많이 제자들 앞에서 행하셨다.[20:30])

[1]この書(しょ)に書(か)かれていないしるしを、: 이 책에 쓰여 있지 않은 표적을.「書(か)かれていない」는 「書(か)く」의 수동인 「書(か)かれる」에 「〜ている」의 부정 「〜ていない」가 접속되어 「쓰여 있지 않다」에 상당하는 뜻을 나타낸다.

[例]この年(とし)はもう何(なに)も書(か)かれていない。
(이 해는 더 이상 아무 것도 쓰여 있지 않다.)

ところが、最(もっと)も肝心(かんじん)な「いつ、どこで、誰(だれ)が」が一切(いっさい)、書(か)かれていない。
(그런데, 가장 중요한 "언제, 어디에서, 누가"가 일체 쓰여 있지 않다.)

旅行(りょこう)のガイドブックを見(み)ても、休暇(きゅうか)を一緒(いっしょ)に過(す)ごす人々(ひとびと)についてなど、普通(ふつう)は書(か)かれていない。どんな旅(たび)にしろ、誰(だれ)と行(い)くかなんて、いちいちわかるわけがないからだ。
(여행 가이드북을 보아도, 휴가를 함께 지내는 사람들에 관해서등, 일반적으로는 쓰여 있지 않다. 어떤 여행이든 간에, 누구와 갈 것인가 등은 일일이 알 수가 없기 때문이다.)

[2]弟子(でし)たちの前(まえ)で行(おこな)われた : 제자들 앞에서 행하셨다.「行(おこな)われた」는 「行(おこな)う」의 레루형 경어 「行(おこな)われる」의 과거로 〈イエス〉에 관해 쓰이고 있다.

[例]イスラエルの人(ひと)たちよ、今(いま)わたしの語(かた)ることを聞(き)きなさい。あなたがたがよく知(し)っているとおり、ナザレ人(びと)イエスは、神(かみ)が彼(かれ)をとおして、あなたがたの中(なか)で行(おこな)われた数々(かずかず)の力(ちから)あるわざと奇跡(きせき)としるしにより、神(かみ)から遣(つか)わされた者(もの)であることを、あなたがたに示(しめ)された方(かた)であった。[口語訳/使徒行伝 2:22]

(이스라엘 사람들이여, 지금 내가 하는 말을 들어라. 너희가 잘 알고 있는 것처럼, 나사렛 사람 예수는 하나님께서 그를 통해, 너희 가운데서 행하신 갖가지 힘 있는 기적과 표적에 의해, 하나님께서 보낸 사람인 것을 너희에게 보이신 분이었다.)[사도행전 2:22]

しかし、[1]これらのことを書(か)いたのは、あなたがたが[2]イエスは神(かみ)の子(こ)キリストであると信(しん)じるためであり、また、そう信(しん)じて、イエスの名(な)によって命(いのち)を得(え)るためである。[ヨハネによる福音書 20:31]

(그러나 이러한 것을 쓴 것은 너희가 예수는 하나님의 아들 그리스도이라고 믿기 위해서이고, 그리고 그렇게 믿고, 예수의 이름으로 생명을 얻기 위해서이다.[20:31])

[1]これらのことを書(か)いたのは、: 이러한 것을 쓴 것은. 「書(か)いたのは」는 「書(か)く」의 과거 「書(か)いた」에 형식명사 「〜の」와 계조사 「〜は」가 접속된 것이다.

[例]「そうだ」と思(おも)って手紙(てがみ)を書(か)いたのは、友人(ゆうじん)ではなく私(わたし)であった。

("그렇다"고 생각하고 편지를 쓴 것은, 친구가 아니라 나였다.)

書(か)けるようになって最初(さいしょ)に書(か)いたのは、言(い)うまでもなく、沖縄(おきなわ)のドラマ。

(쓸 수 있게 되어 처음 쓴 것은, 말할 필요도 없이, 오키나와의 드라마.)

次(つぎ)にあげるのは、まったく散文的(さんぶんてき)な創作(そうさく)の例(れい)です。これを書(か)いたのは、十二歳(じゅうにさい)の少年(しょうねん)で労働者(ろうどうしゃ)の息子(むすこ)です。

(다음에 드는 것은 전적으로 산문적인 창작의 예입니다. 이것을 쓴 것은 12세의 소년으로 노동자의 자식입니다.)

[2]イエスは神(かみ)の子(こ)キリストであると信(しん)じるためであり、: 예수는 하나님의 아들 그리스도이라고 믿기 위해서이고.「イエスは神(かみ)の子(こ)キリストである」는 「[イエス]は[[神(かみ)の子(こ)][キリスト]]である」와 같이 〈イエス〉에 관해 「神(かみ)の子(こ)」이고 「キリスト」라는 것을 2개의 명사를 나열함으로써 설명하고 있다.

타 번역본에서는 이 부분을 어떻게 다루고 있는지 살펴보자.

[例]イエスは救世主(きゅうせいしゅ)で、神(かみ)の子(こ)であることを[塚本訳1963]
　　(예수는 구세주이고, 하나님의 아들인 것을)
　　イエスが神(かみ)の子(こ)キリストであることを、[新改訳1970]
　　(예수가 하나님의 아들 그리스도인 것을,)
　　イエスはキリストで神(かみ)の子(こ)であると[前田訳1978]
　　(예수는 그리스도이며 하나님의 아들이라고)
　　イエスは神(かみ)の子(こ)メシアであると[新共同訳1987]
　　(예수는 하나님의 아들 메시아이라고)
　　イエスが神(かみ)の子(こ)キリストであることを[岩波翻訳委員会訳1995]
　　(예수가 하나님의 아들 그리스도인 것을)

ヨハネによる福音書
- 第21章[121] -

⦅96⦆ [ヨハネによる福音書 21:1 - 21:14]

> そののち、イエスはテベリヤの海(うみ)べで、[1]ご自身(じしん)をまた弟子(でし)たちに現(あら)わされた。[2]その現(あら)わされた次第(しだい)は、こうである。[ヨハネによる福音書 21:1]
> (그 후, 예수께서는 디베랴 바닷가에서 자신을 다시 제자들에게 나타내셨다. 그 나타내신 경위는 이러하다.[21:1])

[1]ご自身(じしん)をまた弟子(でし)たちに現(あら)わされた : 자신을 다시 제자들에게 나타내셨다.「ご自身(じしん)」는「自身(じしん)」에 존경의 접두사「ご」가 접속된 것으로〈イエス〉를 높이기 위해 쓰인 것이다. 그리고「現(あら)わされた」는「現(あら)わす」의 레루형 경어「現(あら)わされす」의 과거로〈イエス〉에 관해 사용된 것이다.

[2]その現(あら)わされた次第(しだい)は、こうである : 그 나타내신 경위는 이러하다.

---

121) [フランシスコ会訳(1984)]에 의하면「본 장(21장)은 갈릴리에서의 예수의 출현과, 그것과 관련된 사건을 서술하는 것이다. 아마도 사도 요한의 제자인 편집자가 요한에게서 들은 것을 가필한 것으로 생각된다.」이상은 フランシスコ会聖書研究所(1984)『新約聖書』サンパウロ. p. 395 주(1)에 의함.

「次第(しだい)」는「경과 / 사정 / 경위」의 뜻을 나타낸다.

타 번역본에서는 다음과 같이 묘사하고 있다.

[例]現(あら)わされ方(かた)はこうであった。[塚本訳1963]

(나타내신 방식은 이러했다.)

その現(あら)わされた次第(しだい)はこうであった。[新改訳1970]

(그 나타내신 경위는 이러했다.)

その様子(ようす)はこうであった。[前田訳1978]

(그 상태는 이러했다.)

その様子(ようす)はこうであった。[新共同訳1987]

(그 상태는 이러했다.)

次(つぎ)のように顕(あらわ)したのである。[岩波翻訳委員会訳1995]

(다음과 같이 나타낸 것이다.)

シモン・ペテロが、デドモと呼(よ)ばれているトマス、ガリラヤのカナのナタナエル、ゼベダイの子(こ)らや、ほかの二人(ふたり)の弟子(でし)たちと[1]一緒(いっしょ)にいた時(とき)のことである。[ヨハネによる福音書 21:2]

(시몬 베드로가 디두모(쌍둥이)라고 불리는 도마, 갈릴리 가나의 나다나엘, 세베대의 아들들이랑, 다른 두 명의 제자들과 함께 있었을 때의 일이다.[21:2])

[1]一緒(いっしょ)にいた時(とき)のことである : 함께 있었을 때의 일이다. 「一緒(いっしょ)にいた ; 함께 있었다」는 과거 사실을 나타내고 있고, 뒤에 오는 「時(とき)」를 수식하고 있다.

[例]その時(とき)一緒(いっしょ)にいた、女隊員(じょたいいん)のことを、思(おも)い出(だ)す。

(그때 함께 있었던, 여자 대원에 관해 생각해낸다.)

いろんな場所(ばしょ)に行(い)って手(て)をつないで歩(ある)いたり食(た)べたり見(み)たり笑(わら)ったり怒(おこ)ったり泣(な)いたり君(きみ)と一緒(いっしょ)にいた時間(じかん)は僕(ぼく)にとって今(いま)までで一番(いちばん)の宝物(たからもの)なんだだから、その思(おも)い出(で)を辛(つら)い思(おも)い出(で)にはしないでね。

(다양한 장소에 가서 손을 잡고 걷거나 먹거나 보거나 웃거나 화를 내거나 울거나 자네와 함께 있던 시간은 내게는 지금까지 중에서 가장 소중한 보물이니까, 그 추억을 힘든 추억으로는 만들지 말아 주어.)

何回(なんかい)かの慌(あわ)ただしい会話(かいわ)――一緒(いっしょ)にいた時間(じかん)をすべて合(あ)わせたって何時間(なんじかん)にもなりはしない。

(몇 번인가의 어수선한 대화 – 함께 있었던 시간을 모두 합쳐도 몇 시간도 되지는 않는다.)

> シモン・ペテロは彼(かれ)らに「[1]わたしは漁(りょう)に行(い)くのだ」と言(い)うと、彼(かれ)らは「わたしたちも一緒(いっしょ)に行(い)こう」と言(い)った。彼(かれ)らは出(で)て行(い)って舟(ふね)に乗(の)った。しかし、[2]その夜(よ)は何(なん)の獲物(えもの)もなかった。[ヨハネによる福音書 21:3]
> (시몬 베드로는 그들에게 "나는 고기를 잡으러 가겠다."고 하자, 그들은 "우리도 함께 가겠다."고 했다. 그들은 나가서 배를 탔다. 그러나 그날 밤은 고기를 한 마리도 잡지 못했다.[21:3])

[1]わたしは漁(りょう)に行(い)くのだ : 나는 고기잡이하러 가겠다. 나는 고기를 잡으러 가겠다.

「漁(りょう)」는 「고기잡이 / 어로(漁撈), 또는 어획물」을 가리키는데, 「漁(りょう)に出(で)る」나 본 절의 「漁(りょう)に行(い)く」는 「고기잡이하러 나가다 / 고기를 잡으러 나가다」의 뜻을 나타낸다.

[例]大人(おとな)たちの仕事(しごと)が始(はじ)まるのが八時(はちじ)から九時(くじ)の間(あいだ)で、畑(はたけ)に行(い)く者(もの)、漁(りょう)に行(い)く者(もの)、貝貨(ばいか)を作(つく)る者(もの)とさまざまである。

(어른들의 일이 시작되는 것이 8시에서 9시 사이로, 밭에 가는 사람, 고기잡이하러 가는 사람, 패화를 만드는 사람과 같이 다양하다.)

[2]その夜(よ)は何(なん)の獲物(えもの)もなかった : 그 날 밤은 아무런 어획물도 없었다. 그 날 밤은 고기를 한 마리도 잡지 못했다.「その夜(よ)」는「그 날 밤」과 같이 특정 시간대를 가리키고 있다.

「夜」에는「夜(よ)」와「夜(よる)」가 있고 사용에 있어서는 각각의 관용적인 용법이 있는데, 일본국어대사전의 어지(語誌)에는 원래「よる」는「ひる」에 대해 어두운 시간 전체를 가리키는 것이고,「よ」는 그 특정의 일부분만을 지칭해서 말한다. 따라서 옛날에는 연체수식어가 붙는 것은「よ」이고,「よる」에는 붙지 않았다는 생각이 제기되고 있다.

한편「夜(よ)」의 관용적 표현에는 다음과 같은 것이 있다.

[例]このあたりは緯度(いど)が高(たか)いので、三時(さんじ)半(はん)には夜(よ)が明(あ)けます。

(이 부근은 위도가 높아서 3시 반에는 날이 샙니다.)

夜(よ)が更(ふ)けてもグリーン氏(し)は現(あらわ)れなかった。

(밤이 깊어져도 그린 씨는 나타나지 않았다.)

昔(むかし)はこのあたりを、運河(うんが)を使(つか)うたくさんの船(ふね)が夜(よ)を明(あ)かすために停泊(ていはく)していたものだった。

(옛날에는 이 부근을, 운하를 사용하는 많은 배가 밤을 새우기 위해 정박하고 있곤 했다.)

客(きゃく)は眠(ねむ)らないで、様子(ようす)を見(み)ていましたが、別(べつ)に主人(しゅじん)には夜(よ)をこめて祈(いの)るとか、特別(とくべつ)に信心(しんじ

ん)に疑(うたが)っているというような形跡(けいせき)はありません。

(손님은 자지 않고, 상황을 살펴보고 있었습니다만, 특별히 주인에게는 날이 새기 전에 기도하든가, 특별히 신심에 의심이 갈 만한 그런 흔적은 없습니다.)

皆(みな)こうして境内(けいだい)に夜(よ)を徹(てっ)するのだ。

(다들 이렇게 해서 경내에서 밤을 새우는 것이다.)

夜(よ)の目(め)も寝(ね)ないで看病(かんびょう)する。

(밤잠도 자지 않고, 간병한다.)

当時(とうじ)、ウィーンでは、人(ひと)びとはワルツがなければ、夜(よ)も日(ひ)も明(あ)けないといった有(あ)り様(さま)だった。

(당시, 빈에서는 사람들은 왈츠가 없으면, 잠시도 지낼 수 없다고 하는 형국이었다.)

夜(よ)を日(ひ)に継(つ)いで働(はたら)く。

(밤낮없이 쉬지 않고 일하다.)

그리고「獲物(えもの)」는「어획물 / 수렵물 / 사냥감」의 뜻을 나타내는데, 본절에서는「어획물」에 해당하며「何(なん)の獲物(えもの)もなかった」는「아무런 어획물도 없었다 → 고기를 한 마리도 잡지 못했다」로 번역해 둔다.

한편 타 번역본에서는 다음과 같이 기술하고 있다.

[예]その晩(ばん)は何(なに)も捕(と)れなかった。[塚本訳1963]

(그 날 밤에는 아무 것도 잡지 못했다.)

その夜(よ)は何(なに)もとれなかった。[新改訳1970]

(그 날 밤에는 아무 것도 잡지 못했다.)

その夜(よ)は何(なに)もとれなかった。[前田訳1978]

(그 날 밤에는 아무 것도 잡지 못했다.)

その夜(よ)は何(なに)もとれなかった。[新共同訳1987]

(그 날 밤에는 아무 것도 잡지 못했다.)

その夜(よ)は何(なに)も捕(と)れなかった。[岩波翻訳委員会訳1995]

(그 날 밤에는 아무 것도 잡지 못했다.)

> [1]夜(よ)が明(あ)けたころ、[2]イエスが岸(きし)に立(た)っておられた。しかし弟子(でし)たちはそれがイエスだとは知(し)らなかった。[ヨハネによる福音書 21:4]
> (날이 샐 무렵, 예수께서 물가에 서 계셨다. 그러나 제자들은 그 사람이 예수라고는 알지 못했다.[21:4])

[1]夜(よ)が明(あ)けたころ、: 날이 샐 무렵. 「夜(よ)が明(あ)ける」는 「날이 새다」「날이 밝다」의 뜻을 나타낸다.

[例]すでに星(ほし)は消(き)え、白々(しらじら)と夜(よ)が明(あ)けてきていた。

(이미 별은 사라지고 희미하게 날이 밝아오기 시작했다.)

監視(かんし)の船(ふね)に見(み)つかれば殺(ころ)される。夜(よ)が明(あ)け始(はじ)めたとたん、今度(こんど)は川霧(かわぎり)が次第(しだい)に濃(こ)くなって、周囲(しゅうい)が見(み)えなくなった。

(감시 배에게 들키면 살해당한다. 날이 새기 시작한 순간, 이번에는 강 안개가 점차 짙어져서 주위가 보이지 않게 되었다.)

[2]イエスが岸(きし)に立(た)っておられた : 예수께서 물가에 서 계셨다. 「岸(きし)」에 관해서는 「岸(きし)」[塚本訳1963・前田訳1978・新共同訳1987]와 「岸辺(きしべ)」[新改訳1970・岩波翻訳委員会訳1995]와 같이 번역본에 따라 이동이 보인다. 「岸(きし)」가 「물가」이고, 「岸辺(きしべ)」가 「물가 / 강가 / 바닷가」라는 점을 고려하면, 구어역 신약성서의 「岸(きし)」는 「물가」로 번역하는 것이 타당하다.

그런데, 한국어 성서에서는 [개역개정]「바닷가」, [개역한글]「바닷가」, [공동

273

번역]「호숫가」, [표준새번역]「바닷가」, [우리말성경]「바닷가」로 되어 있다는 점도 명기해 둔다.

「立(た)っておられた」는 「立(た)っている」의 레르형 경어 「立(た)っておられる」의 과거인데, 〈イエス〉를 높이는 데에 사용되고 있다.

> イエスは彼(かれ)らに言(い)われた、「[1]子(こ)たちよ、何(なに)か食(た)べるものがあるか」。彼(かれ)らは「ありません」と答(こた)えた。[ヨハネによる福音書 21:5]
> (예수께서 그들에게 말씀하셨다. "애들아, 뭐 먹을 것이 있느냐?" 그들은 "없습니다."라고 대답했다.[21:5])

[1]子(こ)たちよ、何(なに)か食(た)べるものがあるか : 애들아, 뭐 먹을 것이 있느냐?

「子(こ)たちよ」는 구어역 표기에 따라 「애들아」로 번역해 둔다.

이 부분에 관해 일본어 타 번역본에서는 다음과 같이 묘사되고 있다.

[例]「子(こ)どもたち、何(なに)も肴(さかな)があるまい。」[塚本訳1963]

("아이들아, 아무 것도 물고기가 없을 것이다.")

「子(こ)どもたちよ。食(た)べる物(もの)がありませんね。」[新改訳1970]

("아이들아. 먹을 것이 없지요.")

「子(こ)どもたち、食(た)べ物(もの)はあるのか」と。[前田訳1978]

("아이들아, 먹을 것은 있느냐?"고.)

「やあ、皆(みんな)、何(なに)か魚(さかな)[122)]はないのか」[フランシスコ会訳1984]

("어이, 여러분 뭐 물고기는 없느냐?")

「子(こ)どもたち、食(た)べ物(もの)はあるのか」と。[新共同訳1987]

("아이들아, 먹을 것은 있느냐?" 하고)

---

122) 「그리스어의 직역은 「반찬」, 「부식물」. 여기에서는 문맥상, 그리고 의미상 「魚(さかな) ; 물고기」로 번역함」. 이상은 프란시스코会聖書研究所(1984) 『新約聖書』 산파우로. p. 385 주(2)에 의함.

「幼子(おさなご)たちよ、パンと一緒(いっしょ)に食(た)べるさかながないのだろう」。[岩波翻訳委員会訳1995]

("어린아이들아, 빵과 함께 먹을 물고기가 없겠지?")

すると、イエスは彼(かれ)らに言(い)われた、「[1]舟(ふね)の右(みぎ)の方(ほう)に網(あみ)を下(お)ろして見(み)なさい。そうすれば、[2]何(なに)か捕(と)れるだろう」。彼(かれ)らは網(あみ)を下(お)ろすと、魚(うお)が多(おお)く捕(と)れたので、[3]それを引(ひ)き上(あ)げることができなかった。[ヨハネによる福音書 21:6]

(그러자, 예수께서 그들에게 말씀하셨다. "배 오른쪽에 그물을 내려뜨려 보아라. 그러면, 무엇인가 잡힐 것이다." 그들이 그물을 내려뜨리자, 물고기가 많이 잡혀서 그것을 끌어올릴 수가 없었다.[21:6])

[1]舟(ふね)の右(みぎ)の方(ほう)に網(あみ)を下(お)ろして見(み)なさい : 배 오른쪽에 그물을 내려뜨려 보아라.「網(あみ)を下(お)ろす」는「그물을 내리다 / 그물을 내려뜨리다」의 뜻을 나타내고, 「～て見(み)なさい」의「見(み)なさい」는 보조동사로 쓰인 것으로「～해 보아라」에 상당하는 뜻을 나타낸다.

[例]わたしの手(て)や足(あし)を見(み)なさい。まさしくわたしなのだ。さわって見(み)なさい。霊(れい)には肉(にく)や骨(ほね)はないが、あなたがたが見(み)るとおり、わたしにはあるのだ」。[口語訳 / ルカによる福音書 24:39]

(내 손과 발을 보아라. 정말 나다. 만져 보아라. 영에는 살과 뼈가 없지만, 너희가 보는 대로 나에게는 있다.")[누가복음 24:39]

長(なが)いホースかチューブを使(つか)ってやってみなさい。

(긴 호스나 튜브를 사용해서 해 보아라.)

第三者(だいさんしゃ)の立場(たちば)で世(よ)の中(なか)を見(み)てみなさい。

(제3자의 입장에서 세상을 봐 봐라.)

二十五歳(にじゅうごさい)になったとき、何(なに)をしていたいのか。そのことを<u>考(かんが)え</u>てみなさい。

(25세가 되었을 때, 무엇을 하고 있고 싶은가? 그것을 생각해 보아라.)

自分(じぶん)の気持(きも)ちを素直(すなお)にラブレターに<u>して見(み)</u>なさい。

(자기 기분을 솔직하게 러브 레터로 해 보아라.)

그리고 타 번역본에서는 이 부분을 다음과 같이 설명하고 있다.

[예]「船(ふね)の右側(みぎがわ)に網(あみ)を打(う)って御覧(ごらん)、獲物(えもの)があるから。」[塚本訳1963]

("배 오른쪽에 그물을 쳐 보렴, 고기가 있을 테니.")

「船(ふね)の右側(みぎがわ)に網(あみ)をおろしなさい。そうすれば、とれます。」[新改訳1970]

("배 오른쪽에 그물을 내려뜨려라. 그러면 잡힙니다.")

「船(ふね)の右(みぎ)がわに網(あみ)を打(う)ちなさい。獲物(えもの)があろう」と。[前田訳1978]

("배 오른쪽에 그물을 쳐라. 고기가 있을 것이다."고.)

「船(ふね)の右(みぎ)がわに網(あみ)を打(う)ちなさい。獲物(えもの)があろう」と。[新共同訳1987]

("배 오른쪽에 그물을 쳐라, 고기가 있을 것이다."고)

「網(あみ)を船(ふね)の右舷(うげん)に打(う)ちなさい。そうすれば見(み)つかるだろう」。[岩波翻訳委員会訳1995]

("그물을 배의 우현에 쳐라. 그러면 발견될 것이다.")

[2]何(なに)か捕(と)れるだろう : 무엇인가 잡힐 것이다. 「捕(と)れる」는 「잡히다」(자발)와 「잡을 수 있다」(가능)의 의미가 있는데, 본 절에서는 전자의 용법으로

쓰인 것이다.

[例] 小(ちい)さなものは沿岸(えんがん)の浅(あさ)いところに生息(せいそく)するので定置網(ていちあみ)などで<u>捕(と)れる</u>。
(작은 것은 연안의 얕은 곳에 서식하기 때문에, 정치망 등으로 잡힌다.)
仕方(しかた)なく手漕(てこ)ぎの船(ふね)を調達(ちょうたつ)して漁(りょう)に出(で)た。そんな漁(りょう)で<u>捕(と)れる</u>魚(さかな)などたかが知(し)れていた。
(어쩔 수 없이 노로 젓는 배를 조달해서 고기잡이하러 나갔다. 그런 어업으로 잡히는 고기 등은 크기가 빤하다.)

[3] それを引(ひ)き上(あ)げることができなかった : 그것을 끌어올릴 수가 없었다. 「引(ひ)き上(あ)げる」는 「引(ひ)く」의 연용형에 「上(あ)げる」가 결합된 복합동사로 「끌어올리다」에 상당하는 뜻을 나타내고, 「~ことができなかった」는 우언적(迂言的) 가능형식인 「~ことができる」의 과거 부정이다.

[例] 日本(にほん)でももっと<u>引(ひ)き上(あ)げることができる</u>はずだと法律(ほうりつ)論争(ろんそう)に転換(てんかん)したのである。
(일본에서도 더 끌어올릴 수 있을 것이라고 법률 논쟁으로 전환한 것이다.)
しかも, 不安定(ふあんてい)な岩場(いわば)に棺(ひつぎ)が乗(の)っている状態(じょうたい)だったため, 昨日(きのう)は<u>引(ひ)き上(あ)げることができなかった</u>。
(게다가, 불안정한 바위 밭에 관이 올라타고 있는 상태이었기 때문에, 어제는 끌어올릴 수 없었다.)
このような違(ちが)いを取(と)り除(のぞ)けば, 各国(かっこく)の国民総生産(こくみんそうせいさん)(GNP ; ジーエヌピー)を数(すう)パーセント・ポイント<u>引(ひ)き上(あ)げることができる</u>と推定(すいてい)される。
(이와 같은 차이를 제거하면, 각국의 국민총생산을 몇 퍼센트 포인트 끌어올릴 수 있을 것이라고 추정된다.)

> イエスの愛(あい)しておられた弟子(でし)が、ペテロに[1]「あれは主(しゅ)だ」と言(い)った。シモン・ペテロは主(しゅ)であると聞(き)いて、[2]裸(はだか)になっていたため、上着(うわぎ)をまとって海(うみ)に飛(と)び込(こ)んだ。[ヨハネによる福音書 21:7]
> (예수가 사랑하셨던 제자가 베드로에게 "저 사람은 주님이다"고 말했다. 시몬 베드로는 주님이라는 말을 듣고, 알몸으로 있었기 때문에 겉옷을 두르고 바다에 뛰어들었다.[21:7])

[1]「あれは主(しゅ)だ」: 저 사람은 주님이다. 「あれは」의 「あれ」는 사물을 나타내는 지시대명사가 인대명사(人代名詞)로 전용해서 쓰이고 있는 것으로 여기에서는 〈主(しゅ)〉를 가리키고 있다.

[2]裸(はだか)になっていたため、上着(うわぎ)をまとって海(うみ)に飛(と)び込(こ)んだ: 알몸으로 있었기 때문에 겉옷을 두르고 바다에 뛰어들었다. 「裸(はだか)になっていた」는 「알몸으로 되어 있었다 → 알몸으로 있었다」로 번역해 둔다.

그리고 「上着(うわぎ)をまとう」는 「겉옷을 {걸치다 / 두르다}」이고, 「飛(と)び込(こ)んだ」는 「飛(と)ぶ」의 연용형에 「込(こ)む」가 결합한 복합동사 「飛(と)び込(こ)む」의 과거형으로 예를 들면 다음과 같다.

[例]隊員(たいいん)たちはマスクをぴったりはめてから海(うみ)に飛込(とびこ)んだ。

(대원들은 마스크를 당겨서 팽팽하게 해서 쓰고 나서 바다에 뛰어들었다.)

同(おな)じ連絡船(れんらくせん)の乗船者(じょうせんしゃ)のなかに、船(ふね)の甲板(かんぱん)から海中(かいちゅう)へ飛(と)び込(こ)んだ初老(しょろう)夫婦(ふうふ)の目撃者(もくげきしゃ)は、まだ見(み)つかっていない。

(같은 연락선의 승선자 중에서 배 갑판에서 바다 속에 뛰어들은 초로 부부의 목격자는 아직 찾지 못하고 있다.)

仕事(しごと)で木(き)に登(のぼ)ったりに海(うみ)に飛(と)び込(こ)んだりするときも「すごい、よかった」とディレクターや関係者(かんけいしゃ)は褒(ほ)めてくれます。
(일로 나무에 오르거나 바다에 뛰어들거나 할 때도 "대단하군, 좋았어." 하고 연출가나 관계자는 칭찬해 줍니다.)

한편 타 번역본에서는 다음과 같이 표현하고 있다.
[例]裸(はだか)だったので(急(いそ)いで)上(うわ)っ張(ぱ)りをひっかけ、湖(みずうみ)に飛(と)び込(こ)んだ。[塚本訳1963]
(알몸이었기 때문에 (서둘러) 겉옷을 걸치고 호수에 뛰어 들었다.)
裸(はだか)だったので、上着(うわぎ)をまとって、湖(みずうみ)に飛(と)び込(こ)んだ。[新改訳1970]
(알몸이었기 때문에 겉옷을 걸치고 호수에 뛰어 들었다.)
裸(はだか)であったので、上着(うわぎ)をまとって湖(みずうみ)に飛(と)び込(こ)んだ。[前田訳1978]
(알몸이었기 때문에 겉옷을 걸치고 호수에 뛰어 들었다.)
裸(はだか)であったので、上着(うわぎ)をまとって湖(みずうみ)に飛(と)び込(こ)んだ。[新共同訳1987]
(알몸이었기 때문에 겉옷을 걸치고 호수에 뛰어 들었다.)
裸(はだか)だったので外套(がいとう)を着込(きこ)み、そして海(みずうみ)に飛(と)び込(こ)んだ。[岩波翻訳委員会訳1995]
(알몸이었기 때문에 겉옷을 껴입고 그리고 호수에 뛰어 들었다.)
下(した)には何(なに)も着(き)ていなかったので、仕事着(しごとぎ)の裾(すそ)をからげて、湖(みずうみ)に飛(と)び込(こ)んだ。[123)][フランシスコ会訳1984]

---

123) 이 부분은 「종래 「裸(はだか)だったので上着(うわぎ)をまとうと」라고 번역되었지만, 알몸으로 주님의 앞에 나가는 것은 실례가 된다고 하는 발상으로부터의 해석이었다. 그러나 이 경우, 「上着(うわぎ) ; 겉옷의 원어는 오히려 「노동복」「작업복」「노동용 겉옷」의 뜻이고 또 「裸(はだか)だった ; 알몸이었다」는 거의 아무 것도 착용하지 않은 그런 상태를 가리키기 때문에, 「작업복만의 가벼운 옷차림」의 뜻이다. 따라서 작업복만을 착용한 상태, 즉 「작업복 아래는 알몸이었다」는 상태를 가리키고 있다. 이 해석에 따르면, 위에 걸쳐 입은 작업복을 벗어던질 수는 없고, 헤엄치기 쉽도록 작업복의 옷자락을

(밑에는 아무 것도 입지 않았기 때문에, 작업복의 옷자락을 걷어 올려, 호수에 뛰어들었다.)

しかし、[1]ほかの弟子(でし)たちは舟(ふね)に乗(の)ったまま、魚(うお)の入(はい)っている[2]網(あみ)を引(ひ)きながら帰(かえ)って行(い)った。[3]陸(りく)からはあまり遠(とお)くない[4]五十間(ごじゅっけん)ほどの所(ところ)にいたからである。[ヨハネによる福音書 21:8]
(그러나 다른 제자들은 배를 탄 채, 물고기가 들어 있는 그물을 끌면서 돌아갔다. 육지에서는 그다지 멀지 않은 90미터 정도 되는 곳에 있었기 때문이다.[21:8])

[1]ほかの弟子(でし)たちは舟(ふね)に乗(の)ったまま、: 다른 제자들은 배를 탄 채. 「乗(の)ったまま」는「乗(の)る」의 과거「乗(の)った」에 형식명사「～まま」가 접속된 것이다.

[例]少(すく)なくとも飛行機(ひこうき)に乗(の)ったまま、落(お)ちたことはなかった。
(적어도 비행기를 탄 채, 떨어진 적은 없었다.)

後世(こうせい)のわれわれは、お陰(かげ)で快適(かいてき)な列車(れっしゃ)に乗(の)ったまま、雄大(ゆうだい)な大自然(だいしぜん)の風景(ふうけい)を堪能(たんのう)することができるのである。
(후세의 우리들은 덕분에 쾌적한 열차를 탄 채, 웅대한 대자연의 풍경을 만족할 수 있는 것이다.)

智恵(ちえ)だけは座(すわ)ったまま、大(おお)きな大(おお)きなため息(いき)をついた。
(지혜만은 앉은 채로 커다란 커다란 한숨을 쉬었다.)

걸어붙였다고 생각된다.「からげて」의 원어는 [13:6]에서도「몸에 걸쳤다」고 번역한 말로「巻(ま)き付(つ)ける ; 감아 두르다」「たくし上(あ)げる ; 걷어붙이다」의 뜻이다. 또한 밑에 무엇인가를 입고 있으면 헤엄치기 쉽도록 작업복은 벗어던지고 헤엄쳤을 것이다. 본역(本訳)은 가장 논리적인 이 해석을 취해 번역한 것이다. 그리고「裾(すそ) ; 옷자락」은 번역상의 보충어이다. 이상은 [フランシスコ会訳(1984)] フランシスコ会聖書研究所(1984)『新約聖書』サンパウロ. pp. 395-397. 주(5)에 의함

[2] 網(あみ)を引(ひ)きながら帰(かえ)って行(い)った : 그물을 끌면서 돌아갔다. 「網(あみ)を引(ひ)きながら」는 「網(あみ)を引(ひ)く」에 동시진행을 나타내는 접속조사 「～ながら」가 붙은 것이다.

[例]<u>自転車(じてんしゃ)を引(ひ)きながら</u>、ぼくは桂子(けいこ)の傍(かたわ)らを歩(ある)き出(だ)す.

(자전거를 끌면서 나는 게이코의 옆을 걷기 시작한다.)

両(りょう)ひじを体(からだ)の方(ほう)に引(ひ)きながら、ボールをだくように<u>体(からだ)を起(お)こしながら</u>捕球(ほきゅう)する。

(양 무릎을 몸 쪽으로 끌면서, 볼을 안는 것처럼 몸을 일으키면서 포구한다.)

物資(ぶっし)のない疎開先(そかいさき)で、幼(おさな)い三歳(さんさい)の弟(おとうと)の手(て)を<u>引(ひ)きながら</u>、闇市(やみいち)や農家(のうか)に買(か)い出(だ)しに走(はし)ったりした。

(물자가 적은 소개지에서 어린 세 살의 남동생 손을 끌면서 암시장이나 농가에 물건을 직접 사러 달리거나 했다.)

[3] 陸(りく)からはあまり遠(とお)くない : 육지에서는 그다지 멀지 않다. 「あまり」는 뒤의 술어 내용에 따라 뜻이 달라지는 진술부사인데, 「あまり遠(とお)くない」와 같이 부정 술어와 호응할 때는 「그다지 / 별로」의 의미를 나타낸다.

[例]当方(とうほう)<u>あまり</u>カメラに詳(くわ)しく<u>ない</u>ので詳(くわ)しい方(かた)ご教授(きょうじゅ)ください。

(저는 카메라는 그다지 잘 몰라서, 잘 아시는 분께서 교수해 주십시오.)

第一(だいいち)の事件(じけん)の時(とき)も、第二(だいに)の事件(じけん)の時(とき)も、山本(やまもと)は、犯行(はんこう)現場(げんば)から、<u>あまり遠(とお)くない所(ところ)</u>にいた。

(첫 번째 사건 때도, 두 번째 사건 때도 야마모토는 범행 현장에서 그다지 멀지 않은 곳에 있었다.)

女(おんな)の子(こ)は、ちょっと考(かんが)えているふうだったが、そのうち、あまり広(ひろ)くない駅(えき)の中(なか)を、クルクルと回(まわ)りはじめた。
(여자 아이는 좀 생각하고 있는 것 같았는데, 그러는 사이에 그다지 넓지 않은 역 안을 빙빙 돌기 시작했다.)

[4]五十間(ごじゅっけん) : 90미터, 「間(けん)」은 길이·거리의 단위로 1間(いっけん)=6尺(ろくしゃく)=1.8m이니, 五十間(ごじゅっけん)은 대략 90미터가 된다. 한편, 한국어 단위에서는 1척(1尺)=1자(1尺) : 30.3 cm=10치이니, 五十間(ごじゅっけん)은 대략 91미터가 된다.

[1]彼(かれ)らが陸(りく)に上(のぼ)って見(み)ると、[2]炭火(すみび)が熾(おこ)してあって、[3]その上(うえ)に魚(うお)が乗(の)せてあり、またそこにパンがあった。[ヨハネによる福音書 21:9]
(그들이 육지에 올라와 보니, 숯불이 피워져 있고, 그 위에 물고기가 놓여 있고, 또 거기에 빵이 있었다.[21:9])

[1]彼(かれ)らが陸(りく)に上(のぼ)って見(み)ると、: 그들이 육지에 올라와 보니. 본 절에서는 「彼(かれ)らが陸(りく)に上(のぼ)って見(み)ると」와 같이 표현하고 있는 것에 대해, 타 번역본에서 어떻게 다루고 있는지 살펴보면 다음과 같다.
 [例]彼(かれ)らが陸(りく)に上(あ)がって見(み)ると、[塚本訳1963]
  (그들이 육지에 올라와 보니,)
  こうして彼(かれ)らが陸地(りくち)に上(あ)がったとき、[新改訳1970]
  (이렇게 그들이 육지에 올라왔을 때,)
  陸(りく)にあがって見(み)ると、[前田訳1978]
  (육지에 올라와 보니,)
  陸(りく)にあがって見(み)ると、[新共同訳1987]

(육지에 올라와 보니,)

彼(かれ)らが岸(きし)に上(あ)がると、[岩波翻訳委員会訳1995]

(그들이 물가에 올라오니,)

[2] 炭火(すみび)が熾(おこ)してあって、: 숯불이 피워져 있고.「熾(おこ)してあって」는 타동사「熾(おこ)す」에 접속되어 결과의 상태를 나타내는「〜てある」가 붙은「熾(おこ)してある」의 テ형이다.

[3] その上(うえ)に魚(うお)が乗(の)せてあり、: 그 위에 물고기가 놓여 있고.「乗(の)せてあり、」는 타동사「乗(の)せる」에 결과의 상태를 나타내는「〜てある」가 접속된「乗(の)せてある」가 연용중지법으로 쓰여 단순 연결로 나타내고 있다.

[예] 段(だん)ボールのゴーヤーマン、増(ふ)えていて。無理(むり)やり上(うえ)に乗(の)せてあり、今(いま)にも崩(くず)れそうである。

(골판지로 만든 고야만이 늘어서. 억지로 위에 올려져 있어, 금세라도 무너질 것 같다.)

> イエスは彼(かれ)らに言(い)われた、「[1]今(いま)捕(と)った魚(うお)を少(すこ)し持(も)って来(き)なさい。[ヨハネによる福音書 21:10]
> (예수께서 그들에게 말씀하셨다. "지금 잡은 물고기를 조금 가지고 오너라."[21:10])

[1] 今(いま)捕(と)った魚(うお)を : 지금 잡은 물고기를.「捕(と)った」는「捕(と)る ; 잡다」의 과거로 뒤의「魚(うお)」를 수식·한정하고 있다.

[예] 毎日(まいにち)の生活(せいかつ)ばかりではなく、漁村(ぎょそん)では捕(と)った魚(うお)を太陽(たいよう)と風(かぜ)の力(ちから)で干物(ほしもの)にする。

(하루하루의 생활뿐만 아니라, 어촌에서는 잡은 물고기를 태양과 바람의

힘으로 볕에 말린다.)

三艘(さんそう)の船(ふね)を一組(ひとくみ)として秋刀魚(さんま)を捕(と)ったわけであるが、この船(ふね)は鯨船(くじらぶね)と同(おな)じであったという。
(세 척의 배를 한 조로 꽁치를 잡은 것이지만, 이 배는 고래잡이배와 같았다고 한다.)

> シモン・ペテロが行(い)って、網(あみ)を陸(りく)へ引(ひ)き上(あ)げると、百五十三(ひゃくさんじゅうさん)匹(びき)の[1]大(おお)きな魚(うお)でいっぱいになっていた。[2]そんなに多(おお)かったが、[3]網(あみ)は割(さ)けないでいた。[ヨハネによる福音書 21:11]
> (시몬 베드로가 가서, 그물을 육지에 끌어올리자, 153마리나 되는 큰 물고기로 가득 차 있었다. 그렇게 많았지만, 그물은 찢어지지 않았다.[21:11])

[1] 大(おお)きな魚(うお)でいっぱいになっていた : 큰 물고기로 가득 차 있었다. 「魚(うお)でいっぱいになっていた」는 「魚(うお)でいっぱいになる」에 「~ていた」가 접속된 것으로 과거 시점에 있어서의 결과의 상태를 나타낸다.

[例] 私(わたし)の頭(あたま)の中(なか)はビールの事(こと)でいっぱいになっていた。
(내 머릿속은 맥주에 관한 것으로 가득 차 있었다.)

ガラス戸(ど)のりっぱな本箱(ほんばこ)は専門書(せんもんしょ)でいっぱいになっていて、私(わたし)などの読(よ)める本(ほん)はいくらもなかった。
(유리문의 멋진 책장은 전문서로 가득 차 있었고, 나 같은 사람이 읽을 수 있는 책은 얼마 없었다.)

そして戻(もど)ってきてみると、小(ちい)さな皿(さら)は紫外線(しがいせん)の光(ひかり)にキラキラ輝(かがや)く小(ちい)さな菱形(ひしがた)の結晶(けっしょう)でいっぱいになっていた。

(그리고 돌아와서 보니, 작은 접시는 자외선의 빛에 반짝반짝 빛나는 작은 마름모꼴의 결정으로 가득 차 있었다.)

[2] そんなに多(おお)かったが、: 그렇게 많았지만. 「そんなに」는 뒤에 오는 술어 내용에 따라 의미가 달라지는 진술부사인데, 본 절의 「そんなに多(おお)かった」와 같이 긍정 술어와 호응할 경우에는 「그렇게」의 뜻을 나타낸다.
[例] 私(わたし)のはそんなに高(たか)いものではありませんが、いいのが見(み)つかりましたよ。
(내 것은 그렇게 비싼 것은 아니지만, 좋은 것을 찾았어요.)
百年(ひゃくねん)ものあいだ確認(かくにん)されていなかったものを再発見(さいはっけん)するのは、そんなに難(むずか)しいことではない。
(백년이나 되는 시간 동안에, 확인되지 않았던 것을 재발견하는 것은, 그렇게 어려운 일은 아니다.)
「やるじゃないか、高橋(たかはし)。そんなに早(はや)い動作(どうさ)でよくボールをちゃんと打(う)てるな」ぼくはいってやった。
("잘 하네. 다카하시." 그렇게 빠른 동작으로 잘도 볼을 제대로 치는구나." 나는 말해 주었다.)

[3] 網(あみ)は割(さ)けないでいた : 그물은 찢어지지 않았다. 「割(さ)けないでいた」는 「割(さ)ける」의 부정 「割(さ)けない」의 테형인 「割(さ)けないで」에 「～いた」가 접속된 것으로 「찢어지지 않은 상태로 있었다 → 찢어지지 않았다」의 뜻을 나타낸다.
[例] だが、彼(かれ)に、どうしてだとはたださないでいた。
(그러나, 그에게 왜라고는 따지지 않았다.)
俺(おれ)は長(なが)いこと自分(じぶん)を裏切(うらぎ)ってきた。しかも、それに気付(きづ)かないでいた。
(나는 오랫동안 자신을 배반해왔다. 게다가 그것을 알아채지 못했다.)

座(すわ)ってコーヒーを飲(の)んでいる間(あいだ)に、自分(じぶん)の探求(たんきゅう)が始(はじ)まっていたこともまだ知(し)らないでいた。
(앉아서 커피를 마시는 동안, 자신의 탐구가 시작된 것도 아직 알지 못했다.)

> イエスは彼(かれ)らに言(い)われた、「さあ、朝(あさ)の食事(しょくじ)をしなさい」。弟子(でし)たちは、[1]主(しゅ)であることがわかっていたので、だれも「あなたはどなたですか」と[2]進(すす)んで尋(たず)ねる者(もの)がなかった。[ヨハネによる福音書 21:12]
> (예수께서 그들에게 말씀하셨다. "자, 아침 식사를 하여라." 제자들은 주님인 것을 알고 있었기 때문에, 아무도 "선생님은 누구십니까?"라고 스스로 나서서 묻는 사람이 없었다.[21:12])

[1]主(しゅ)であることがわかっていたので、: 주님인 것을 알고 있었기 때문에.「主(しゅ)であること」の「～である」は 단정의 조동사「～だ」의 문장체로 명사 어류에 접속되어「～인」과 같이 동격 관계를 나타낸다.

[例]リンは日本(にほん)の都市(とし)の中(なか)では自分(じぶん)の肉体(にくたい)が目立(めだ)つ存在(そんざい)であることに気(き)づいていた。
(린은 일본 도시 안에서는 자기 육체가 눈에 띄는 존재인 것을 알고 있었다.)
過去(かこ)を変(か)えることができないことが絶対(ぜったい)の真理(しんり)であることを、客観的(きゃっかんてき)に再確認(さいかくにん)できるからです。
(과거를 바꿀 수 없는 것이 절대 진리인 것을 객관적으로 재확인할 수 있기 때문입니다.)
これが「傑作(けっさく)」というようなありきたりの言葉(ことば)では評価(ひょうか)できないような、画期的(かっきてき)な小説(しょうせつ)であることは間違(まちが)いないと思(おも)う。
(이것이 "걸작"이라는 그런 평범한 말로는 평가할 수 없는 그런, 획기적인

소설인 것은 틀림없다고 생각한다.)

[2] 進(すす)んで尋(たず)ねる者(もの)がなかった : 스스로 나서서 묻는 사람이 없었다. 「進(すす)んで」는 「進(すす)む」의 テ형인데, 본 절에서는 부사화되어 「스스로 나서서 / 자진해서」에 상당하는 뜻을 나타낸다.

[例] 進(すす)んで仕事(しごと)をする。

(스스로 나서서 일을 하다.)

進(すす)んで意見(いけん)を述(の)べる。

(자진해서 의견을 말하다.)

よかった。君(きみ)が進(すす)んで、捜査(そうさ)に協力(きょうりょく)してくれることを、期待(きたい)していたんだよ。

(다행이다. 자네가 스스로 나서서 수사에 협력해 주는 것을 기대하고 있었다.)

ところが、彼(かれ)は自(みずか)ら進(すす)んで、しかも微笑(びしょう)を浮(う)かべて入(はい)って行(い)ったのです。

(그런데, 그는 직접 자진해서 게다가 미소를 띠고 들어갔던 것입니다.)

二階堂(にかいどう)は、自分(じぶん)から進(すす)んで、「知(し)っていることを言いましょう」と、申(もう)し出(で)た。

(니카이도는 직접 자진해서 "알고 있는 것을 말하겠습니다."라고 제의했다.)

그리고 타 번역본에서는 어떻게 표현하고 있는지 살펴보면 다음과 같다.

[例] 敢(あ)えて尋(たず)ねる者(もの)はなかった。[塚本訳1963]

(감히 묻는 사람은 없었다.)

あえて尋(たず)ねる者(もの)はいなかった。[新改訳1970]

(감히 묻는 사람은 없었다.)

あえてたずねなかった。[前田訳1978]

(감히 묻지 않았다.)

あえてたずねなかった。[新共同訳1987]

(감히 묻지 않았다.)

あえて質問(しつもん)することはしなかった。[岩波翻訳委員会訳1995]

(감히 질문하는 일은 하지 않았다.)

> イエスはそこに来(き)て、[1]パンを取(と)り彼(かれ)らに与(あた)え、また[2]魚(うお)も同(おな)じようにされた。[ヨハネによる福音書 21:13]
> (예수께서 거기에 와서 빵을 집어 그들에게 주고, 또 물고기도 똑같이 하셨다.[21:13])

[1]パンを取(と)り彼(かれ)らに与(あた)え、: 빵을 집어 그들에게 주고.「パンを取(と)り」는 「パンを取(と)る」의 연용중지법이고, 「彼(かれ)らに与(あた)え、」도 「彼(かれ)らに与(あた)える」의 연용중지법인데, 둘 다 뒤 문장에 단순 연결시키는 기능을 하고 있다.

[例]そこでイエスは群衆(ぐんしゅう)に地(ち)に座(すわ)るように命(めい)じられた。そして七(なな)つのパンを取(と)り、感謝(かんしゃ)してこれを裂(さ)き、人々(ひとびと)に配(くば)るように弟子(でし)たちに渡(わた)されると、弟子(でし)たちはそれを群衆(ぐんしゅう)に配(くば)った。[口語訳 / マルコによる福音書 8:6]
(그래서 예수께서는 군중에게 땅에 앉도록 명하셨다. 그리고 빵 7개를 손에 들고, 감사를 드리고 이것을 떼어서 사람들에게 나누어 주도록 제자들에게 건네시자, 제자들은 그것을 군중에게 나누어 주었다.)[마가복음 8:6][124]

また十二弟子(じゅうにでし)を呼(よ)び寄(よ)せ、二人(ふたり)ずつ遣(つか)わすことにして、彼(かれ)らに汚(けが)れた霊(れい)を制(せい)する権威(けんい)を与

---

124) 李成圭(2019a)『일본어 구어역 마가복음의 언어학적 분석 II』시간의물레. p. 130에서 인용.

(あた)え、[口語訳 / マルコによる福音書 6:7]

(그리고 12제자를 가까이 불러들여, 두 사람씩 보내는 것으로 하여, 그들에게 악령을 제어하는 권능을 주고,)[마가복음 6:7][125]

[2] 魚(うお)も同(おな)じようにされた : 물고기도 똑같이 하셨다. 「同(おな)じように」는 형용동사 「同(おな)じだ」에 불확실한 판단을 나타내는 「～ようだ」의 연용형 「～ように」가 접속된 것으로 한국어로는 「똑같이」「마찬가지로」에 상당하는 뜻을 나타낸다.

[例] 金額(きんがく)は同(おな)じようにするべきだと思(おも)います!
(금액은 똑같이 해야 한다고 생각합니다!)
おれも同(おな)じようにするつもりだったのだが、うまくいかなかった。
(나도 똑같이 할 생각이었지만, 잘 되지 않았다.)
百人隊長(ひゃくにんたいちょう)は剣(つるぎ)を鞘(さや)にもどすと、二人(ふたり)の部下(ぶか)にも同(おな)じようにするよう合図(あいず)した。
(백부장은 칼을 칼집에 집어넣고, 부하 2명에게도 똑같이 하도록 신호했다.)

그리고 「同(おな)じようにされた」의 「された」는 「する」의 레루형 경어 「される」의 과거로 〈イエス〉에 관해 쓰이고 있다.

[例] ところが、逆風(ぎゃくふう)が吹(ふ)いていたために、弟子(でし)たちが漕(こ)ぎ悩(なや)んでいるのをごらんになって、夜明(よあ)けの四時(よじ)ごろ、海(うみ)の上(うえ)を歩(ある)いて彼(かれ)らに近(ちか)づき、そのそばを通(とお)り過(す)ぎようとされた。[口語訳 / マルコによる福音書 6:48]
(그런데 역풍이 불어 있었기 때문에 제자들이 잘 젖지 못하는 것을 보시고, 새벽 4시경 바다 위를 걸어 그들에게 가까이 가서, 그 옆을 지나가려고

---

125) 李成圭 (2019a) 『일본어 구어역 마가복음의 언어학적 분석 II』 시간의물레. p. 15에서 인용.

하셨다.)[마가복음 6:48][126]

それは人(ひと)の心(こころ)の中(なか)に入(はい)るのではなく、腹(はら)の中(なか)に入(はい)り、そして、外(そと)に出(で)て行(い)くだけである」。イエスはこのように、どんな食物(しょくもつ)でも清(きよ)いものとされた。[口語訳 / マルコによる福音書 7:19]

(그것은 사람 마음속에 들어가는 것이 아니라, 뱃속에 들어가 그리고 밖으로 나갈 뿐이다."예수께서는 이와 같이 어떤 음식도 깨끗한 것으로 하셨다.)[마가복음 7:19][127]

イエスが[1]死人(しにん)の中(なか)から蘇(よみがえ)った後(のち)、[2]弟子(でし)たちに現(あら)わしたのは、これで既(すで)に三度目(さんどめ)である。[ヨハネによる福音書 21:14]
(예수께서 죽은 자 가운데에서 살아난 후, 제자들에게 나타낸 것은 이것으로 이미 세 번째이다.

[1]死人(しにん)の中(なか)から蘇(よみがえ)った後(のち)、: 예수께서 죽은 자 가운데에서 살아난 후. 「蘇(よみがえ)った後(のち)」는 「蘇(よみがえ)る」의 과거 「蘇(よみがえ)った」에 시간적 이후를 나타내는 「後(のち)」가 접속된 것이다.
[例] 拭(ふ)き掃除(そうじ)が終(お)わったのち、稽古(けいこ)が始(はじ)まった。
(닦는 청소가 끝난 후, 연습이 시작되었다.)
出版社(しゅっぱんしゃ)でテレビ雑誌(ざっし)の編集者(へんしゅうしゃ)などを経験(けいけん)したのち、フリーになる。
(출판사에서 텔레비전 잡지의 편집자 등을 경험한 뒤에 프리가 된다.)

---

126) 李成圭(2019a)『일본어 구어역 마가복음의 언어학적 분석Ⅱ』시간의물레. p. 60에서 인용.
127) 李成圭(2019a)『일본어 구어역 마가복음의 언어학적 분석Ⅱ』시간의물레. p. 98에서 인용.

それが破壊(はかい)されたのち、四世紀(よんせいき)中頃(なかごろ)までに聖母(せいぼ)マリアを奉(ほう)じる聖堂(せいどう)が建(た)てられ、そののち何回(なんかい)か再建(さいけん)されたのである。

(그것이 파괴된 다음, 4세기 중엽까지 성모 마리아를 모시는 성당이 세워지고 그 후, 몇 차례 재건되었다.)

[2]弟子(でし)たちに現(あら)わしたのは、: 제자들에게 나타낸 것은.「現(あら)わしたのは」는「現(あら)わしす」의 과거「現(あら)わした」에 형식명사「~の」와 계조사「~は」가 접속된 것이다.

[例]再(ふたた)び彼(かれ)の前(まえ)に私(わたし)が姿(すがた)を現(あら)わしたのは、午後(ごご)九時(くじ)のことだった。

(다시 그의 앞에 내가 모습을 나타낸 것은 오후 9시였다.)

彼女(かのじょ)が居間(いま)へ姿(すがた)を現(あら)わしたのは、そろそろ昼食(ちゅうしょく)でも、と春子(はるこ)が考(かんが)えていたころであった。

(그녀가 거실에 모습을 나타낸 것은, 슬슬 중식이라도 하고 하루코가 생각하고 있었을 때였다.)

それは本質的(ほんしつてき)な混迷(こんめい)の社会(しゃかい)であり、その中(なか)からゆっくり姿(すがた)を現(あら)わしたのは、貨幣価値(かへいかち)が事実上(じじつじょう)すべての価値(かち)を決定(けってい)する社会(しゃかい)であり、批判的(ひはんてき)言説(げんせつ)は存在(そんざい)しても、それが現状(げんじょう)を変革(へんかく)する力(ちから)になってはいかない、顔(かお)のない事大主義(じだいしゅぎ)の権力(けんりょく)社会(しゃかい)であった。

(그것은 본질적인 혼미의 사회이고, 그 중에서 천천히 모습을 드러낸 것은, 화폐가치가 사실상 모든 가치를 결정하는 사회이고, 비판적 언설은 존재해도, 그것이 현상을 변혁하는 힘이 되어 나가지는 않는, 얼굴이 없는 사대주의의 권력 사회이었다.)

《97》 [ヨハネによる福音書 21:15 - 21:19]

> 彼(かれ)らが[1]食事(しょくじ)を済(す)ませると、イエスはシモン・ペテロに言(い)われた、「ヨハネの子(こ)シモンよ、あなたは[2]この人(ひと)たちが愛(あい)する以上(いじょう)に、わたしを愛(あい)するか」。ペテロは言(い)った、「主(しゅ)よ、そうです。わたしがあなたを愛(あい)することは、[3]あなたがご存(ぞん)じです」。イエスは彼(かれ)に「[4]わたしの小羊(こひつじ)を養(やしな)いなさい」と言(い)われた。[ヨハネによる福音書 21:15]
> (그들이 식사를 끝내자, 예수께서 시몬 베드로에게 말씀하셨다. "요한의 아들 시몬아, 너는 이 사람들이 사랑하는 것 이상으로 나를 사랑하느냐?" 베드로는 말했다. "주님, 그렇습니다. 내가 주님을 사랑하는 것은 주께서 알고 계십니다." 예수께서 그에게 "내 어린 양을 길러라."라고 말씀하셨다.[21:15])

[1]食事(しょくじ)を済(す)ませると、: 식사를 끝내자.「済(す)ませる」는「済(す)む」의 타동사로「끝내다 / 마치다 / 완료하다」의 뜻을 나타내는데,「済(す)ます」도「済(す)ませる」와 같은 의미를 나타낸다.

[例]昨日(きのう)はちょっと行(い)っただけのT作業所(さぎょうしょ)、今日(きょう)は昼休(ひるやす)みの昼食(ちゅうしょく)を済(す)ませると、すぐに向(む)かった。
(어제는 잠깐 갔던 T작업소, 오늘은 점심시간의 식사를 마치자 곧 향했다.)
二人(ふたり)は立(た)ち上(あ)がって勘定(かんじょう)を済(す)ませると、階段(かいだん)を下(お)りて行(い)った。
(두 사람은 일어나서 계산을 마치자, 계단을 내려갔다.)
所定(しょてい)の条件(じょうけん)を整(ととの)えて手続(てつづ)きを済(す)ませると、パスポートにスタンプが押(お)されるようになっている。
(소정 조건을 갖추고 수속을 마치자, 패스포트에 스탬프가 찍히게 되어 있다.)

[2]この人(ひと)たちが愛(あい)する以上(いじょう)に、: 이 사람들이 사랑하는 것 이상으로. 「愛(あい)する以上(いじょう)に」는 「愛(あい)する」에 형식명사 「～以上(いじょう)」와 「～に」가 접속한 것으로 「～하는 것 이상으로」에 상당하는 뜻을 나타낸다.

[例]本人(ほんにん)が意識(いしき)する以上(いじょう)に、表情(ひょうじょう)や態度(たいど)は内心(ないしん)を映(うつ)し出(だ)す。

(본인이 의식하는 이상으로, 표정이나 태도는 내심을 비추어낸다.)

かかる事柄(ことがら)は確(たし)かに、そして恐(おそ)らくシェストフが考(かんが)える以上(いじょう)に、重要(じゅうよう)な意味(いみ)をもっている。

(이러한 사항은 확실히, 그리고 아마도 셰스토프가 생각하는 이상으로 중요한 의미를 지니고 있다.)

実際(じっさい)に自分(じぶん)で経験(けいけん)する以上(いじょう)に、マスメディアからの情報(じょうほう)が多(おお)いために、マスメディアが伝(つた)える内容(ないよう)をそのまま真実(しんじつ)と思(おも)い込(こ)んで、それに影響(えいきょう)される人(ひと)もいるほどである。

(실제로 직접 경험하는 이상으로 매스미디어(대중매체)로부터의 정보가 많기 때문에 매스미디어가 전하는 내용을 그대로 진실이라고 믿어버리고 그것에 영향을 받는 사람도 있을 정도이다.)

[3]あなたがご存(ぞん)じです : 주님께서 알고 계십니다. 「ご存(ぞん)じです」는 「知(し)っている」의 특정형 경어 「ご存(ぞん)じだ」의 정녕체로 「알고 계십니다 / 아십니다」에 상당하는 뜻을 나타낸다.

[例]戦前(せんぜん)が間違(まちが)っていたということは、みなさんよくご存(ぞん)じです。

(제2차 세계대전 전이 잘못되었다고 하는 것은 여러분께서도 잘 알고 계십니다.)

さすが多(おお)くの著書(ちょしょ)を出(だ)されている先生(せんせい)だけあってよくご存(ぞん)じです。

(역시 많은 저서를 내시고 있는 선생님이니 만큼 잘 알고 계십니다.)

私(わたし)たちの地球(ちきゅう)は、太陽(たいよう)からエネルギーを受(う)け取(と)って暖(あたた)められていることは、皆(みな)さんご存(ぞん)じですよね。

(우리들 지구는 태양으로부터 에너지를 받아서, 따뜻해지고 있는 것은 여러분 잘 알고 계시지요, 그렇지요.)

[4]わたしの小羊(こひつじ)を養(やしな)いなさい : 내 어린 양을 길러라.「養(やしな)いなさい」の「養(やしな)う」「기르다 / 사육하다」의 뜻을 나타내는 타동사이다.

[例]あなたを容赦(ようしゃ)しないであろう未来(みらい)の数(かず)ある十字架(じゅうじか)磔刑(たっけい)に備(そな)えて英気(えいき)を養(やしな)いなさい。

(너를 용서하지 않을 미래의 수많은 십자가 책형에 대비하여 영기를 길러라.)

あなたの信仰(しんこう)を養(やしな)いなさい。―そして、あなたの内(うち)にある疑(うたが)いを葬(ほうむ)り去(さ)ってしまいなさい。

(너의 신앙을 길러라. - 그리고 네 안에 있는 의심을 없애 버려라.)

타 번역본에서는 이 부분을 어떻게 묘사하고 있는지 살펴보자.

[例]「わたしの小羊(こひつじ)を飼(か)いなさい。」[塚本訳1963]

("내 어린 양을 길러라.")

「わたしの小羊(こひつじ)を飼(か)いなさい。」[新改訳1970]

("내 어린 양을 길러라.")

「わが小羊(こひつじ)を飼(か)いなさい」と。[前田訳1978]

("내 어린 양을 길러라."고.)

「わたしの小羊(こひつじ)を飼(か)いなさい」[新共同訳1987]

("내 어린 양을 길러라.")

「〔これからも〕私(わたし)の小羊(こひつじ)たちの世話(せわ)をしなさい」。[岩波翻訳委員会訳1995]

(〔앞으로도〕"내 어린 양들을 돌봐라.")

> またもう一度(いちど)彼(かれ)に言(い)われた、「ヨハネの子(こ)シモンよ、わたしを愛(あい)するか」。彼(かれ)はイエスに言(い)った、「主(しゅ)よ、そうです。わたしがあなたを愛(あい)することは、あなたがご存(ぞん)じです」。イエスは彼(かれ)に言(い)われた、「[1]わたしの羊(ひつじ)を飼(か)いなさい」。[ヨハネによる福音書 21:16]
> (그리고 다시 한 번 그에게 말씀하셨다. "요한의 아들 시몬아, 나를 사랑하느냐?" 그는 예수에게 말했다. "주님, 그렇습니다. 내가 주님을 사랑하는 것은 주께서 아십니다." 예수께서 그에게 말씀하셨다. "내 양을 쳐라."[21:16])

[1]わたしの羊(ひつじ)を飼(か)いなさい : 내 양을 쳐라. 「飼(か)いなさい」의 「飼(か)う」는 「기르다 / 치다 / 사육하다」의 뜻을 나타낸다. [21:15]에서는 「養(やしな)いなさい」가 쓰이고 있어 동어 반복을 피하기 위해 「飼(か)いなさい」가 쓰인 것으로 이해된다.

타 번역본에서는 이 부분을 어떻게 표현하고 있는 살펴보자.

[例]「わたしの羊(ひつじ)の世話(せわ)をしなさい」[塚本訳1963]

("내 양을 돌봐라.")

「わが羊(ひつじ)を養(やしな)いなさい」と。[新改訳1970]

("내 양을 길러라"고.)

「わたしの羊(ひつじ)を牧(ぼく)しなさい。」[前田訳1978]

("내 양을 길러라.")

「わたしの羊(ひつじ)の番(ばん)をしなさい。」[新共同訳1987]

("내 양을 지켜라.")

「〔これからも〕私(わたし)の羊(ひつじ)たちを牧(ぼく)しなさい」。[岩波翻訳委員会訳1995]

(〔앞으로도〕 "내 양들을 길러라.")

> イエスは三度目(さんどめ)に言(い)われた、「ヨハネの子(こ)シモンよ、わたしを愛(あい)するか」。ペテロは「わたしを愛(あい)するか」とイエスが三度(さんど)も言(い)われたので、[1]心(こころ)を痛(いた)めてイエスに言(い)った、「主(しゅ)よ、あなたはすべてをご存(ぞん)じです。[2]わたしがあなたを愛(あい)していることは、[3]お分(わ)かりになっています」。イエスは彼(かれ)に言(い)われた、「わたしの羊(ひつじ)を養(やしな)いなさい。[ヨハネによる福音書 21:17]
>
> (예수께서 세 번째로 말씀하셨다. "요한의 아들 시몬아. 나를 사랑하느냐?" 베드로는 "나를 사랑하느냐?" 라고 예수께서 세 번이나 말씀하셨기 때문에 마음을 아파하며 예수에게 말했다. "주님, 주께서는 모든 것을 아십니다. 내가 주님을 사랑하는 것은 알고 계십니다." 예수께서 그에게 말씀하셨다. "내 양을 길러라.[21:17])

[1] 心(こころ)を痛(いた)めて : 마음을 아파하며. 「痛(いた)める」에는 「정신적인 고통이나 타격을 주다[당하다]」의 뜻이 있는데, 「心(こころ)を痛(いた)める」는 「마음을 아파하다」의 뜻을 나타낸다.

　[例] 彼(かれ)の母親(ははおや)は、そうした彼(かれ)の生活(せいかつ)を見(み)ながら、心(こころ)を痛(いた)めていました。

　(그의 어머니는 그런 그의 생활을 보면서, 마음을 아파하고 있었습니다.)

　その責任(せきにん)を感(かん)じてか、絹村(きぬむら)は二人(ふたり)の間(あいだ)のトラブルに心(こころ)を痛(いた)めていたようだ。

(그 책임을 느꼈는지, 기누무라는 두 사람 사이의 트러블에 마음을 아파하고 있었던 것 같다.)

それに、園長(えんちょう)は、兄弟(きょうだい)のように育(そだ)ったあの二人(ふたり)が、離(はな)れ離(ばな)れになってしまうことに心(こころ)を痛(いた)めていたのだろう。

(게다가 원장은 형제처럼 자란 그 두 사람이 뿔뿔이 흩어지게 되는 것에 마음을 아파하고 있었을 것이다.)

[2] わたしがあなたを愛(あい)していることは、 : 내가 주님을 사랑하는 것은. 「愛(あい)している」는 「愛(あい)する」에 「～ている」가 접속되어 동작의 진행을 나타내는데 한국어로는 「사랑하고 있다」고 하는 것보다는 「사랑하다」고 번역하는 것이 자연스럽다.

[例] 彼(かれ)も私(わたし)を愛(あい)しているということだ。

(그도 나를 사랑한다는 것이다.)

そのかわり、彼(かれ)は自分(じぶん)の愛(あい)している女性(じょせい)と最後(さいご)にいっしょに死(し)ぬことができた。

(그 대신, 그는 자기가 사랑하는 여성과 마지막에 함께 죽을 수 있었다.)

私(わたし)はまだあなたを愛(あい)しているわ。でも、あなたにはもう私(わたし)を愛(あい)することはできない。私(わたし)は死(し)んでしまったのだから…。

(나는 아직 당신을 사랑해요. 하지만, 당신은 이제 나를 사랑할 수는 없다. 나는 죽어 버렸기 때문에….)

[3] お分(わ)かりになっています : 알고 계십니다. 「お分(わ)かりになっています」는 「分(わ)かる」의 ナル형 경어 「お分(わ)かりになる」에 「～ている」가 접속된 「お分(わ)かりになっている」의 정녕체로 「알고 계십니다 / 아십니다」에 상당하는 뜻을 나타낸다.

[例]松本(まつもと)さん、この世(よ)の中(なか)のことが、すべておわかりになっている
ようですねえ!

(마쓰모토 씨, 이 세상일을 모두 알고 계시는 것 같아요.)

先生(せんせい)にも、もうおわかりになっているんじゃありませんか?

(선생님께서도 이미 알고 계시지 않겠습니까?)

皆様(みなさま)、お肉(にく)のランクを本当(ほんとう)にお分(わ)かりになってらっ
しゃいます?

(여러분, 고기의 등급을 정말 알고 계십니까?)

「頭(あたま)のいい方(かた)たちなのに、お分(わ)かりになっていないんですわ」
と、言(い)った

("머리가 좋은 분들인데, 알고 계시지 않은 것 같아요."라고 말했다.)

小泉(こいずみ)さんは靖国神社(やすくにじんじゃ)が本来(ほんらい)どのようなも
のかをお分(わ)かりになっていないようです。

(고이즈미 씨는 야스쿠니 신사가 원래 어떤 것인지를 알고 계시지 않은
것 같습니다.)

이 부분을 타 번역본에서는 다음과 같이 표현하고 있다.

[例]御存(ごぞん)じです。[塚本訳1963]

(알고 계십니다.)

ご存(ぞん)じです。[前田訳1978]

(알고 계십니다.)

知(し)っておられます。[新共同訳1987]

(알고 계십니다.)

知(し)っておられます。[岩波翻訳委員会訳1995]

(알고 계십니다.)

知(し)っておいでになります。[新改訳1970]

(알고 계십니다.)

> よくよくあなたに言(い)っておく。[1]あなたが若(わか)かった時(とき)には、[2]自分(じぶん)で帯(おび)を締(し)めて、[3]思(おも)いのままに歩(ある)き回(まわ)っていた。しかし[4]年(とし)を取(と)ってからは、自分(じぶん)の手(て)を伸(の)ばすことになろう。そして、[5]ほかの人(ひと)があなたに帯(おび)を結(むす)び付(つ)け、[6]行(い)きたくない所(ところ)へ連(つ)れて行(い)くであろう」。[ヨハネによる福音書 21:18]
> (분명히 너에게 말해 둔다. 네가 젊었을 때에는, 스스로 띠를 매고 마음대로 돌아다니고 있었다. 그러나 나이를 먹고 나서는 자기 손을 벌리게 될 것이다. 그래서 다른 사람들이 너를 띠로 묶어, 가고 싶지 않은 곳으로 데리고 갈 것이다.[21:18])

[1]あなたが若(わか)かった時(とき)には、: 네가 젊었을 때에는.「若(わか)かった時(とき)」는「若(わか)い」의 과거「若(わか)かった」에「〜時(とき)」가 붙어「젊었을 때」의 뜻을 나타낸다.

  [예]若(わか)かった時(とき)は、資金(しきん)という資金(しきん)は全部(ぜんぶ)、自分(じぶん)の会社(かいしゃ)に再投資(さいとうし)し、仕事(しごと)を成長(せいちょう)させるために使(つか)いました。
  (젊었을 때는, 자금이란 자금은 전부, 자기 회사에 재투자해서 일을 성장시키기 위해 사용했습니다.)
  憤激(ふんげき)が最(もっと)もひどかった時(とき)には、つねに自殺(じさつ)しようと考(かんが)えていたほどです。
  (분격이 가장 심했을 때에는, 항상 자살하려고 생각했을 정도입니다.)

[2]自分(じぶん)で帯(おび)を締(し)めて、: 스스로 띠를 매고.「帯(おび)を締(し)めて」는

「帯(おび)を締(し)める」의 テ형으로 「띠를 매고」의 뜻을 나타낸다. 착용동사 「締(し)める」는 「{帯(おび)・ネクタイ・鉢巻(はちま)き・シートベルト}を締(し)める ; {띠・넥타이・머리띠・안전벨트}를 매다」와 같이 쓰인다.

[3] 思(おも)いのままに歩(ある)き回(まわ)っていた : 마음대로 돌아다니고 있었다. 「思(おも)いのまま」는 「思(おも)う」의 전성명사인 「思(おも)い」에 형식명사 「〜まま」가 「〜の」를 매개로 접속되어 연어(連語 : れんご)가 된 것으로 「생각한 대로 / 마음대로」에 상당하는 뜻을 나타낸다.

[例] 思(おも)いのままを話(はな)す。
   (생각한 바를 그대로 이야기하다.)
   思(おも)いのままになる。
   (생각한 대로 되다.)
   思(おも)いのままに操(あやつ)る。
   (마음대로 조종하다.)

그리고 「歩(ある)き回(まわ)る」는 「歩(ある)く」의 연용형 「歩(ある)き」에 「回(まわ)る」가 결합한 복합동사로 「돌아다니다」의 뜻을 나타낸다.

[例] 岩田(いわた)は、忙(せわ)しなく、部屋(へや)のなかを歩(ある)き回(まわ)っていた。
   (이와타는 바쁘게 방 안을 이리저리 돌아다니고 있었다.)
   十分(じゅっぷん)ばかり駅前(えきまえ)を歩(ある)き回(まわ)って頭(あたま)を冷(ひ)やし、一軒(いっけん)の喫茶店(きっさてん)に入(はい)ってコーヒーを注文(ちゅうもん)した。
   (10분 정도 역전을 돌아다녀 머리를 식히고 커피숍 한 군데에 들어가서 커피를 주문했다.)
   昼間(ひるま)の間(あいだ)、立(た)ち仕事(しごと)や歩(ある)き回(まわ)っている人(ひと)は、比較的(ひかくてき)持久力(じきゅうりょく)が備(そな)わっている場

合(ばあい)が多(おお)い。

(낮 동안, 서서 일하거나 돌아다니는 사람은 비교적 지구력이 구비되어 있는 경우가 많다.)

[4] 年(とし)を取(と)ってからは、: 나이를 먹고 나서는. 「年(とし)を取(と)ってから」는 「年(とし)を取(と)る; 나이를 먹다」에 순차동작을 나타내는 복합조사 「～てから」가 접속된 것이다.

[例] だから、見(み)ていると、ほんとうに人(ひと)を愛(あい)さなかった人(ひと)は、年(とし)を取(と)ってから幸福(こうふく)になれないんですよね。

(그러므로, 보고 있으면 정말로 남을 사랑하지 않았던 사람은 나이를 먹고 나서 행복하게 될 수 없어요, 안 그래요?)

「年金(ねんきん)はお年寄(としよ)りのもの。老後(ろうご)のことは年(とし)を取(と)ってから考(かんが)える」と、思(おも)っている若(わか)い人(ひと)が多(おお)いようです。

("연금은 노인의 것. 노후에 대해서는 나이를 먹고 나서 생각한다."고, 생각하고 있는 젊은 사람들이 많은 것 같습니다.)

最近(さいきん)、若(わか)い人(ひと)の間(あいだ)にダイエットブームが広(ひろ)がっていますが、若(わか)いときに無理(むり)なダイエットをすると、年(とし)を取(と)ってから影響(えいきょう)が出(で)て、骨粗鬆症(こつそしょうしょう)にかかりやすくなります。

(요즘 젊은 사람들 사이에 다이어트 붐이 퍼지고 있습니다만, 젊을 때 무리한 다이어트를 하면, 나이를 먹고 나서 영향이 생겨 골조송증(Osteoporosis ; 골다공증)에 걸리기 쉬워집니다.)

[5] ほかの人(ひと)があなたに帯(おび)を結(むす)び付(つ)け、: 다른 사람들이 너를 띠로 묶어. 「結(むす)び付(つ)ける」는 복합동사로 「帯(おび)を結(むす)び付(つ)け

る」와 같이 쓰이면 「띠를 묶다 / 띠를 매다」의 뜻을 나타낸다.

[6]行(い)きたくない所(ところ)へ連(つ)れて行(い)くであろう : 가고 싶지 않은 곳으로 데리고 갈 것이다. 본 절에서는 「ほかの人(ひと)」를 동작주로 하여 「連(つ)れて行(い)く」와 같이 능동으로 표현되고 있는데, 타 번역본에서는 어떻게 표현되고 있는지 살펴보자.

[例]行(い)きたくない所(ところ)へ連(つ)れてゆかれるであろう。[塚本訳1963]

　　(가고 싶지 않을 곳으로 끌려갈 것이다.)

　　あなたの行(い)きたくない所(ところ)に連(つ)れて行(い)きます。[新改訳1970]

　　(당신이 가고 싶지 않은 곳에 데리고 갑니다.)

　　行(い)きたくないところへ連(つ)れられよう。[前田訳1978]

　　(가고 싶지 않은 곳으로 끌려갈 것이다.)

　　行(い)きたくないところへ連(つ)れて行(い)かれる。[新共同訳1987]

　　(가고 싶지 않은 곳으로 끌려간다.)

　　あなたの望(のぞ)まないところへ連(つ)れて行(い)くことになるだろう。[岩波翻訳委員会訳1995]

　　(네가 바라지 않은 곳으로 데리고 가게 될 것이다.)

これは、ペテロが[1]どんな死(し)に方(かた)で、神(かみ)の栄光(えいこう)を現(あら)わすかを示(しめ)すために、[2]お話(はな)しになったのである。こう話(はな)してから、「わたしに従(したが)って来(き)なさい」と言(い)われた。[ヨハネによる福音書 21:19]
(이것은 베드로가 어떤 죽음으로 하나님의 영광을 나타낼 것인지를 보여주기 위해 이야기하신 것이다. 이렇게 이야기하고 나서, "나를 따라오너라."라고 말씀하셨다.[21:19])

[1]どんな死(し)に方(かた)で、: 어떤 죽음으로.「死(し)に方(かた)」는「死(し)ぬ」의 연용형「死(し)に」에 방식이나 방법을 나타내는 명사화 접사「方(かた)」가 접속된 것으로「죽는 방식 / 죽는 방법」또는「죽을 때의 상태나 태도」를 나타낸다. [ヨハネによる福音書 12:33][ヨハネによる福音書 18:32] 설명 참조.

[例]そのときにちょっと思(おも)ったのは、人(ひと)の人生(じんせい)は死(し)に方(かた)でグレードが決(き)まるっていうことがあるでしょう。

(그 때 조금 생각한 것은 사람의 인생은 죽음 방식으로 그레이드가 정해진다고 하는 경우가 있겠지요.)

おれのようなハンサムにとっては、背筋(せすじ)が凍(こお)りつくような死(し)に方(かた)である。

(나와 같은 미남으로서는 등골이 얼어붙는 것 같은 죽음이다.)

彼(かれ)なりの死(し)に方(かた)で死(し)なせる。テクノロジーに妨(さまた)げられずに最期(さいご)の準備(じゅんび)ができるようにしてやるべきなのだ。

(그 나름대로의 죽음으로 죽게 한다. 과학기술의 방해를 받지 않고 마지막의 준비를 할 수 있도록 해 주어야 하는 것이다.)

[2]お話(はな)しになったのである: 이야기하신 것이다.「お話(はな)しになった」는「話(はな)す」의 ナル형 경어「お話(はな)しになる」의 과거로〈イエス〉에 관해 쓰이고 있다.

[例]とにかく、初(はじ)めからお話(はな)しになってみたら、どうですか。

(여하튼 처음부터 이야기해 보시는 것이 좋지 않습니까?)

特(とく)に広島(ひろしま)と長崎(ながさき)の被爆者(ひばくしゃ)の方々(かたがた)が、それを自分(じぶん)らの体験(たいけん)に即(そく)してお話(はな)しになってきた。

(특히 히로시마와 나가사키의 피폭자 분들이 그것을 자기들의 체험에 입각해서 이야기하시게 되었다.)

やはり校長(こうちょう)先生(せんせい)が教職員(きょうしょくいん)の方(かた)たちとよくお話(はな)しになって、そういう状況(じょうきょう)が生(う)まれてきたものと信(しん)じております。
(역시 교장 선생님께서 교직원 분들과 잘 이야기하셔서 그런 상황이 만들어진 것이라고 믿고 있습니다.)

((98)) [ヨハネによる福音書 21:20 - 21:25]

> ペテロは[1]振(ふ)り返(かえ)ると、イエスの愛(あい)しておられた弟子(でし)がついて来(く)るのを見(み)た。この弟子(でし)は、[2]あの夕食(ゆうしょく)のとき[3]イエスの胸(むね)近(ちか)くに寄(よ)り掛(か)かって、「主(しゅ)よ、あなたを裏切(うらぎ)る者(もの)は、だれなのですか」と尋(たず)ねた人(ひと)である。[ヨハネによる福音書 21:20]
> (베드로가 돌아다보니, 예수께서 사랑하셨던 제자가 따라오는 것을 보았다. 이 제자는 그 저녁 식사 때, 예수의 가슴 가까이 기대고, "주님, 주님을 배반할 사람은 누구입니까?"라고 물었던 사람이다.[21:20])

[1] 振(ふ)り返(かえ)ると、: 베드로가 돌아다보니. 「振(ふ)り返(かえ)る」는 「振(ふ)る」의 연용형에 「返(かえ)る」가 결합된 복합동사로 「(뒤를) 돌아다보다」의 뜻을 나타내고, 「〜と」는 문말의 과거형과 호응하여 발견의 용법으로 쓰이고 있다.

[例] 振(ふ)り返(かえ)ると、沙樹(さき)は立(た)ち尽(つ)くしたまま静(しず)かに肩(かた)をすくめた。
(뒤를 돌아보자, 사키는 내내 선 채로, 조용히 어깨를 움츠렸다.)

気(き)になっていた病室(びょうしつ)を振(ふ)り返(かえ)ると、奇妙(きみょう)な光景(こうけい)に出(で)くわした。

(신경이 쓰였던 병실을 돌아보자, 기묘한 광경을 마주쳤다.)

　その時(とき)また、自分(じぶん)を呼(よ)ぶ声(こえ)を背後(はいご)に聞(き)いたのです。振(ふ)り返(かえ)ると、閉(と)ざされた扉(とびら)の向(む)こうで中年女(ちゅうねんじょ)が手(て)を振(ふ)っている。

(그 때 다시 나를 부르는 소리를 뒤에서 들었습니다. 뒤돌아보자, 닫힌 문 건너편에서 중년 여성이 손을 흔들고 있다.)

[2] あの夕食(ゆうしょく)のとき : 그 저녁 식사 때. 「あの夕食(ゆうしょく)」의 「あの」는 문맥지시 용법으로 쓰인 것이다.

　이 부분을 타 번역본에서는 다음과 같이 묘사하고 있다.

[예] (最後(さいご)の)夕食(ゆうしょく)の時(とき)に、[塚本訳1963]

　　((최후의) 저녁 식사 때에,)

　　あの晩餐(ばんさん)のとき、[新改訳1970]

　　(그 만찬 때,)

　　夕食(ゆうしょく)のとき、[前田訳1978]

　　(저녁 식사 때,)

　　あの夕食(ゆうしょく)のとき、[新共同訳1987]

　　(그 저녁 식사 때,)

　　食事(しょくじ)の時(とき)、[岩波翻訳委員会訳1995]

　　(식사 때,)

[3] イエスの胸(むね)近(ちか)くに寄(よ)り掛(か)かって、: 예수의 가슴 가까이 기대고. 「寄(よ)り掛(か)かる」는 「寄(よ)る」의 연용형에 공간적인 의미로 쓰이는 「掛(か)かる」가 결합한 것으로 「기대다」의 뜻을 나타내는 복합동사이다. [ヨハネによる福音書 13:25] 설명을 참조.

> ペテロはこの弟子(でし)を見(み)て、イエスに言(い)った、「[1]主(しゅ)よ、この人(ひと)はどうなのですか」。[ヨハネによる福音書 21:21]
> (베드로는 이 제자를 보고 예수에게 말했다. "주님, 이 사람은 어떻습니까?"[21:21])

[1]主(しゅ)よ、この人(ひと)はどうなのですか : 주님, 이 사람은 어떻습니까?

이 부분에 관해 타 번역본에서는 다음과 같이 설명하고 있다.

[例]「主(しゅ)よ。この人(ひと)はどうですか。」[新改訳1970]

("주님, 이 사람은 어떻습니까?")

「主(しゅ)よ、この人(ひと)はどうなるのでしょうか」[新共同訳1987]

("주님, 이 사람은 어떻게 될까요?")

「主(しゅ)よ、この人(ひと)はどうでしょうか」。[岩波翻訳委員会訳1995]

("주님, 이 사람은 어떨까요?")

「主(しゅ)よ、あの人(ひと)はどうなるのでしょうか。」[塚本訳1963]

("주님, 저 사람은 어떻게 될까요?")

「主(しゅ)よ、あの人(ひと)はどうなるのですか」と。[前田訳1978]

("주님, 저 사람은 어떻게 됩니까?")

> イエスは彼(かれ)に言(い)われた、「[1]たとい、わたしの来(く)る時(とき)まで[2]彼(かれ)が生(い)き残(のこ)っていることを、わたしが望(のぞ)んだとしても、[3]あなたには何(なん)の係(かか)わりがあるか。あなたは、わたしに従(したが)って来(き)なさい。」。[ヨハネによる福音書 21:22]
> (예수께서 그에게 말씀하셨다. "설사, 내가 올 때까지 그가 살아남아 있는 것을 내가 바란다고 하더라도, 너와 무슨 상관이 있느냐? 너는 나를 따라오너라."[21:22])

[1]たとい、: 설사.「たとい」는 뒤에 역접을 나타내는 접속조사 「～ても」「～とも」「～うと」「～にしろ」 등을 수반하여, 「설사・설령・가령・비록」의 뜻을 나타낸다. [ヨハネによる福音書 8:14] 설명 참조. 본 절에서는 「たとい、～わたしが望(のぞ)んだとしても; 설사, ～내가 바란다고 하더라도」와 같이 「たとい、～ても」의 문형으로 쓰이고 있다.

[2]彼(かれ)が生(い)き残(のこ)っていることを、: 그가 살아남아 있는 것을.「生(い)き残(のこ)る」는 「生(い)きる」의 연용형에 「残(のこ)る」가 결합한 복합동사로 「살아남다」의 뜻을 나타낸다.

[例]その間(かん)、誰(だれ)も命(いのち)を落(お)とすことなく、すべてを平和的(へいわてき)に進(すす)めることができた。私(わたし)たちは、まだ生(い)き残(のこ)っているのです。
(그 사이, 아무도 목숨을 잃지 않고, 모든 것을 평화적으로 진행할 수 있었다. 우리들은 아직 살아남아 있습니다.)

警察庁(けいさつちょう)発表(はっぴょう)によると、七(なな)つの医療(いりょう)施設(しせつ)で生(い)き残(のこ)っているのは、今朝(けさ)の時点(じてん)でたった十七人(じゅうしちにん)だという。
(경찰청 발표에 의하면, 7개 의료 시설에서 살아남은 것은 오늘 아침 시점에서 단 17명이라고 한다.)

彼(かれ)にわかっていることは彼(かれ)がまだ生(い)き残(のこ)っていることで、バリターノと遭遇(そうぐう)した人(ひと)たちの運命(うんめい)と較(くら)べれば、生(い)き残(のこ)っていることが驚(おどろ)くべきことで、それだからこそ理由(りゆう)を知(し)りたかった。
(그가 알고 있는 것은 그가 아직 살아남아 있다는 것으로 바리타노와 조우한 사람들의 운명과 비교하면 살아남아 있는 것이 놀랄 만한 것으로 그러기 때문에 이유를 알고 싶었다.)

[3]あなたには何(なん)の係(かか)わりがあるか : 너와 무슨 상관이 있느냐?「係(かか)わり」는「係(かか)わる ; 관계가 있다. 상관하다」의 연용형이 전성명사화한 것이다. [ヨハネによる福音書 2:4][ヨハネによる福音書 13:8] 설명을 참조.

> [1]こういうわけで、[2]この弟子(でし)は死(し)ぬことがないといううわさが、[3]兄弟(きょうだい)たちの間(あいだ)に広(ひろ)まった。しかし、イエスは彼(かれ)が死(し)ぬことはないと言(い)われたのではなく、[4]ただ「たとい、わたしの来(く)る時(とき)まで彼(かれ)が生(い)き残(のこ)っていることを、わたしが望(のぞ)んだとしても、あなたには何(なん)の係(かか)わりがあるか」と言(い)われただけである。[ヨハネによる福音書 21:23]
> (이런 까닭에 이 제자는 죽지 않는다고 하는 소문이, 형제들 사이에 퍼졌다. 그러나 예수께서는 그가 죽지 않는다고 말씀하신 것이 아니라, 단지 "설사, 내가 올 때까지 그가 살아남아 있는 것을 내가 바란다고 하더라도, 너와 무슨 상관이 있느냐?"라고 말씀하셨을 뿐이다.[21:23])

[1]こういうわけで、: 이런 까닭에.「こういうわけで」는 지사 연체사「こういう」에「わけで」가 접속되어「이런 {연유에 / 까닭에}」에 상당하는 뜻을 나타낸다. [ヨハネによる福音書 12:39] 설명을 참조.

[例]こういうわけで、平和(へいわ)に役立(やくだ)つことや、互(たがい)の徳(とく)を高(たか)めることを、追(お)い求(もと)めようではないか。[口語訳 / ローマ人への手紙 14:19]
(이런 까닭에 평화에 도움이 되는 것과, 서로의 덕을 높이는 것을 추구해야 하지 않겠는가?)[로마서 14:19]

こういうわけで、キリストもわたしたちを受(う)け入(い)れて下(くだ)さったように、

あなたがたも互(たが)いに受(う)け入(い)れて、神(かみ)の栄光(えいこう)を現(あら)わすべきである。[口語訳 / ローマ人への手紙 15:7][유대인과 이방인이 하나님을 찬양하다]

(이런 연유로, 그리스도께서도 우리를 받아들이신 것과 같이 너희도 서로 받아들여, 하나님의 영광을 나타내야 한다.)[로마서 15:7]

[2]この弟子(でし)は死(し)ぬことがないといううわさが、: 이 제자는 죽지 않는다고 하는 소문이.「死(し)ぬことがない」는「死(し)ぬ」에「~ことがない」가 접속된 것으로「죽는 것이 없다 → 죽지 않다」와 같이 동사의 부정의 의미로 쓰이고 있다.

[例]死(し)なぬように、ただただ少(すこ)しでも早(はや)く死(し)ぬことがないように、もがき続(つづ)けてきた。

(죽지 않기 위해 그저 조금이라도 빨리 죽지 않기 위해, 계속해서 발버둥을 쳤다.)

年間(ねんかん)約(やく)一万(いちまん)ミリの雨量(うりょう)があるので、ヤクスギは乾(かわ)くことがない。

(연간 약 만 밀리의 우량이 있어서, 야쿠스기(야구시마에 자생하는 삼나무)는 마르지 않는다.)

[3]兄弟(きょうだい)たちの間(あいだ)に広(ひろ)まった : 형제들 사이에 퍼졌다.「広(ひろ)まる」는 ①「넓어지다」, ②「널리 행해지게 되다 / 널리 알려지게 되다」의 뜻이 있는데, 본 절에서는 ②의 용법으로 쓰이고 있다.[128]

[例]こうしてイエスのうわさは、たちまちガリラヤの全地方(ぜんちほう)、至(いた)る所(ところ)に広(ひろ)まった。[口語訳 / マルコによる福音書 1:28]

(이리하여 예수의 소문은 순식간에 갈릴리 전 지역 가는 곳마다 퍼졌다.)

---

128) 李成圭(2018c)『일본어 구어역 마가복음의 언어학적 분석 I』시간의물레. p. 41을 참조.

[마가복음 1:28]¹²⁹⁾

銃声(じゅうせい)が聞(き)こえたといううわさが広(ひろ)まった。
(총성이 들렸다고 하는 소문이 퍼졌다.)
この間(あいだ)、大震災(だいしんさい)直後(ちょくご)の恐怖(きょうふ)の中(なか)で、多数(たすう)の朝鮮人(ちょうせんじん)が暴動(ぼうどう)を起(お)こすという流言(りゅうげん)が広(ひろ)まった。
(이 사이에, 대지진 직후의 공포 속에서 다수의 조선인이 폭동을 일으킨다고 하는 유언(뜬소문)이 퍼졌다.)

[4] ただ「〜」と言(い)われただけである : 단지 "〜"라고 말씀하셨을 뿐이다. 「言(い)われただけ」는 「言(い)う」의 레루형 경어 「言(い)われる」의 과거인 「言(い)われた」에 한정을 나타내는 「だけ」가 접속된 것이다.

[例] 過去(かこ)の偉人(いじん)が書(か)いた書物(しょもつ)を、「ただ受身(うけみ)」的(てき)に讀(よ)んでいただけである。
(과거의 위인이 쓴 서책을 "단지 수동적"으로 읽고 있었을 뿐이다.)
ただ、その学生(がくせい)さんの言(い)うことに耳(みみ)を傾(かたむ)けて聞(き)いたいただけである。
(단지 그 대학생이 말하는 것에 귀를 기울이고 듣고 있었을 뿐이다.)
だが、いくら掘(ほ)っても、何(なに)も出(で)て来(こ)なかった。ただ、大きな穴(あな)があいただけである。
(그러나 아무리 파도 아무 것도 나오지 않았다. 단지 커다란 구멍이 났을 뿐이다.)

これらの事(こと)について証(あか)しをし、またこれらの事(こと)を書(か)

---

129) 李成圭 (2018c) 『일본어 구어역 마가복음의 언어학적 분석 I』 시간의물레. p. 41에서 인용.

いたのは、この弟子(でし)である。そして彼(かれ)の証(あか)しが真実(しんじつ)であることを、わたしたちは知(し)っている。[ヨハネによる福音書 21:24]

(이런 것들에 관해 증언을 하고, 또 이런 것들을 쓴 것은 이 제자이다. 그리고 그의 증언이 진실한 것을 우리는 알고 있다.)[요한복음 21:24]

[1]イエスのなさったことは、このほかにまだ数多(かずおお)くある。[2]もしいちいち書(か)き付(つ)けるならば、世界(せかい)も[3]その書(か)かれた文書(ぶんしょ)を[4]収(おさ)め切(き)れないであろうと思(おも)う。[ヨハネによる福音書 21:25]

(예수께서 하신 것은 이밖에도 아직도 수많이 있다. 만일 일일이 기록해 둔다면 세상도 그 쓰인 문서를 다 담을 수 없을 것이라고 생각한다.[21:25])

[1]イエスのなさったことは、: 예수께서 하신 것은.「なさった」는「する」의 특정형 경어「なさる」의 과거이다.

[例]そんなこと、あなたはなさったことないでしょう。

(그런 것, 당신은 하신 적 없지요?)

彼(かれ)にあなたがなさったことは、私(わたし)をこの上(うえ)なく嬉(うれ)しくさせました。

(그에게 당신이 하신 것은 저를 더 없이 기쁘게 만들었습니다.)

慈善(じぜん)という面(めん)で立派(りっぱ)な仕事(しごと)をなさったことは守護霊(しゅごれい)さまは喜(よろこ)んでおられます。

(자선이라는 면에서 훌륭한 일을 하신 것은 수호령께서 기뻐하고 계십니다.)

[2]もしいちいち書(か)き付(つ)けるならば、: 만일 일일이 기록해 둔다면.「書(か)き付

(つ)ける」는「書(か)く」의 연용형에「付(つ)ける」가 결합한 복합동사로「기록해 두다 / 써 두다」의 뜻을 나타내는데, 유의어로는「書(か)き留(と)める」「書(か)き記(しる)す」등이 있다.

[예]ふと何(なに)か考(かんが)えつくと、家(いえ)に飛(と)んで帰(かえ)り、紙(かみ)に書(か)き付(つ)けるというふうに、研究(けんきゅう)を続(つづ)けました。
(문득 무엇인가 생각이 떠오르면, 집에 뛰어 돌아와서 종이에 써 둔다는 식으로, 연구를 계속했습니다.)

とにかく何(なん)であれ、至(いた)るところで行(おこ)なわれる自分(じぶん)たちのラップを書(か)き付(つ)ける、われわれとは異(こと)なった人々(ひとびと)がいる。
(여하튼 무엇이든 도처에서 행해지는 자기들의 랩(rap)을 기록해 두는, 우리와는 다른 사람들이 있다.)

[3] その書(か)かれた文書(ぶんしょ)を : 그 쓰인 문서를.「書(か)かれた」는「書(か)く」의 수동「書(か)かれる」의 과거이다.

[예]覚(おぼ)えています。週刊紙(しゅうかんし)に書(か)かれたことがあった人(ひと)じゃありませんか?
(기억하고 있습니다. 주간지에 쓰인 적이 있는 사람이 아닙니까?)

そこに書(か)かれたことの意味(いみ)を彼(かれ)が理解(りかい)するのにしばらくかかった。
(거기에 쓰인 것의 의미를 그가 이해하는 데에 어느 정도의 시간이 걸렸다.)

イギリスの科学者(かがくしゃ)が核分裂(かくぶんれつ)の青(あお)い光(ひかり)を見(み)た、というコラムが書(か)かれたことがあると聞(き)いて、その記事(きじ)を捜(さが)しました。
(영국 과학자가 핵분열의 파란 빛을 보았다고 하는 칼럼이 쓰인 적이 있다는 말을 듣고 그 기사를 찾았습니다.)

[4]収(おさ)め切(き)れないであろう: 다 담을 수 없을 것이다.「収(おさ)め切(き)れない」는「収(おさ)める」의 연용형에 수량적 종결을 나타내는「切(き)れる」의 부정인「切(き)れない」가 접속되어 일종의 불가능의 의미를 나타내고 있다.

ㅁ [動詞＋切(き)れる・切(き)れない]

「～切(き)れる」는 복합동사의 후항요소로 쓰이면 동작 자체의 종결보다도 수량적인 종결을 나타낸다. 그리고 주로「～切(き)れない」와 같이 부정 형태로 쓰여「수량이 너무 많아 전부 할 수 없다」고 하는 불가능의 의미를 나타내는 경우가 많다.

[例]図書館(としょかん)からそんなに借(か)りて来(き)て、一週間(いっしゅうかん)で読(よ)み切(き)れるのかい。

(도서관에서 그렇게 많이 빌려 와서 1주일 만에 다 읽을 수 있어?)

あの蛇(へび)のような男(おとこ)から、逃(に)げ切(き)れると思(おも)っているんですか。

(그 뱀과 같은 남자로부터 도망칠 수 있다고 생각합니까?)

二千(にせん)もの漢字(かんじ)を二年(にねん)で覚(おぼ)え切(き)れるでしょうか。

(2천이나 되는 한자를 2년만에 다 외울 수 있을까요?)

すごくいいところだが、ここから会社(かいしゃ)までは遠(とお)くてとても通(かよ)い切(き)れない。

(꽤 좋은 데지만 여기서 회사까지는 멀어서 도저히 다닐 수 없다.)

子供(こども)たちは、いつも干(ほ)し切(き)れないほどにたくさん洗濯物(せんたくもの)を出(だ)すんです。

(아이들은 항상 다 말릴 수 없을 정도로 많은 세탁물을 내놓습니다.)

こんなに両手(りょうて)で持(も)ち切(き)れないほど、何(なに)を買(か)って來(き)たんですか。

(이렇게 양손으로 들 수 없을 정도로 무엇을 사 가지고 왔습니까?)

朝(あさ)のラッシュ時(じ)には、電車(でんしゃ)に乗(の)り切(き)れないで残(のこ)る人(ひと)がいつもいる。

(아침 러시아워 시간에는 전철에 다 타지 못 하고 남는 사람이 항상 있다.)

あまりスピードを出(だ)しすぎていたので、カーブを十分(じゅうぶん)に曲(ま)がり切(き)れなかったんでしょう。

(너무 속도를 많이 내는 바람에 커브를 충분히 돌지 못했겠지요?)

こんなにたくさんいただいて、一人(ひとり)では食(た)べ切(き)れない。

(이렇게 많은 음식을 혼자서는 다 먹을 수 없다.)

あの人(ひと)は変(か)わっていて、勝手(かって)なところがあるでしょう。私(わたし)には付(つ)き合(あ)い切(き)れませんね。

(그 사람은 별나서 자기 멋대로 하는 데가 있어요. 저는 도저히 사귈 수가 없어요.)[130]

そこで言(い)われた、「あなたがた律法(りっぽう)学者(がくしゃ)も、わざわいである。負(お)い切(き)れない重荷(おもに)を人(ひと)に負(お)わせながら、自分(じぶん)ではその荷(に)に指(ゆび)一本(ぽん)でも触(ふ)れようとしない。[口語訳 / 口語訳 / ルカによる福音書]

(그러자 말씀하셨다. "너희 율법학자도 화가 있을 것이다. 다 질 수 없는 무거운 짐을 남에게 지우면서, 자신은 그 짐에 손가락 하나도 대려고 하지 않는다.)[누가복음 11:46][131]

---

130) 李成圭·權善和(2006c)『현대일본어 문법연구Ⅱ』시간의물레. pp. 232-234에서 인용하여 일부 수정함.
131) [マルコによる福音書 15:21] 설명에서 인용하여 일부 수정함.

일본어 구어역 요한복음의 언어학적 분석 V

A Linguistic Anlaysis of the Colloquial Japanese Version of the Gospel of John V

※ 구어역(口語訳) 신약성서(新約聖書) 경어 사용실태

동사	특정형/オ・ゴ～ダ형		神	イエス	지문	대화	설교	기도	ナル형 神	ナル형 イエス	지문	대화	설교	기도	レル형 神	レル형 イエス	지문	대화	설교	기도	비고
いる	①います	いまず			●			●													기원문
		いまし			●		●														기원문
		いませる			●	●															기원문
		いまして			●	●															기원문
	~でいる, ②おいでになる	~でいる	おいでになる		●	●															
		おいでになる				●	●									おいでになる	●	●			명령
~ている		~ておいでになる	~ておいでになる		●	●															명령
行く		~ておいでになる				●										行かれる	●				영형
		おいでになる					●									~て行かれる		●			명령
来る		おいでになる				●										来られる		●	●		명령
		なさらない			●											~て来られる		●	●		명령
する		なさいます						●	される							される		●			
		なさって				●															
		なさった				●															
		~をなさる				●															
		V+なさる						●													
言う	①仰せになる	仰せになる				●									言われる	言われる	●				명령
		仰せになっている			●											言われる	●				천사
		仰せにならなかった			●											言われる	●				
		仰せになる			●																

동사	特殊型/オ・ゴ〜タ゛型						ナル型						レル型						비고
	神	イエス	자문	대화	설교	기도	神	イエス	자문	대화	설교	기도	神	イエス	자문	대화	설교	기도	
神	仰せになりました	仰せになる	●																
					●														
	②仰せられる	②仰せられた	●																
	仰せられた	仰せられた			●														
	仰せられる	仰せる		●															인용
		仰せの+名詞		●															일반인
	③おっしゃる			●	●														인용
話す		おっしゃる	●	●															
語る	お話しになる	お話しになる	●	●		●							話される	話される					인용
													話される	話される					
くれる	①「賜わる:くれる」																		
	賜わらない	賜わらない	●																
	賜わり	賜わった	●			●													
	賜わって	賜わって	●																
	「賜わる:もらう」	賜わる:もらう」	●																
	賜わる	賜わる	●		●														겸양
	②賜う	賜う	●		●														
	③「下さる:くれる」				●														
	下さらない	下さらない			●														
	下さいます	下さいます			●														
	下さった	下さった	●		●														
	下さる	下さる			●														
		下さい	●																명령

동사	神	특정형/オ・ゴ・성형 イエス	지문	대화	설교	기도	ナル형 神	イエス	지문	대화	설교	기도	レエ형 神	イエス	지문	대화	설교	기도	비고
~てくれる	①お~下さる																		
	お~下さる			●	●	●													
	②~てくださる																		
	~てくださらない			●															
	~てくださる		●	●	●	●													
	~て下さる	~て下さる	●																	인용
	~て下さる		●		●														
	~て下さった	~て下さった	●	●	●														
	~て下さった	~て下さった				●													
		~て下さいば	●																	
	おいて下さる		●																	
~てくれ	①お~ください				●															인용
	お~ください	お~ください		●	●															인용
	お~ください	お~ください		●	●															인용

동사	특정형/オ・ゴ・ダ형							ナル형						レル형						비고
	神	イエス	자문	대화	설교	기도		神	イエス	자문	대화	설교	기도	神	イエス	자문	대화	설교	기도	
~てくれ	②~てください																			
	~てください			•																일반인
	~てください			•																
	☆「尊敬+下さい」																			
	尊敬+下さい					•														
	尊敬+下さい			•																
~ないでくれ	~ないでください					•														
	~ないでください			•																일반인
知っている	ご存じだ		•																	
	ご存じだ			•	•	•														
	ご存じだ			•	•									知られる		•				일반인
見る	ご覧になる			•																
	ご覧になる		•	•										見られる		•				일반인
	ご覧になる																			
①見てください	①ごらん下さい			•																
	ごらん下さい			•																일반인
	ごらん下さい																			요한

319

동사	특정형/オ・ゴ・ダ形									ナリ形									レル形									비고
	神					イエス					神					イエス					神					イエス				
		자문	대화	설교	기도		자문	대화	설교	기도		자문	대화	설교	기도		자문	대화	설교	기도		자문	대화	설교	기도		자문	대화	설교	기도
②見なさい	②ごらんなさい																													
上から下		●	●	●																										
同等な関係		●	×	×																										
下から上		●	×	×																										
③〜てみなさい	③〜てごらんなさい																													
上から下		●																												
同等な関係		×																												
下から上		×																												
食べる・飲む	召しあがる		●																			食べられる	●								
	召しあがる																					教えられる	●								
洗う						お洗いになる					おかわしになる																			
つかわす						おかわしになる 父：先祖	●	●			つかわされる					つかわされる	●	●												
						おかわしになる		●																						
思う						お思いになる		●			思われる					思われますか		●												
買う：一般人						お買いになる		●								〜にあわれる		●	●											
かまう						おまいになる		●								味わわれる		●												
願う						お願いになる		●								負われる		●												
聞く：閣下						お聞きになる		●			行われる					行われる	●	●												
裂く						お裂きになる		●																						
まく：ご主人様						おまきになる	●				お招きになる																			
招く						お招きになる	●				住まわれる					吸われる →일반인	●													
																住まわれる	●												

동사	특징형/오·고-다형						나루형						레루형						비고
	イエス	神	자문	대화	설교	기도	神	イエス	자문	대화	설교	기도	神	イエス	자문	대화	설교	기도	
														出会わされる	●				
														呪われる		●			
														呼ばれる	●				
														歩かれる	●				
													置かれる	置かれる	●				
														気づかれる	●				
													さばかれる	退かれる	●				
														近づかれる	●				
														着かれる	●				
														座につかれる	●				
														食卓に着かれる	●				
														席に着かれる	●				
														説かれる	●				
愛す							お愛しになる		●				愛される	あらわされる	●				
いやす								おいやしになる	●					いやされる	●				
移す							お移しになる	お移しになる	●					起こされる	●				
帰す								お帰しになる	●					帰される	●				
隠す								お隠しになる	●					くつがえされる	●				
捜す								お捜しになる 一両親		●									
示す							お示しになる	お示しになる	●			●	示される	示される	●				
														過ごされる	●				
果たす							お果たしになる							出される	●				
														涙を流される	●				

동사	특정형·オ·ゴ형						ナル형						レル형						비고
	イエス	지문	대화	설교	기도	神	神	イエス	지문	대화	설교	기도	神	イエス	지문	대화	설교	기도	
話す								お話しになる	●				なされる	なされる	●				
召す							お召しになる						残される	残される	●				
渡す							お召しになる		●				滅ぼされる				●		
渡す							お渡しになる	お渡しになる	●				渡される	渡される	●		●		
許す							お許しになる	お許しになる	●		●		鞭打たれる	立たされる	●				
育つ								お育ちになる	●					死なれる	●				
立つ								お立ちになる	●					あがまれる	●				
持つ							お持ちになる	お持ちになる	●					苦しまれる	●				
選ぶ							お選びになる	お選びになる	●	●			好まれる	好まれる	●				
呼ぶ								お呼びになる	●	●			憎まれる		●				
住む							お住みになる		●	●			望まれる		●				
帰る								お帰りになる					休まれる	帰まれる	●				
帰る								お帰りになる						上がられる	●				ほ다락
かかる							おかかりになる	おかかりになる		●			送られる	折られる	●				
下る							お下りになる						かえりみられる		●				신들이
叱る								お叱りになる		●			いきどおられる	さがられる	●				
														座られる	●				

동사	특정형/オ・ゴ～ダ형							ナル형							レル형							비고
	神	イエス	자문	대화	설교	기도		神	イエス	자문	대화	설교	기도		神	イエス	자문	대화	설교	기도		
造る								お造りになる							造られる	近寄られる	●					
通る									お通りになる	●						立ち寄られる	●					
取る									お取りになる	●						通られる	●	●				일반인
															ならされる	とどまられる	●					
乗る									お乗りになる	●						なくなられる		●				
入る									お入りになる	●							かられる	●				
やる									おやりになる	●							登られる	●				
分かる									おわかりになる		●						乗られる	●	●				
									おかかりになる		●						入られる	●				
~てやる									でおやりになる		●						はばかられる	●				기하
名詞である															であられる	息をひきとられる	●					
形容動詞である													●		であられる	よみがえられる	●	●				
形容詞くある																渡られる	●					
																であられる	●					
																であられる	●					
																きよくあられる	●					
															注がれる	注がれる	●					
															選ばれる		●					
															忍ばれる	叫ばれる	●					

323

동사	특정형/오・고・다형									ナル형									レル형									비고
	神					イエス				神					イエス					神				イエス				
		자문	대화	설교	기도		자문	대화	설교	기도		자문	대화	설교	기도		자문	대화	설교	기도		자문	대화	설교	기도			
降りる															お降りになる	●				結ばれる								
																				喜ばれる								
命じる	お命じになる																			戴かれる				命じられる	●	●		주인
預ける						お預けになる	●	●																				
与える	お与えになる					お与えになる	●	●							上げられる					与えられる	●							
植える	お植えになる					お与えになる	●	●												当たられる	●							
受ける	お受けになる					お受けになる	●	●	●											受けられる	●							
生まれる	お生まれになる							●	●						合わせられる									言い聞かせられる	●			
教える	お教えになる					お教えになる	●	●												戒められる	●			教えられる	●			
																								得られる	●			
																								空腹を覚られる	●			
かける						お かけになる	●								加えられる					変えられる	●							
聞かせる						お聞かせになる			●															かけられる	●			
聞き入れる	お聞き入れになる							●							答えられる					さけられる	●							
答える						お答えになる	●																					
定める	お定めになる					お定めになる		●							定められる					定められる	●							
授ける	お授けになる					お授けになる	●	●							責められる													
調べる						お調べになる	●	●							備えられる													
責める						お責めになる	●								助けられる													
すえる	おすえになる					おすえになる	●	●																				
尋ねる						お尋ねになる	●	●												尋ねられる	●							각하
立てる	お立てになる					お立てになる	●	●							立てられる													

동사	특경형/オ・ゴ~형						ナル형						レル형					비고
	神	イエス	자문	대화	설교	기도	神	イエス	자문	대화	설교	기도	神	イエス	자문	대화	설교	기도	
備える	お備えになる				●									名をつけられる	●				
仕える		お仕えになる	●											伝えられる	●				
告げる	お告げになる	お告げになる	●											続けられる	●				성경
		お告げになる		●															
出かける		お出かけになる	●		●									出られる	●				
							とめられる							出かけられる	●				
任せる		お任せになる	●			●	任せられる							始められる	●				
見捨てる	お見捨てになる						委ねられる							向けられる	●				
見せる		お見せになる	●											同情を	●				
分ける		お分けになる	●											寄せられる	●				
忘れる	お忘れになる													呼び寄せられる	●				
飲ませる		お散ませになる		●			てお かれる							日帰り:~ておかれました			●		
~ておく							てしまわれる												
~てしまう														てしまわれる	●				
~はじめる														語りはじめられる	●				
													示しはじめられる	●				
													話しはじめられる	●				
													拭きはじめられる	●				
													教えはじめられる	●				
													貫めはじめられる	●				
~だす(時間)														語りだされる	●				

동사	특징형/オ・ゴ・夕형						ナル형						レル형						비고
	神	イエス	지문	대화	설교	기도	神	イエス	지문	대화	설교	기도	神	イエス	지문	대화	설교	기도	
~だす (空間)													運び出される	描き出される	●				
													導き出される	追い出される	●	●			
													呼び出される		●				
~つづける														巡回し続けられる	●				
~終える														語り終える	●				
~かける														帰りかける	●				
~込む														乗り込まれる	●				
~込める														言い込める	●				
~上げる													引き上げられる		●				
~与える													譲り与えられる	分け	●				
													分け与えられる	与えられる	●				
													성령〜분け与えられる		●				
~返る														生き返られる	●				

동사	특정형/오·고─다						나ル형						레ス형						비고
	イエス	神	지문	대화	설교	기도	神	イエス	지문	대화	설교	기도	イエス	神	지문	대화	설교	기도	
~通す													愛し通される		●				
~遂げる		成し遂げられる													●				
~取る		あがない取られる													●				
~行く													進み行かれる		●				
解き明かす													解き明かされる		●				
驚き怪しむ													驚き怪しまれる		●				
語り教える													語り教えられる			●			
見つめる													見つめられる		●				

색인

■ 한국어

ㄱ

가득 차서 넘쳐흐르다 38
가이사(황제) 149
가져가다 219
감겨 있다 227
개켜 있었다 229
거역[반항]하다 150
겉옷을 {걸치다} 278
겸양어Ⅰ 26
경위 269
계조사(係助詞) 15, 125
고기잡이 270
공공연하게 95
굽히다 225
그다지 / 별로 281
그러자 229
기록해 두다 312
꺼리다 206
꽁꽁(단단히) 묶다 84
끌고 데리고 가다 85
끌어올리다 277

ㄴ

{나쁜 짓 / 못한 짓}을 하다 113
나이를 먹다 301
넘겨주다 114
늘어뜨리다 191

ㄷ

더럽히다 110
데리고 가다 41

돌아다니다 300
돌아보다 237
동산을 지키는 사람 239
동안 38
(뒤를) 돌아다보다 304
떠맡다 115

ㄹ

랍오니[Rabboni] 242
～로 해 두다 169
리토스트론 151

ㅁ

마당 한 가운데 87
매다 189
매장되다 213
먼저 224
멸망하다 35
몰래 206
못 자국 257
무덤에 안장하다 215
무슨 일이든 96
물가 273
물러나다 75
미워하다 39

ㅂ

보조동사 34
복수 접미사 154
부인하다 103
불을 피우다 92
비칭(卑稱) 69

ㅅ

사역형 21
사형에 처하다 116
섞다 210
소송을 제기하다 112

소유수동(所有受動) 105
손바닥으로 치다 100
손을 대다 243
손을 펴다 261
수수동사 79
수수표현 58
십자가에 걸다[매달다] 212
십자가에 매달다 139
씌우다 137

ㅇ

아는 사이 87
악하다 41
알고 계십니다 293, 297
알아차리다 238
앞으로 나아가다 74
어획물 272
～에 관한 것 94
～에 대해 95
～에 따라 210
연용중지법 26, 54, 70
완수하다 18
유월절의 준비일 152
～을 향해 99
의롭다 60
이러이러(함) 246
이런 {연유에 / 까닭에} 308
이루어지다 185
입히다 138

ㅈ

잘라 버리다 80
장인 85
적시다 188
접두사 116
접미사 69
제비를 뽑다 173
존경의 접두사 22

ㅊ

착용동사 132
천부장 82
千夫長 82
천인대장 83
千人隊長 83
청원하다 207
치우다 218
친척 109

ㅋ

칼집에 넣다 80

ㅍ

파생 타동사 21

ㅎ

～하게 되다 27
하나로 짜다 172
한가운데 161
～한 채 102
～해 보아라 275
형식명사 38, 56
후항동사 10

■ **일본어**

あ

～間(あいだ)に 38
悪事(あくじ)を働(はたら)く 113
悪(あ)しき 41
あまり 281
現(あら)わされた 268
歩(ある)き回(まわ)る 300

● い

行(い)かれる 66
生(い)き残(のこ)る 307
いたす 47
いただく 26

● う

打(う)ち消(け)す 103
打(う)ち続(つづ)ける 134
訴(うった)えを起(お)こす 112
上着(うわぎ)をまとう 278

● え

獲物(えもの) 272

● お

お与(あた)えになる 14
〜終(お)える 11
仰(おお)せになる 247
熾(おこ)す 92
起(お)ろうとする 71
同(おな)じように 289
お願(ねが)いする 29, 48
お話(はな)しになる 303
お見(み)せになる 250
思(おも)いのまま 300
おられる 54
お分(わ)かりになっている 297
〜終(お)わる 11

● か

カイザル 149
カイザルに背(そむ)く 150
屈(かが)める 225
輝(かがや)かす 21
輝(かがや)かせる 21
書(か)き付(つ)ける 311
隠(かく)れる 97

被(かぶ)せる 137
〜がよい 98
渇(かわ)く 185

● き

気(き)がつく 238
岸(きし) 273
着(き)せる 138
切(き)り落(お)とす 80
切(き)りかかる 79
切(き)れない 313

● く

釘(くぎ)あと 257
くじ[籤]を引(ひ)く 173
下(くだ)さる 23
くるめてある 228

● け

汚(けが)れを受(う)ける 110

● こ

こういうわけで 308
公然(こうぜん)と 95
ご自身(じしん) 116
ご存(ぞん)じです 293
〜ことがある 68
〜ことができる 277
〜ことがない 213
来(こ)られる 256
ごらんになる 177
これこれ 246

● さ

裂(さ)かない 173
先(さき)に 224
差(さ)し入(い)れる 258
差(さ)し出(だ)す 189

刺(さ)し通(とお)す 204
授(さず)ける 14
裁(さば)くがよい 115
鞘(さや)に納(おさ)める 80
触(さわ)る 243

し

敷石(しきいし) 151
死刑(しけい)にす 116
次第(しだい) 269
死(し)なれる 196
縛(しば)り上(あ)げて 84
十字架(じゅうじか)にかける 212
十字架(じゅうじか)につける 139
舅(しゅうと) 85
承知(しょうち)する 72
知(し)り合(あ)う 87
真実(しんじつ) 201
親族(しんぞく) 109
死(し)んでおられる 196

す

過越(すぎこし)の準備(じゅんび)の日(ひ) 152
進(すす)み出(で)る 74, 133
〜ずに 166
〜ずにおく 253
済(す)ませる 292
すると 229

せ

聖別(せいべつ)される 46
聖別(せいべつ)する 44

そ

園(その)の番人(ばんにん) 239
それとも 119

た

だから 147
義(ただ)しい 60
正(ただ)しい 60
たたずむ[佇む] 176
立(た)っておられる 238
たとい 307
度々(たびたび) 67
〜たまま 102
賜(たま)わる 14, 146
〜ため 56, 214
垂(た)れる 191

つ

ついては[就いては] 127
突(つ)き刺(さ)す 199
造(つく)られる 19

て

〜であられる 244
〜てある 163
出(で)て行(い)かれる 160
〜てはいけない 243
〜ではないか 81
〜てほしい 168
〜て見(み)なさい 275
〜てもらいたい 78
〜てもらう 135
手(て)を伸(の)ばす 261

と

戸口(とぐち) 88
閉(と)ざされる 260
年(とし)を取(と)る 301
〜と努(つと)めた 148
〜との 203
〜とは 15, 125
飛(と)び込(こ)む 278

331

〜ども 69
〜と呼(よ)ばれている 255
取(と)り下(お)ろす 207
取(と)り去(さ)る 41, 219
取(と)りのける 218
捕(と)る 283
捕(と)れる 276

◯な
中庭(なかにわ) 87
〜ながら 233
流(なが)れ出(で)る 199
鳴(な)く 110
成(な)し遂(と)げる 18
何故(なぜ) 25
何事(なにごと)も 96

◯に
〜に至(いた)る 27
憎(にく)む 39
〜にしたがって 210
〜にしておく 169
〜に対(たい)して 95
〜に向(む)かって 99

◯ね
願(ねが)い出(で)る 207

◯の
〜のこと 94
〜のだから 141, 244
後(のち) 290
〜ので 214
〜のなら 77
〜のは、〜ことだ 86

◯は
入(はい)られる 67

墓(はか)に納(おさ)める 215
走(はし)り出(だ)す 223
憚(はばか)る 206

◯ひ
火(ひ)を熾(おこ)し 92
引(ひ)き上(あ)げる 277
引(ひ)き下(さ)がる 75
引(ひ)き出(だ)す 135
引(ひ)き連(つ)れる 70, 85
引(ひ)き取(と)る 115, 158
引(ひ)き渡(わた)す 114, 121
ひそかに[密かに] 206
一(ひと)つに織(お)る 172
平手(ひらて)で打(う)つ 100
広(ひろ)まる 309
火(ひ)を熾(おこ)して 92

◯ふ
吹(ふ)きかける 251
含(ふく)ませる 188
振(ふ)り返(かえ)る 304
振(ふ)り向(む)く 237

◯へ
平安(へいあん)あれ 249
〜べきだ 81

◯ほ
葬(ほうむ)られる 213
滅(ほろ)びる 35

◯ま
巻(ま)いてある 227
まいる 34
〜ましょう 63
ますます 143
混(ま)ぜる 210

全(まっと)うされる 185
守(まも)って下(くだ)さる 42
真(ま)ん中(なか) 161

● み
み 22
見上(みあ)げる 12
見出(みいだ)せる 125
見(み)させる 59
自(みずか)ら 159
満(み)ち溢(あふ)れる 38

● む
結(むす)び付(つ)ける 189
鞭(むち)で打(う)つ 130

● も
持主(もちぬし)の受(う)け身(み) 105
もともと[元々] 144
門番(もんばん) 89

● や
養(やしな)う 294
安(やす)かれ 249

● ゆ
唯一(ゆいいつ) 16

● よ
呼(よ)び出(だ)す 118

● ら
〜ら 154
ラボニ 241

● り
漁(りょう) 270

● わ
分(わ)け合(あ)う 174

참고문헌 일람

다국어 성경(Holy-Bible) : www.holybible.or.kr/B_SAE/
대한성서공회(2001)『표준새번역 성경』대한성서공회. www.basicchurch.or.kr/%EC%83%
　　　　88%EB%B2%88%EC%97%AD-%EC%84%B1%EA%B2%BD/
대한성서공회(2002)『한일대조 성경전서』(개역개정판/신공동역) 대한성서공회.
GOODTV 온라인성경 : goodtvbible.goodtv.co.kr/bible.asp
생명의말씀사 편집부(1982)『현대인의성경』생명의말씀사.
GODpia 성경 : bible.godpia.com/index.asp#popup
李成圭(1993~1996)『東京日本語1, 2, 3, 4, 5』時事日本語社.
＿＿＿等著(1995)『現代日本語研究1, 2』不二文化社.
＿＿＿等著(1996)『홍익나가누마 일본어1, 2, 3』홍익미디어.
＿＿＿等著(1996)『홍익나가누마 일본어1, 2, 3 해설서』홍익미디어.
＿＿＿等著(1997)『홍익일본어독해1, 2』홍익미디어.
＿＿＿(1998)『東京現場日本語1』不二文化社.
＿＿＿(2000)『東京現場日本語2』不二文化社.
＿＿＿(2003a)『도쿄 비즈니스 일본어1』不二文化.
＿＿＿(2003b)『日本語受動文の研究』不二文化.
＿＿＿(2003c)『日本語 語彙Ⅰ- 日本語 実用文法の展開 Ⅱ-』不二文化.
＿＿＿(2006a)「使役受動의 語形에 대한 일고찰」『日本学報』68輯 韓国日本学会. pp. 69-80.
＿＿＿(2006b)「使役受動 語形의 移行에 대하여」『日本学報』69輯 韓国日本学会. pp. 67-82.
＿＿＿(2007a)「日本語 依頼表現 研究의 課題」『日本学報』70輯 韓国日本学会. pp. 111-124.
＿＿＿(2007b)「〈お/ご~くださる〉계열의 서열화 및 사용가능성에 대해」『日本学報』71輯
　　　　韓国日本学会. pp. 93-110.
＿＿＿(2007c)『일본어 의뢰표현Ⅰ- 肯定의 依頼表現의 諸相 -』시간의물레. pp. 16-117.
＿＿＿(2008a)「일본어 의뢰표현의 유형화 및 서열화에 대해 -〈てくれる〉계열」〈てもらえる〉
　　　　계열을 대상으로 하여 -」『日本学報』74輯 韓国日本学会. pp. 17-34.
＿＿＿(2010a)「「おっしゃる」와「言われる」의 사용상의 기준 - 신약성서(신공동역)의 4복음

서를 대상으로 하여 – 」『日本学報』82輯 韓国日本学会. pp. 99-110.

_____(2010b)「잉여적 선택성에 기초한「なさる」와「される」의 사용상의 기준 – 신약성서(신공동역)의 4복음서를 대상으로 하여 – 」『日本学報』84輯 韓国日本学会. pp. 209-225.

_____(2011a)「ナル형 경어와 レル형 경어의 사용상의 기준 – 복수의 존경어 형식이 혼용되고 있는 예를 중심으로 – 」『日本学報』86輯 韓国日本学会. pp. 121-141.

_____(2011b)「ナル형 경어와 レル형 경어의 사용실태 – 화체적 요인을 중심으로 하여 – 」『日本学報』87輯 韓国日本学会. pp. 39-52.

_____(2011c)「사용상의 기준과 복음서 간의 이동 – ナル형 경어와 レル형 경어의 사용실태를 대상으로 하여 – 」『日本語教育』56輯 韓国日本語教育学会. pp. 175-203.

_____(2012)「〈ないでもらえる〉계열의 의뢰표현 – 각 형식의 사용실태 및 표현가치(정중도)를 중심으로 하여 – 」『日本学報』92輯 韓国日本学会. pp. 63-83.

_____(2013a)「의뢰표현 〈ないでくださいますか〉의 표현가치」『외국학연구』23 중앙대학교 외국학연구소. pp. 121-38.

_____(2013b)「〈ないでくださる?〉〈ないでくださらない?〉의 의뢰표현 – 사용실태 및 사용가능성, 그리고 표현가치 – 」『日本学報』95輯 韓国日本学会. pp. 47-61.

_____(2014a)「의뢰표현 〈ないでくださいませんか〉의 운용 실태와 표현가치」『외국학연구』27 中央大学校 外国学研究所. pp. 237-257.

_____(2014b)「〈ないでくださるでしょうか〉의 의뢰표현 ― 사용 가능성 및 표현가치 ― 」『日本学報』99 韓国日本学会. pp. 137-150.

_____(2016b)『일본어 의뢰표현 – 부정의 의뢰표현의 제상 – 』시간의물레.

_____(2016c)「「お答えになる」・「答えられる」・「言われる」의 사용상의 기준에 있어서의 번역자의 표현의도 – 일본어 성서(新共同訳) 4복음서를 대상으로 하여 – 」『일본언어문화』제36집, 한국일본언어문화학회. pp. 155-176.

_____(2017a)「日本語口語訳新約聖書における〈おる〉の使用実態」『日本言語文化』第38輯, 韓国日本言語文化学会. pp. 67-84.

_____(2017b)「〈おる〉〈ておる〉의 의미·용법 – リビングバイブル旧約聖書(1984)를 대상으로 하여 – 」『日本言語文化』第40輯, 韓国日本言語文化学会. pp. 69-90.

_____(2017c)『신판 생활일본어』시간의물레.

_____(2017d)『신판 비즈니스 일본어1』시간의물레.

_____(2017f)『신판 비즈니스 일본어2』시간의물레.

_____(2018a)「「なさる」에 의한 존경어 형식과 사역의 존경화 – 일본어 구어역 신약성서를 대상으로 하여 – 」『日本研究』第48輯, 中央大学校 日本研究所. pp 7-29.

_____(2018b)「発話動詞〈言う〉の尊敬語の使用実態 – 日本語口語訳新約聖書を対象として –」『日本言語文化』第43輯, 韓国日本言語文化学会. pp. 105-120.

_____(2018c)『일본어 구어역 마가복음의 언어학적 분석Ⅰ』, 시간의물레.
_____(2019a)『일본어 구어역 마가복음의 언어학적 분석Ⅱ』, 시간의물레.
_____(2019b)『일본어 구어역 마가복음의 언어학적 분석Ⅲ』, 시간의물레.
_____(2020b)『일본어 구어역 마가복음의 언어학적 분석Ⅳ』, 시간의물레.
_____(2021a)『일본어 구어역 요한복음의 언어학적 분석Ⅰ』, 시간의물레.
_____(2021b)『일본어 구어역 요한복음의 언어학적 분석Ⅱ』, 시간의물레.
_____(2021c)『일본어 구어역 요한복음의 언어학적 분석Ⅲ』, 시간의물레.
_____(2022a)『일본어 구어역 요한복음의 언어학적 분석Ⅳ』, 시간의물레.

李成圭・権善和(2004a)『일본어 조동사 연구Ⅰ』不二文化.
_____(2004b)『일본어 조동사 연구Ⅱ』不二文化.
_____(2006a)『일본어 조동사 연구Ⅲ』不二文化.
_____(2006b)『현대일본어 문법연구Ⅰ』시간의물레.
_____(2006c)『현대일본어 문법연구Ⅱ』시간의물레.
_____(2006d)『현대일본어 문법연구Ⅲ』시간의물레.
_____(2006e)『현대일본어 문법연구Ⅳ』시간의물레.
_____(2019)『개정판 현대일본어 문법연구Ⅱ』, 시간의물레.
_____(2020)『개정판 현대일본어 문법연구Ⅰ』, 시간의물레.

李成圭・閔丙燦(1999)『現代日本語敬語の研究』不二文化社.
_____(2006)『일본어 경어의 제문제』不二文化.

荒木博之(1983)『敬語日本人論』PHP研究所.
尾山令仁(2001)『現代訳聖書』現代訳聖書刊行会. www.fbible.com/seisho/gendaiyaku.htm
オンライン聖書 回復訳編集部(2009)『オンライン聖書 回復訳』www.recoveryversion.jp/
菊地康人(1996)『敬語再入門』丸善ライブラリー 丸善株式会社.
_____(1997)『敬語』講談社学術文庫 講談社.
窪田冨男(1990)『日本語教育指導参考書17 敬語教育の基本問題(上)』国立国語研究所.
_____(1992)『日本語教育指導参考書18 敬語教育の基本問題(下)』国立国語研究所.

坂田幸子・倉持保男(1980)『教師用日本語教育ハンドブック④ 文法(ぶんぽう)Ⅱ』国際交流基金 凡人社.

柴谷方良(1978)『日本語の分析』大修館書店. pp. 346-349.

新改訳聖書刊行会(1970)『新改訳聖書』日本聖書刊行会.

新約聖書翻訳委員会(1995)『岩波翻訳委員会訳』岩波書店.

聖書本文検索(口語訳) 日本聖書協会. www.bible.or.jp/read/vers_search.html

聖書本文検索(新共同訳) 日本聖書協会. www.bible.or.jp/read/vers_search.html

プロジェクト(2012)『現代日本語書き言葉均衡コーパス』(BCCWJ:Balanced Corpus of Contemporary Written Japanese)

大学共同利用機関法人人間文化研究機構国立国語研究所と文部科学省科学研究費特定領域研究「日本語コーパス」プロジェクト www.kotonoha.gr.jp/shonagon/

高橋照男・私家版(2003)『塚本虎二訳 新約聖書・電子版０３版』www.ne.jp/asahi/ts/hp/index.html#Anchor94064

高橋照男編(2004)『BbB - BIBLE by Bible 聖書で聖書を読む』bbbible.com/

塚本虎二(1991)『新約聖書　福音書』岩波書店.

寺村秀夫(1982)『日本語のシンタクスと意味Ⅰ』くろしお出版. pp. 155-161.

日本語聖書口語訳統合版(口語訳+文語訳)聖書 口語訳「聖書」(1954/1955年版) bible.salterrae.net/

日本語版リビングバイブル改訂委員会(1993)『リビングバイブル』erkenntnis.icu.ac.jp/jap/LivBibleJIF.htm#Instructions

日本聖書協会(1954)『聖書』(口語訳). pp. (新)1-(新)409. 日本聖書協会.

日本聖書協会(1987)『聖書』(新共同訳). pp. (新)1-(新)480. 日本聖書協会.

庭三郎(2004)『現代日本語文法概説』(net版).

フランシスコ会聖書研究所(1984)『新約聖書』サンパウロ.

文化審議会(2007)『敬語の指針』(答申) 文化審議会. pp.14-26.

文化庁(2007)『敬語の指針』文化庁.

前田護郎(1983)『新約聖書』中央公論社.

松下大三朗(1930)『標準日本口語法』中文館書店. 復刊, (改正再版), 勉誠社. 1978.

柳生直行(1985)『新約聖書』新教出版社.

Martin, Samuel. 1975. *A Reference Grammar of Japanese*. Yali Univ. Press.

□ 이 성 규(李成圭)

전공 : 일본어학(일본어문법 · 일본어경어 · 일본어교육)

忠北 淸州 出生

(현) 인하대학교 교수

(현) 한국일본학회 고문

(전) KBS 일본어 강좌 「やさしい日本語」 진행

(전) 한국일본학회 회장(2007.3.~2009.2.)

한국외국어대학교 일본어과 졸업

일본 쓰쿠바(筑波)대학 대학원 문예 · 언어연구과(일본어학) 수학

언어학박사(言語学博士)

□ 저서

『도쿄일본어 1, 2, 3, 4, 5』, 시사일본어사. (1993~1997)

『現代日本語研究 1, 2』, 不二文化社. (1995)〈共著〉

『仁荷日本語 1, 2』, 不二文化社. (1996)〈共著〉

『홍익나가누마 일본어 1, 2, 3』, 홍익미디어. (1996)〈共著〉

『홍익일본어독해 1, 2』, 홍익미디어. (1997)〈共著〉

『도쿄겐바일본어 1, 2』, 不二文化社. (1998~2000)

『現代日本語敬語の研究』, 不二文化社. (1999)〈共著〉

『日本語表現文法研究 1』, 不二文化. (2000)

『클릭 일본어 속으로』, 가산출판사. (2000)〈共著〉

『実用日本語 1』, 가산출판사. (2000)〈共著〉

『日本語 受動文 研究의 展開1』, 不二文化. (2001)

『도쿄실용일본어』, 不二文化. (2001)〈共著〉

『도쿄 비즈니스 일본어1』, 不二文化. (2003)

『日本語受動文の研究』, 不二文化. (2003)

『日本語 語彙論 구축을 위하여』, 不二文化. (2003)

『일본어 어휘I』, 不二文化. (2003)

『日本語受動文 用例研究1』, 不二文化. (2003)〈共著〉

『日本語受動文 用例研究II』, 不二文化. (2003)

『일본어 조동사 연구Ⅰ』, 不二文化. (2004)〈共著〉
『일본어 조동사 연구Ⅱ』, 不二文化. (2004)〈共著〉
『일본어 문법연구 서설』, 不二文化. (2005)
『日本語受動文 用例研究Ⅲ』, 不二文化. (2005)〈共著〉
『일본어 조동사 연구Ⅲ』, 不二文化. (2006)〈共著〉
『현대일본어 경어의 제문제』, 不二文化. (2006)〈共著〉
『현대일본어 문법연구Ⅰ』, 시간의물레. (2006)〈共著〉
『현대일본어 문법연구Ⅱ』, 시간의물레. (2006)〈共著〉
『현대일본어 문법연구Ⅲ』, 시간의물레. (2006)〈共著〉
『현대일본어 문법연구Ⅳ』, 시간의물레. (2006)〈共著〉
『일본어 의뢰표현Ⅰ - 肯定의 依賴表現의 諸相 - 』, 시간의물레. (2007)
『일본어 의뢰표현 - 부정의 의뢰표현의 제상 - 』, 시간의물레. (2016)
『신판 생활일본어』, 시간의물레. (2017)
『신판 비즈니스일본어1』, 시간의물레. (2017)
『신판 비즈니스일본어2』, 시간의물레. (2017)
『일본어 구어역 마가복음의 언어학적 분석Ⅰ』, 시간의물레. (2018)
『개정판 현대일본어 문법연구Ⅱ』, 시간의물레. (2019)〈共著〉
『일본어 구어역 마가복음의 언어학적 분석Ⅱ』, 시간의물레. (2019)
『일본어 구어역 마가복음의 언어학적 분석Ⅲ』, 시간의물레. (2019)
『개정판 현대일본어 문법연구Ⅰ』, 시간의물레. (2020)〈共著〉
『일본어 구어역 마가복음의 언어학적 분석Ⅳ』, 시간의물레. (2020)
『일본어 구어역 요한복음의 언어학적 분석Ⅰ』, 시간의물레. (2021)
『일본어 구어역 요한복음의 언어학적 분석Ⅱ』, 시간의물레. (2021)
『일본어 구어역 요한복음의 언어학적 분석Ⅲ』, 시간의물레. (2021)
『일본어 구어역 요한복음의 언어학적 분석Ⅳ』, 시간의물레. (2022)
외, 논문 다수 있음.

일본어 구어역 요한복음의 언어학적 분석 V

A Linguistic Anlaysis of the Colloquial Japanese Version of the Gospel of John V

초판인쇄 2022년 10월 10일
초판발행 2022년 10월 15일
저 자 이 성 규
발 행 인 권 호 순
발 행 처 시간의물레
등 록 2004년 6월 5일
주 소 경기도 파주시 숲속노을로 150, 708-701
전 화 031-945-3867
팩 스 031-945-3868
전자우편 timeofr@naver.com
블 로 그 http://blog.naver.com/mulretime
홈페이지 http://www.mulretime.com
정 가 30,000원

ISBN 978-89-6511-401-7 (94730)
ISBN 978-89-6511-353-9 (세트)

*이 책의 저작권은 저자에게, 출판권은 시간의물레에 있습니다.
*잘못된 책은 바꿔드립니다.